上海地情普及系列·《上海滩》丛书

楼藏风云
——上海老洋房往事

上海通志馆
《上海滩》杂志编辑部 编

上海大学出版社
·上海·

图书在版编目(CIP)数据

楼藏风云：上海老洋房往事 / 上海通志馆，《上海滩》杂志编辑部编 . —上海：上海大学出版社，2018.7（2020.3重印）
（上海地情普及系列 .《上海滩》丛书）
ISBN 978-7-5671-3177-4

Ⅰ. ①楼… Ⅱ. ①上… ②上… Ⅲ. ①古建筑—介绍—上海 Ⅳ. ① K928.71

中国版本图书馆 CIP 数据核字（2018）第 151362 号

责任编辑　陈　强
装帧设计　缪炎栩
技术编辑　金　鑫　钱宇坤

楼藏风云
——上海老洋房往事

上海通志馆
《上海滩》杂志编辑部　编

上海大学出版社出版发行
（上海市上大路99号　邮政编码200444）
（http://www.shupress.cn　发行热线021-66135112）
出版人　戴骏豪

＊

南京展望文化发展有限公司排版
上海华教印务有限公司印刷　各地新华书店经销
开本710mm×960mm　1/16　印张20.75　字数296千
2018年7月第1版　2020年3月第2次印刷
ISBN 978-7-5671-3177-4/K·180　定价 45.00元

《上海滩》丛书前言

1987年,《上海滩》杂志由上海市地方志办公室创办以来,始终坚持正确的政治导向,坚持"以介绍上海地方知识和各方面建设成就为己任"的办刊宗旨,坚持用说古道今的方式、生动具体的内容,为"讲好上海故事,传播上海精彩",为"让世界了解上海,让全国了解上海,让阿拉了解上海",做出了艰苦的努力,取得了一定的成果。自创刊31年来,《上海滩》已持续出版了380多期,发表文章近3 000万字,图片2万多张。其中不乏名家名作、鲜活史料,还有大量珍贵历史图片,在海内外产生了广泛而深远的影响。

《上海滩》杂志出版丛书,一直是广大读者对我们的要求,也是我们常年工作计划中的一项重要内容。早在2000年,我们就应广大读者要求,出版了一套六册的丛书(约120万字,汉语大词典出版社出版),颇受读者欢迎,短短几年就销售一空;2004年,我们又应读者要求,编辑出版了一套《上海滩》精选本,同样受到读者青睐,纷纷前来购买;2017年1月,我们在庆祝《上海滩》杂志创办30周年之际,决定根据广大读者的要求,继续出版《上海滩》丛书,当年就出版了一册《文化名人笔下的上海风情》(2017年10月,学林出版社出版)。今年将再推出一套四册《上海滩》丛书,分别为《申江赤魂——中国共产党诞生地纪事》《海上潮涌——纪念上海改革开放40周年》《楼藏风云——上海老洋房往事》《年味乡愁——上海滩民俗记趣》。

上海是近代中国的缩影,是中国工人阶级的摇篮,更是中国共产党的诞生地。习近平总书记曾经深情地指出,我们党的全部历史都是从中共一大开启的，我们走得再远都不能忘记来时的路，这里也是中国共产党人的精神家园。的确，中国共产党成立初期，上海曾经是党中央的所在地，党的一大、二大、四大都在上海召开，并且领导了上海乃至全国工人阶级和人民群众的反帝反封建的民主革命斗争，之后，上海依然是中国革命斗争的一个重要战场，上演了一幕幕威武雄壮的活剧，留下了许多可歌可泣的人物故事。31年来，《上海滩》始终坚持发掘和宣传中国共产党在上海从事革命斗争的光辉事迹，弘扬优秀的中国共产党人为了民族独立和人民解放而英勇献身的革命精神，发表了大量的讲述优秀共产党员英勇事迹的文章，同时也刊登了许多寻找和讲述设在上海的党中央以及省市机关的经历和精彩故事。

今天，我们为了实施"开天辟地——党的诞生地发掘宣传工程"，在中国共产党人梦想起航的地方，发掘中国共产党最本源、最纯粹的文化基因、精神灵魂和历史根脉，我们从历年来发表的相关文章中，遴选出部分精品力作，编辑出版《申江赤魂——中国共产党诞生地纪事》，以满足广大读者阅读和研究的需求。

上海又是一个具有海纳百川、追求卓越、开明睿智、大气谦和的城市精神的国际大都市。因此，上海在170多年前开埠之后，就以开放的胸怀，接受和融合各种外来文化，形成了有着鲜明色彩的海派文化。尤其是距今40年前的1978年，党的十一届三中全会作出了改革开放的英明决策后，上海更是成为全国改革开放的排头兵，创新发展的先行者。改革开放40年来，上海不仅在建设"五个中心"方面取得了巨大成就，而且在城市交通、苏州河污水治理、城市绿化等方面也取得了举世瞩目的成就，特别是上海市民在住房、教育、医疗、旅行等衣食住行方面都有了很大的"获得感"。

《上海滩》正是创刊于改革开放大潮呼啸奔腾之际，所以，《上海滩》创刊伊始就将及时报道和记录上海改革开放的成果，作为自己神圣的责任。31年来，上海几乎所有重大改革举措及其取得的重大成果，《上海滩》都及时作了报道，比如，建设第一条地铁、架起南浦大桥、苏州河治理工程、宝钢建设、桑塔纳轿车引进、股票上市乃至老城区与棚户区改造、一百万只马桶消失等一系列国计民生的重大改革都见诸《上海滩》。为此，有些读者赞誉《上海滩》是上海改革开放伟大成果的忠实记录者和热情宣传者。我们从中精选了一部分优秀文章编辑出版《海上潮涌——纪念上海改革开放40周年》，以纪念上海这波澜壮阔的40年。

上海自1843年开埠以来，尤其是设立租界之后，上海便逐步形成一个华洋交集、五方杂处的十里洋场。各国列强在侵略和掠夺我们的资源的同时，也将一些西方文明带入上海。比如，他们在建造纵横市区的宽阔马路的同时，还沿马路严格规划建造了一片片洋房区。这些洋楼风格多样，设施先进，花木繁盛，环境优美。为此，上海获得了"万国建筑博览"的赞誉。

值得一提的是，在这些洋楼里居住的不仅有各国的"冒险家"们，还有许多我国社会各界重要人物。比如孙中山曾在今香山路洋楼内会见了中国共产党代表李大钊和共产国际代表维经斯基等，实现了第一次国共合作，从而取得了北伐革命的胜利，同时，他和夫人宋庆龄在那里度过了一段十分难得的温馨岁月；再比如京剧大师梅兰芳在抗日时期，在上海家中蓄须明志，誓死不为日寇演戏，表现了一位爱国者的民族气节和凛然正气；至于位于思南路上"周公馆"里的同志们在周恩来同志的领导下与国民党特务斗智斗勇的故事，则更是家喻户晓。这些洋楼里激荡着历史风云，蕴藏着许多可歌可泣的感人故事。多年来，《上海滩》既注意组织采写这些洋楼的建造史，更注意发掘居住在这些洋楼中的各界人物的精彩故事和革命精神。这些洋楼故事成了广大读者最喜欢阅读的内容之一。为了让更多的读者能读到这些精彩的洋楼故事，我们编辑出版了《楼藏风云——上海老洋房往事》。

上海又是一个有着悠久历史的地方。据考古发现，早在约6 000年前就有先民在上海地区生活、劳作。在之后的数千年历史中，上海人民不仅创造了许多物质财富，而且还创造了许多优秀的精神财富和灿烂的文化，民俗就是其中一个重要内容。

《上海滩》在注意发掘刊登西方文化给上海带来的重大变化的同时，也非常关注上海地区民俗文化对人们生活所产生的重大影响。于是《上海滩》

从创刊初期就设立专栏，专门挖掘和刊登有关上海地区民俗文化方面的趣闻轶事。内容涉及年节习俗、婚丧嫁娶、清明祭祀、中秋团圆等方方面面。读了这些文章，广大读者可以了解上海悠久的、丰富多彩的民俗文化，尤其是那些常年在外奔走的游子常常会生出一丝淡淡的乡愁。为了让更多的读者读到这些满含乡愁的文章，我们专门编选了《年味乡愁——上海滩民俗记趣》。

上海是个"海"，浩瀚无垠，深不可测，蕴藏着无数的宝藏。31年来，《上海滩》仅仅拾取了海滩上的一些贝壳，捧来了海面上的一些浪花，那些深藏在海中的宝藏还远未发掘。因此，随着《上海滩》杂志的继续出版，上海历史文化中的许多精彩内容不断被发掘，《上海滩》丛书的出版内容将越来越丰富。所以，目前这四本书仅仅是庞大的《上海滩》丛书计划中的一小部分，我们将继续努力，每年编选几本，积少成多，希望在若干年之后，能完成这个宏伟的计划，以满足广大读者的阅读和珍藏需求。

上海市地方志编纂委员会办公室副主任

王依群　上海市地方史志学会会长

《上海滩》杂志主编

目录

1/ 孙中山与宋庆龄在上海的温馨岁月

13/ 幽雅宁静的宋庆龄故居

23/ 风云激荡的宋家老宅

35/ 风云际会周公馆

45/ 张学良公馆："西安事变"的策源地

56/ 寻访巴金在上海的"家"

79/ 梅兰芳故居：一个爱国艺术家的故事

91/ 上方花园24号：张元济最后十九年

104/ 日月楼：丰子恺最后的岁月

115/ 荣宗敬家族百年创业记

148/ 日本女学生笔下的梓园

155/ 风云激荡说张园

165/ 闲话"汪公馆"

172/ 上海大亨杜月笙公馆逸事

177/ 从汉奸豪宅到市长官邸

184/ 法国总会：一座宫廷式建筑

190/ 逸村里的西班牙小楼

195/ 神秘的马立斯花园

205/ 诞生《辞海》的"何东住宅"

213/ 上海也有一幢"白公馆"

220/ 马勒别墅：一座童话般的迷宫

228/ "大理石大厦"沧桑纪事

236/ 海上迷宫爱俪园

247/ 金奖经典建筑：中苏友好大厦

253/ 1945年的军统优待室——楚园亲历记之一

261/ 各有一本难念的经——楚园亲历记之二

268/ 春节之乐与戴笠之死——楚园亲历记之三

275/ 楚园客逍遥提篮桥——楚园亲历记之四

282/ 爱神花园

293/ 绿树环抱"兄弟楼"

302/ "玻璃洋房"郭公馆

308/ 寻梦嵩山弄

318/ 楼红园绿的文艺医院

322/ 后记

孙中山与宋庆龄在上海的温馨岁月

卢荣艳

从1840年鸦片战争之后,上海因其在政治、经济、文化等方面的重要影响力,成为国内各派政治势力风云际会的战略要地。上海对于革命领袖孙中山来说更是如此,况且这里是他的夫人宋庆龄的出生地,对孙中山来说更具有不一般的意义。孙中山从青年时代为上书李鸿章在上海中转,至他接受冯玉祥邀请北上最后一次途经上海,他曾经多次来到上海,或临时落脚,或联络同仁,或为革命筹款,或筹划第一次国共合作最后定居上海。上海对孙中山来说,没有在广州那般惊心动魄,却成为他风尘奔波中一个可靠的港湾。

1922年,孙中山宋庆龄在上海莫利哀路29号寓所前合影

四位华侨 赠送花园洋房

一开始,孙中山在上海并没有固定的居所。辛亥革命胜利后,孙中山结束流亡生活,于1911年12月25日圣诞节这天来到上海,住在陈其美的沪军都督府,即宝昌路408号(今淮海中路650弄3号);在南京卸任临时大总统后,孙中山于1912年4月来到上海,住在老朋友宋耀如在宝昌路491号的家

1917年春,孙中山在上海环龙路寓所

中,一住就是一年多。孙中山和宋庆龄在日本结婚后,于1916年5月1日回到上海,两人租房居住在环龙路63号(今南昌路59号)。后来他是如何有了属于自己的住宅的呢?

据孙中山的侍从副官马湘回忆,有一天,有四位华侨来环龙路拜访孙中山,出门时刚巧碰到马湘,他们问马湘:孙中山先生住的房子太不像样了,是他自己的吗?马湘回答:不是他自己的,他哪里有房子?这房子每月要付65元租金。四位华侨听了后感慨万千,说:"世界上只有孙中山是好人,哪里有做过惊天动地大事业的人连住的房子也没有呢?我们一定要替他想办法。"原来,这四位归国华侨准备在上海开一家化妆品工厂,他们看到孙中山住在如此简陋的房子里,便召开股东会议,决定拿出一笔钱购买一所像样的房子送给孙中山。后来,他们购买了距离环龙路不远的莫利哀路29号(今香山路7号)的花园洋房。当他们再次来拜访孙中山,说明来意后,孙中山说:"送房子给我吗?不可!不可!我怎能接受你们这样重的礼?"最终,孙中山经不住华侨们的多次劝说,才接受了这幢住宅。

孙中山于1918年6月26日回到上海后,便搬进了这幢房子居住。一周

后,孙中山给儿子孙科写了一封信,告知自己的近况:

……忽患眼疾,遂往西京大学就医。据医生云:系结膜炎,十日内外可痊愈。同时得孙夫人由上海来电云:已与法国领事交涉好,上海可以居住。遂于六月廿三日由神户乘船,廿六日抵上海,平安登陆。现住上海法租界莫利哀路二十九号。眼疾至今始完全好清,现在身体健康如初,可勿为念也。

对于现在之时局,拟暂不过问。广东已派代表到沪,劝就政务总裁之职,但此事父并无成见,已付之同志多数之意见裁决施行而已,如果必要就职,亦不过派人代表,父决不能再来与此辈为伍也。儿以后宜着媳妇与两孙回来,在港澳地方居住,以待时局之变,父想不日必可于吾党有好机会也。若时机适宜,父当回乡一住,以遂多年之愿。

宋子文之住址如下:上海法租界霞飞路四九一号。彼与孙夫人二人,儿当致函,以吊唁其父可也。

父示 七月四日

孙中山与宋庆龄在上海寓所接见各界欢迎代表

在信中，孙中山告诉儿子孙科自己在上海的新住所以及健康状况，还透露了此次来上海居住，"暂不过问"时局，并叮嘱儿子给宋子文致函，吊唁刚去世的岳父宋耀如。而这段"暂不过问"政局的时光，也给孙中山带来了一段温馨的家庭生活。

杭州游玩　拒绝警察保护

在上海孙中山故居内，保存有不少孙中山与宋庆龄在此生活时用过的物件。比如他们曾经使用过的一台留声机，一副门球棍和门球，孙中山使用过的砚台、印泥、放大镜，孙中山亲自绘制的《中国铁路全图》，宋庆龄使用过的一台打字机，他们从日本带回来的瓷器餐具，还有布满书房与客厅的中外书籍等。这些历经劫难的旧物如今被安置于原处，默然无声，却将我们引向了他们在此共同生活过的那段温馨岁月。孙中山的菲律宾朋友曾经这样描述这幢住宅：

> 孙博士沪上法租界之宅，全是西式，以石建筑之二层楼小房。……家中陈设半为中式，惟出于孙夫人之美术布置，颇觉中西折衷，幽美可观。客厅中置一钢琴，盖示其家主妇之雅好音乐也。孙夫人……能操英语，尤较其夫为纯熟。

孙中山患有肝病，却常被认为是胃病。他的日本友人曾经介绍日本医生来华为他诊治，建议他多吃一些不易消化的食品，以增加肠胃功能，刺激肠胃的消化。因此，孙中山常常吃一些粗硬的食物，而且喜欢吃咸蛋。在上海期间，孙中山在宋庆龄的照顾下，身体有了明显的改善。此外，孙中山还喜欢在家中的花园里运动。曾经担任上海市市长的吴铁城回忆，每日闲暇时，孙中山常常在宋庆龄的陪伴下在花园草坪上玩槌球（croquet）。另外，象棋也是孙中山的一大业余爱好。他常常与友人或同僚"相约而弈，至深夜乃

1919年4月，孙中山与宋庆龄等在杭州西湖合影。左起：李谋之、宋庆龄、孙中山、黄惠龙、黄大伟夫人、马湘、陈少白、黄大伟

辍，日以为常，亦不见疲倦"。在他的行李箱中，除了书籍，即是象棋和棋盘了。在莫利爱路寓所的客厅中，曾经也陈设着一副象棋。当年，新加坡晚晴园主人张永福来上海期间，常常来孙中山寓所陪他下象棋，"越日又约与弈，至余离沪乃止"。

此外，他还喜欢游山，每到一地，便约三五同志登山游览，一为运动，二来考察当地险要地形。1919年4月，孙中山在宋庆龄等人的陪伴下从上海到杭州游玩，并在西湖边留下了一张珍贵的合影。

然而这次出行，还发生了一件小事。那天，孙中山与宋庆龄在陈少白、李谋之和黄大伟夫妇的陪同下，由马湘与黄惠龙跟随护卫来到杭州。孙中山头戴白草帽，身穿白色长衫，拿着手杖，为了不引人注意，他还特地戴上了一副墨镜。到杭州下车时，他们身后却有三个警察跟随着。等到了李谋之的别墅"李庄"时，两个警察跟了过来。马湘便问他们有什么事情，一名警察说："我们是来保护贵人的，我们已有一个警士返区署报告了。"马湘便进去告诉孙中山说:"有两个警察从车站跟着我们来到这里,说是要来保护贵人的。"孙中山听后生气地说:"蠢仔!有什么'贵人'?"他走到门前对警察说:"警察职务是维持地方治安,我是一个平民,为何要跟来保护?快回去执行你们的公务吧!"正在此时,杭州警察厅厅长率领10名警察赶来,孙中山便对这位警察厅长说,你不要告诉别人,叫他们赶快回去。这件事说明警察对孙中山非常尊敬,主动前来保护,同时也体现了孙中山反对封建官僚那种趾高气扬、讲究排场的恶习。

书店买书　借钱雇车运回

孙中山曾经说过:"我亦读书破万卷也。""余一生爱好,除革命外,唯有读书而已。余一日不读书,即不能生活。"宋庆龄常常在晚上陪他读书、写作,直到深夜,有时还为他朗读。宋庆龄后来回忆说:"我的丈夫有许多书,他的室内四壁挂满了各种地图。每晚他最喜爱的事,是铺开巨幅中国山水、运河图,弯腰勾出渠道、港口、铁路……我给他读马克思、恩格斯,还有著名科学家如汉道科·埃利斯、危普顿·辛克莱等写的书。"此外,孙中山常常将好书赠送给宋庆龄、孙科以及其他革命同仁。1920年4月12日,孙中山赠送给宋庆龄《中国的发展》一书,并在扉页上用英文写道:"赠给我的妻子宋庆龄　孙逸仙。"在《孙文学说》一书完成后,他将此书赠送给妻子宋庆龄和岳母倪桂珍。如今,在上海孙中山故居内,仍保存着孙中山的5 000余册中外书籍。

孙中山还时常去逛书店。据马湘回忆,有一次他陪孙中山和宋庆龄去上海市棋盘街旧书店购书,选购了许多线装书。马湘用带来的大包袱把书包好,感到太重,光靠手提肩扛拿不回去,便对孙中山说:"可否雇一部马车搬回去呢?"孙中山看了看说:"好,这样重的书籍背着是不好走。"可是他伸手向衣袋一摸,说:"钱已经买书用完了。"宋庆龄也没有带钱,于是他们只好借用马湘仅有的四角钱付了车费。

一纸誓约　经历生死考验

1915年10月25日，孙中山与宋庆龄在日本结婚时，曾委托一位日本朋友和田瑞到东京市政厅办理了结婚登记，并用日文写了一份《誓约书》，如今读来，仍然十分感人。

誓约书中文译文如下：

此次孙文与宋庆琳之间缔结婚约，并订立以下诸誓约：
一、尽速办理符合中国法律的正式婚姻手续。
二、将来永远保持夫妇关系，共同努力增进相互间之幸福。
三、万一发生违反本誓约之行为，即使受到法律上、社会上的任何制裁，亦不得有任何异议；而且为保持各自之名声，即使任何一方之亲属采取何等措施，亦不得有任何怨言。

上述诸誓约，均系在见证人和田瑞面前各自的誓言，誓约之履行亦系和田瑞从中之协助督促。

本誓约书制成三份：誓约者各持一份，另一份存于见证人手中。

　　誓约人　孙　　文（章）
　　同　　　宋庆琳
　　见证人　和田瑞（章）
　　千九百十五年十月二十六日

这份《誓约书》一共有三份，孙中山与宋庆龄以及他们的婚姻见证人和田瑞各保存一份。目前仅有一份留存于世。而被孙中山与宋庆龄保存在上海故居内的那两份《誓约书》，在抗战时期不幸丢失。1962年，中国历史博物馆征集到一份《誓约书》，请宋庆龄鉴别真伪。宋庆龄看到后非常高兴，认为是真品，并解答了博物馆工作人员关于《誓约书》日期为"26日"而不是

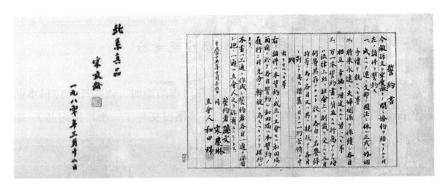

孙中山和宋庆龄的誓约书

"25日"的疑问。她说，因按照日本旧俗双日为吉日，所以他们接受律师的建议，将25日写为26日。

1980年3月18日，中国历史博物馆的工作人员带着这份《誓约书》原件来到宋庆龄住宅，请她题字。宋庆龄在卷尾题写了"此系真品"四字，并签名盖章，并附函解释了自己的曾用名"宋庆琳"。如今，这份《誓约书》成为孙中山与宋庆龄爱情的见证。

在孙中山和宋庆龄的共同生活中，也曾经历了生与死的严峻考验。

1922年6月28日至29日，上海《民国日报》刊发了一篇宋庆龄的回忆文章《总统夫人之粤变纪实》，讲述了在陈炯明发动叛变后她与孙中山所经历的一场生死劫难。这是宋庆龄安全抵达上海后，《民国日报》派记者前往采访她，"夫人因撰一文，述粤变实情，嘱为发表"。

宋庆龄在自传中回忆了那段令她永生难忘的经历："六月十五之夜二时，我正在酣梦中，忽被中山先生喊醒，并催速起整装同他逃出。他刚得一电话，谓陈军将来攻本宅，须即刻逃入战舰，由舰上可以指挥，剿平叛变。我求他先走，因为同行反而使他不便，而且我觉得个人不致有何危险。再三婉求，他始允先行，但是命令五十名卫兵全数留守府中，然后只身逃出。……枪声沉寂之后，我化装为一村妪，而剩下的一卫兵扮作贩夫，离开这村屋。……那夜通宵闻见炮声……再后才欣然听见战舰开火的声音,使我知道中山先生已安全无恙了……第二天,仍旧化装为村妪,……那天晚上,我终于在舰上见到中山先生,真如死别重逢。后来我仍旧化装由香港搭轮来沪。"宋庆龄先行回到上海,而孙中山在永丰舰(后改为中山舰)上坚守了55天后,限于形势也不得不离开广州回到上海。

1922年8月14日,孙中山到达上海的那天,恰逢上海遭受台风的侵袭,宋庆龄和革命同仁冒着大雨前往码头迎接孙中山。宋庆龄经过此劫,失去了正在妊娠中的孩子,但是"中国可以没有我,不可以没有你"的坚强信念,让她越发坚强。此时,他们夫妇俩经历过革命的生死考验,感情更加深厚。

宋庆龄在给妹妹宋美龄的信中说:"自己仅有的欢乐,只有和孙博士一起工作时才能获得,我情愿为他做一切需要我去做的事情,付出一切代价和牺牲。"

1922年秋,在上海家中,孙中山感念妻子对他的付出和深情,特地为她题写"精诚无间同忧乐,笃爱有缘共死生",并署名"庆龄贤妻鉴孙文"。

生活节俭　拒收毛皮大衣

孙中山为革命四处筹款,自己却没有多少积蓄。他一生清廉,生活朴素,却还常常接济革命同志。1920年他在上海期间,为了促成粤军回粤,急需用钱,他便将华侨赠予他的莫利哀路29号的房子作抵押,而抵押手续就是由廖仲恺办理的。老同盟会员耿毅回忆说,有一次他到孙中山先生家里去,商谈革命经费的事情。孙先生从床下拉出一只箱子,打开箱盖,里面有一些钱。他对耿毅说:"鹤生,这些你都拿去吧!"胡汉民在旁边着急地说:"你把这些都给了鹤生,自己怎么办呢?"耿毅也知道孙先生经济拮据,便推辞了。孙中山却说:"你们别管我,我总有办法。"后来,陈其美筹到了一笔钱,才解决了此事。

孙中山在吃的方面也不讲究，他在南京当大总统时，总统府负责官员的饮食，一般都是3元以上一餐，而孙中山只花4角钱左右一顿。孙中山在上海居住期间，家里平日有好几个人用餐，但每天的菜钱不超过2元。他喜欢饭后吃水果，最喜欢吃香蕉和菠萝，最不喜欢吃榴莲。

　　有一次唐绍仪来访，畅谈至中午，孙中山便留他吃饭，并让马湘去位于北四川路的广东饭馆"趣乐居"买了一只卤水肥鸡。结果唐绍仪很快便把卤水肥鸡吃完了，还以为有其他的菜，便等着。孙中山见唐绍仪还在等上菜，便对唐绍仪说："简慢得很，没有什么好的菜款待。"回头对马湘说："马湘，还有什么菜？"马湘回答道："厨房里只有咸鱼。"后来唐绍仪一边用咸鱼下饭，一边对孙中山说："我大吃惯了。一只肥烧鹅，我一餐可以食完，因此家里虽只有几个人，每餐菜钱便要10元啊！"后来，伍廷芳、伍梯云和唐绍仪等几个人一起来面见孙中山，当孙中山留他们吃晚饭时，伍廷芳便说："我每日喜食花生、甘薯、鸡蛋和一些鲜鱼，不惯食肉，还是让我回家吃饭吧！"大家都知道孙中山在饮食上非常节俭，不想让他破费。

　　孙中山在穿着上也十分简单。民国初期，他一身笔挺的西装，非常神气。但在他发起讨袁斗争由日本返沪后，便常穿中山装，有时穿中式衣服。他在天津张家花园的留影中，便是一身蓝袍黑褂。对于他自己设计的"中山装"，他说："这个样式是我创造的，又大方，又好看，又便宜，穿西装又穿不起，穿这衣服最好。"有一次，上海永安公司经理郭彪派人给孙中山送来一件上好的毛皮大衣，孙中山惊讶地对马湘说："上海不算十分冷，回广东更不冷，我又不到北方去，我不收他的，你拿去还给他吧！"马湘便拿着大衣找到郭彪，对他说："中山先生多谢你，但皮衣先生不需要用，命我送还给你。"郭彪只得收下。过了两日，郭彪去拜访孙中山。孙中山对他说："永安公司生意十分好，获利甚巨，希望能够将赚得的资金拿来办工厂、办实业，并希望你们也能号召各地华侨拿出更多的资本，回国开办工厂、农场和兴办各种实业。你送给我的皮大衣，我不应收领。如果是永安公司送的，永安公司是股份生意，也不可拿股东的钱来送礼。如果是你送的，更不应该。你把这大衣卖给外国人，可以获得厚利。我的衣服足够御寒，更不需穿这样华贵的大衣。我对你的诚意十分感谢。"郭彪听了孙中山的话，十分钦佩，后来他对人说，孙中山先生真是中国一位伟人。

不但如此，孙中山在出行时，也不像上海其他名流那样乘坐汽车，而是坐马车或者黄包车。有一次，一位美国中将请孙中山到他的住所吃晚餐。孙中山雇了一辆马车前往。谁知快要到达时，马车坏了一个车轮，天又下起大雨，他便在雨中步行到这位美国中将家，衣服都湿透了。马湘按了两次门铃，终于有人来了，但只开了一道门缝，向外张望了一下，便又把门关了。马湘从短墙上看到一个外国人站在台阶上向外张望，便用英语对他说："孙博士来了。"这个外国人才跑下台阶，开门请孙先生进去。进门后，门房问马湘："孙博士是什么人？"马湘回答说："孙博士你也不知道么？他就是孙文。"那人惊奇地说道："原来就是报纸上常常登载的孙文，他为什么不坐汽车来呢？到这里来访问的人没有不坐汽车的，刚才门铃响，因没有听到汽车响声，我还以为是顽童作弄，所以没有开门。"饭毕，美国中将提出用汽车送孙中山他们回家。孙中山对他说："谢谢你，不用汽车了，我还要到离此不远地方找一位朋友。"这时雨也停止了，孙中山便和马湘步行回家。

寄情翰墨　书赠同志战友

在上海期间，孙中山除了与同仁筹划革命事宜，还常常探讨诗词书法。如今在上海孙中山故居内，还保存着他曾经使用过的砚台和印泥，和他留下的几幅墨宝。

张静江是孙中山革命事业的支持者。孙中山在一次赴欧洲的途中，在轮船上结识了法国华侨张静江，此时张静江是清政府驻法国公使孙宝琦的商务随员，而孙中山则是清廷的通缉对象。张静江却主动对孙中山表示友好。当时他在法国巴黎开了家古董店，他与孙中山约好："以后革命事业如果需要用钱，可以随时打电报给我，但是碍于当时国外环境，这些事宜秘密进行，你如需要用钱，不用写明数目，只写ABCDE就可以代替一万、二万、三万、四万、五万了。"孙中山对他的话半信半疑。后来当革命需要用钱时，孙中山就让廖仲恺打电报给法国的张静江，结果张静江果然如数汇来钱款，孙中山对他赞叹不已。孙中山在上海期间，张静江写信请孙中山为他题字，孙中山致函表示同意。1922年11月16日，孙中山致张静江的函中称："靖江兄鉴：属写字一事，待日间再行写过，方能送上。至于贺令郎微物，乃内人心事，彼亲自至肆中采买者，可向彼道谢也。"他在信中提到的写字一事，便是他后来为张静江题写的对联："满堂花醉三千客，一剑霜寒四十州。"说起这副对联，还有一个故事。

此副对联是孙中山改了唐代诗僧贯休所作的诗。贯休的原诗是"满堂花醉三千客，一剑霜寒十四州"。贯休因避黄巢之乱，来到越地，将此诗献给吴越王钱镠以求晋见。钱镠一见此诗，大加叹赏，但是嫌"一剑霜寒十四州"一句不够气势，便让贯休改"十四州"为"四十州"，贯休听说后便回头走了，从此杳无音讯。而孙中山却愿为张静江改此诗句，可见张在孙中山心中的分量。孙中山还为张静江题写了"丹心侠骨"四字，称他为"革命圣人"。

在上海期间，孙中山还经常与杨庶堪、谭延闿、于右任等人探讨诗词书法。一次，杨庶堪拿着一幅他收藏的《王右军墨宝神品》请孙中山品评。孙中山对此赞赏不已，特地题写"羲之妙墨"四字。还有一次，杨庶堪特地请孙中山为其手书《礼运·大同篇》，孙中山当即题赠，落款为"沧白兄雅嘱孙文"，此卷藏于上海博物馆。孙中山在上海期间留下的墨宝很多，除了他经常为友人题写的"博爱""天下为公"等，还有为交通大学题写"强国强种"，为上海中华武术会题写匾额"尚武楼"等，为钱化佛题写的"作如是观""无量佛"，为上海大学《孤星报》题写的"孤星"等。

1924年11月18日，孙中山北上途经上海，又回到了他在法租界的家。这也是他一生中最后一次来到上海。不久，他便于1925年3月12日在北京溘然长逝。而这段在上海的生活岁月，也成为他一生中最为安定和美好的时光。

幽雅宁静的宋庆龄故居

王 岚

繁华都市一隅,在淮海中路临近武康路处,绿树掩映中有一堵高大的灰墙,从墙头上探出的浓郁遮天的绿枝上,人们可以想象其中的幽深和宁静;两扇厚实的大铁门和门里戎装的卫兵,令人感觉些许的神秘。淮海中路1843号,一幢历经波折、承载着中国近现代史上颇多争议的花园洋房,虽不是什么豪宅名园,却因曾住过一位不平凡的女性——宋庆龄而受到人们的重视。

希腊船主建造的船型洋楼

原来以为,高墙深院中的洋楼,会是如何的镶金嵌银、雕栏玉砌,进去后才知道,被无数人敬仰的宋庆龄故居,只不过是一幢掩映在绿树丛中的普通小楼,朴实无华。

小楼建于1920年,属于近代欧洲独院式建筑,据说原是希腊籍德国船主鲍尔(Capt L. R. Ball)的私人寓所。这座砖木结构红瓦白墙的假三层小楼,坐北朝南,上下共有八间房,总建筑面积700多平方米。正门前有一小小的门廊,进门是过道厅、客厅、餐厅、书房等,每间房里都有壁炉;过道厅里有一小巧的L型的楼梯通往二楼,楼上卧室内各有专门的卫生间。也许房屋的主人为了纪念那劈波斩浪的航运生涯,所以把自己的住宅设计成船型模样。远远望去,整幢建筑宛如停泊在绿波中的一艘轮船;走近细看,只见绿色木百叶窗上刻有小巧精致的帆船,屋顶烟囱好像迎风傲立的桅杆,上面还有一条仿佛在游动着的鱼,这些细小的装饰都呼应了整幢楼的船型结构。

宋庆龄故居

楼藏风云

　　小楼坐落在院子的中央，楼前正门口现在安放着一尊汉白玉的宋庆龄塑像。整个院子呈长方形，占地4 333平方米，以小楼为界，北面是草坪，南面是花园。经过几十年的风雨浸润，如今四周环绕着40多株百年香樟以及夹竹桃、广玉兰、雪松等植物，四季常青，绿茵如被。

　　这幢小楼，在被誉为"万国建筑博物馆"的大上海，就其建筑本身而言，并无什么亮点可言，甚至没有一个令人耳熟能详的宅名。在上海城市建设档案馆，至今还保留着当年的设计图纸，设计者的名字却未留下。在小楼建成后的二三十年间，因各种各样的原因，户主曾几经变更。到1940年时，该处房产的业主是一个名叫费尔西里的德国医生，他在上海开了一家诊所。第二次世界大战临近尾声时，德国作为参战国在战场上节节败退，已不能在他国横行霸道，德国人趾高气扬的日子结束了，加之费尔西里的诊所开得并不成功，他在东方大都市的生活显得捉襟见肘，便想卖了房产挈妇将雏回自己的老家。

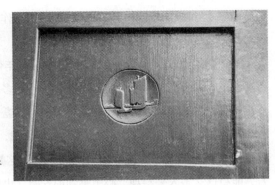

宋庆龄故居木质百叶窗上仍保留着帆船图案

朱博泉重金购楼

费尔西里要卖房的消息，被他的朋友、上海著名银行家朱博泉获知。他非常喜欢这幢花园洋房，遂斥巨资买下，作为他的另一份产业。

朱博泉生于1898年10月2日，浙江杭州人，1915年考入沪江大学商学系，1919年毕业，旋即赴美，入哥伦比亚大学和纽约大学夜校进修，同时在花旗银行实习。1922年回国，参加沪江同学会活动。1930年，在当时沪江大学校长刘湛恩博士的督促下，又参加了该校城中区商学院的筹备工作，后任商学院院长。朱博泉曾于1933年一手创办上海票据交换所，以崭新的交换方式、完善的清算制度，成为完全以商业银行自己的力量创办的第一家新型的清算机构。这虽然比先进资本主义国家的交换所落后了100多年，但在国内毕竟是第一家，对票据清算制度的改革，在中国近代金融史上具有重要意义。

抗战胜利后，朱博泉因有附逆之嫌，1945年8月，这幢买下不久的花园洋房被国民党政府作为敌产没收，后为国民党政府中央信托局

朱博泉

招待所。蒋纬国、沈士华以及时任美国经济合作总署驻华代表赖普汉,来上海时都曾入住于此。

据知情人士说,朱博泉在20世纪50—70年代,一直在上海化纤十一厂劳动改造,80年代初平反后活跃在工商界,曾多次去港台,为两岸三地沟通作出过贡献。改革开放后,历经人生波澜的耄耋老人朱博泉曾随上海工商界代表一起参观过宋庆龄故居,经过大半个世纪,再回到自己当年的房子里,真是别有一番滋味在心头。但他明确表示:这幢房子作为孙夫人居住的地方,能有这么多人来参观,心里感到很安慰,也算是物尽其值。

朱博泉已于2001年以103岁高龄逝世。

宋庆龄入住小楼倍添温馨

全国临解放前夕,国民党政府慑于社会各界的舆论压力,中央信托局根据蒋介石手谕,将已属蒋纬国寓居的林森路1803号(今淮海中路1843号)宅邸,拨给在上海没有固定寓所的宋庆龄。在上海档案馆还保存着由市长吴国桢签名盖印的文件,指示上海市地政局"查照办理具报"。宋庆龄那时为将莫利哀路29号(今香山路7号)"中山故居作为一个永久的国家纪念馆让人瞻仰",已慷慨将其让出,另租赁靖江路(今桃江路45号)一处房子居住。

抗战胜利后,宋庆龄在上海一直没有一处固定的像样的寓所,对此,当时的舆论和部分国民党人士都颇有意见。正是在这样的背景下,宋庆龄于1948年选中了淮海中路上这幢在当时还十分僻静的小楼,并于1949年1月正式办理了过户手续,自此该房的产权归到了宋庆龄的名下。我在上海档案馆相关资料中查到,当时该处房产"估价为金圆贰千柒佰壹拾肆万柒千玖佰玖拾陆元"。

据上海宋庆龄故居纪念馆馆长陆柳莺介绍:从1949年到60年代初,宋庆龄长期住在这儿。上海是宋庆龄的诞生地,用她自己的话说:去北京是"上班",到上海是"回家"。后期她大多住在北京,但仍经常回上海,直到病逝这一年。

宋庆龄的家,虽不奢华,却不失精致,令人过目不忘的更有那份出自女性之手的浓浓的温馨和舒适。楼下过道厅、客厅、餐厅和两间书房都整整齐齐;而楼上卧室、办公室以及和她相守了几十年的保姆李燕娥的卧室,则极富家庭气息。

在家里,作为国家副主席,宋庆龄接待过来访的毛泽

绿树环绕中的船型小楼

东、刘少奇、朱德、周恩来、董必武、林伯渠、陈毅、邓颖超等党和国家领导人,以及金日成、西哈努克、苏加诺和班达拉奈克夫人、伏罗希洛夫等各国元首和政府首脑。中国福利会的许多活动也常在这里举行。宋庆龄还在这里写下了《向中国共产党致敬》《新上海的诞生》《致联合国的信》等重要文章。

在家里,作为一名热爱生活的女性,宋庆龄总喜欢穿着宽松的布衫,或在绿茵茵的花园里散步,或是逗弄小猫小鸭,还经常在草坪上亲手喂养鸽子。宋庆龄是一位优雅、美丽、端庄、坚贞的女性,也是一位对幸福生活有着热烈向往的女性。从她亲手布置的那些珍贵礼品中,就可看出她是一位对艺术有独特感悟的女性。穿布衫在她,不仅是身体上的休息,更是精神上的一种放松。布衫带给她的,或许还有作为一名世界瞩目的女性,渴望回归日常家庭生活的需求。

宋庆龄与心爱的小白猫

但家也并非世外桃源,尤其是在"十年动乱"中,竟然有一队红卫兵冲进了她的家。周总理得到消息后,马上指示部队加强保卫工作,并派出一名处级干部坐镇在那里。但是,过了不久,有些宋庆龄身边的工作人员也起来"造反"了,他们要求宋庆龄和大家一起排队,吃大伙房的饭菜;更有人提出要剪掉宋庆龄的头发髻,说梳"巴巴头"是封建思想的表现。人们有所不知,宋氏三姐妹尽管政治倾向不同、人生道路不同、个性气质不同,但有一点却是相同的,而且至死都未改变,那就是她们梳着同样的发髻。因为梳发髻是她们母亲的遗命,母命难违,宋庆龄为此很苦恼。幸亏有关方面知道后,做了一些工作,同时对宋庆龄身边的工作人员也陆续作了更换,这样才使家中慢慢平静下来。

毛泽东真情送地毯

宋庆龄故居于1981年10月正式对外开放。1981年10月22日,故居被列为"上海市重点文物保护单位",2001年又被列为"全国重点文物保护单位"。

宋庆龄故居有许多珍藏,但是真正的、无价的瑰宝,则是被周恩来称之为"国之瑰宝"的宋庆龄。

1958年，宋庆龄在上海寓所宴请朝鲜首相金日成（左二），陈毅（左一）等人作陪

宋庆龄故居的每一间房内，都有她亲手布置的珍贵文物。这些文物中有宋庆龄出访时自己购买的，但更多则是各国领导人赠送的富有本国民族特色的礼品，如印度尼西亚总统苏加诺赠送的表现巴厘岛风俗的水彩画、金日成来访时赠送的刺绣作品《春香传》，等等，还有毛泽东等领导人及著名艺术家们赠送的礼物。

宋庆龄故居的客厅、餐厅、办公室以及楼梯走廊上，都铺着梅花图案的羊毛地毯。我去参观的那一天，正是黄梅之后的酷暑天，这些地毯都被搬在外边晒着太阳。现在人们看到的是复制品，而毛泽东赠的原物则存放在上海档案馆。

说起毛泽东赠送的地毯，还得从宋庆龄摔伤说起。随着年事渐高，宋庆龄的身体越来越差。有一次，她不小心摔倒，结果造成手骨骨折。经过专家治疗，虽然骨接好了，但手腕骨突出，手臂无力。她把接骨的医生请来，不

宋庆龄与少先队员在寓所探讨问题

料那医生看后,轻描淡写地说:"你如果要漂亮,可以将突出的骨头锯掉。"宋庆龄听了非常生气,说:"我主要是手无力,拿不起茶杯,不是要什么漂亮。"为此,她提出希望接骨专家陈中伟能来会诊一下。于是曾当过她秘书的李云就跑去向当时华东医院的一位女院长求助,谁知这位院长回答:"此人社会关系复杂,不适合给首长看病。"不久周恩来到上海,去看望宋庆龄时,细心的周总理注意到了她的手伤,非常不安,马上通知卫生部领导到上海,为宋庆龄的手伤进行会诊和治疗。毛泽东和其他中央领导同志得知宋庆龄摔伤后也十分焦急,立即通知有关部门将宋庆龄在北京和上海的住房全部铺上地毯,并作为毛泽东送的礼物。宋庆龄后来又多次摔倒,但因为地上铺着厚厚的地毯,所幸均未造成严重后果。

待保姆亲如姐妹

在宋庆龄故居,除了那幢假三层主楼外,1955年政府又建有多间附属房,供宋庆龄的工作人员使用。另外,在主楼旁还专门设有鸽子棚。绿色的鸽子棚到现在还油漆光亮,里面饲养着20余只鸽子。宋庆龄一生热爱和平,

宋庆龄喂养鸽子

为世界和平事业奋斗了终身,她非常喜爱这些象征着和平的鸽子,只要住在上海,她每天都坚持亲自喂食。1956年印度尼西亚总统苏加诺访问上海时,她精心挑选了一羽鸽子相赠。除了鸽子,宋庆龄对于小动物以及其他一切弱小的生命,都给予了应有的关注和真诚的爱心。

对动物如此,对自己亲近的人,宋庆龄更是倾注了满腔爱心。说起宋庆龄和保姆李燕娥之间那份浓浓的情谊,那真是令世人羡慕不已。

李燕娥是广东人,自18岁时由孙中山先生的亲戚介绍来到宋庆龄身边照料她的生活起居,与宋庆龄朝夕相伴了50多年,忠心耿耿,一生未嫁。并不是她未遇情缘,实在是这位本分的没有多少文化的女人,在感受了宋庆龄的人格魅力后,用知恩图报这种最传统的方式自觉做出的牺牲。李燕娥没有看错人，没有跟错人。宋庆龄晚年，轻易不下楼，总是让李燕娥把饭拿到楼上来吃，但宋庆龄总是把朝南的上座让给李燕娥。这样一个小小的举动，让李燕娥感动万分：宋庆龄贵为国家副主席，非但没有一点儿架子，反过来还要给保姆让座，这是哪朝哪代都不曾有的事！一顿饭，常常是在两人推来让去中开始的。在几十年的共同生活中，宋庆龄和李燕娥的情谊，早已远远超出了主仆关系。

1981年2月5日李燕娥因病去世，宋庆龄非常悲痛，亲手制作了友谊相册，以此作为对跟随了自己半个多世纪的姐妹的一份纪念。这本友谊相册后来一直放在李燕娥生前居住的卧室里。宋庆龄还亲自为她安排了后事，明示要把李燕娥的墓建在自己父母亲的墓边，并为她立碑。现在，宋庆龄和李燕娥被分别安葬在宋庆龄父母墓的东西两侧。

宋庆龄故居曾于1990年进行过大修。这幢普通的小洋楼因为住过一位伟大的女性而名扬世界。陆柳鸾馆长告诉我：2003年1月27日，是宋庆龄诞辰110周年的纪念日。现在故居中陈列的都是原物，并完全按照她生前的布置安放。现在每天来参观的人数都在500人左右。这幢安静的花园洋房里从早到晚人流不断，有许多是慕名远道而来的外国友人，他们怀着崇敬的心情，就是想来看看中华人民共和国名誉主席、伟大的共产主义战士宋庆龄生前生活过的地方。

风云激荡的宋家老宅

沈飞德

上海陕西北路369号里的一幢风格别致的花园洋房，原是宋美龄出嫁前的上海寓所，老上海称之为"宋家老宅"。

这幢花园洋房沿陕西北路、南阳路筑着高高的黑色竹篱笆，从街面上看，它显然不是一幢显眼的深院高墙的大宅，但在这幢房子里，不仅留下了宋氏兄弟姐妹等众多风云人物的踪迹，而且还有过许许多多的动人故事。它就像一幅多姿多彩的历史画卷，引人入胜。

陕西北路369号里的"宋家老宅"

倪太夫人购置了这幢洋房

1918年5月3日,宋美龄的父亲宋耀如——这位被誉为"没有加冕的宋家王朝"的领袖,不幸在上海去世,享年53岁。不久,倪太夫人购置了西摩路139号(今陕西北路369号)的花园洋房,并偕小女宋美龄迁居于此。但也有一种说法,这幢房子是宋氏姐弟共同出资购买送给母亲安度晚年的。上海城市建设档案馆保存着当年这幢建筑的平面和立面设计图,设计图制作于1908年5月。这幢两层楼的乡村别墅,最早为一位外国人所有。整幢楼房建筑面积为660平方米,花园约为980平方米。

大铁门内有一条不长的通道通向内门的石阶。沿着石阶进入镶着彩色玻璃、铺着嵌木地板的客厅,东边有一拱形内室,中间有活门开启;西边是

倪太夫人(中坐者)与儿女及女婿等在一起,站立者左起:宋子良、宋美龄、孔祥熙、宋霭龄、宋庆龄

一个大客厅。从宽敞、考究的楼梯走上二楼，左拐有一间朝北的小房间，那就是宋美龄的闺房。房间朝东有一小阳台，正东黑篱笆墙外就是车来人往的西摩路。正对楼梯的房间是正屋——倪太夫人的卧室，该屋有门与宋美龄的房间相通。倪太夫人的房间是这幢洋房中最好的一间，不仅采光充足，冬暖夏凉，而且站在朝南的阳台上眺望，花园美景尽收眼底：园内树木葱翠，芳草如茵；沿着篱笆墙种植雪松、桂花、香樟、桑树、海棠、黄杨、杜鹃、红枫、女贞、珊瑚、龙柏等多种花木，四季飘香，令人心旷神怡；花园东隅的一棵玉兰树，树龄逾百年，枝叶茂盛，生机盎然。

倪太夫人和宋美龄迁居西摩路后，感到这幢独立式的花园洋房尚不够宽敞，就在住宅西边扩建与正楼相连通的二层楼房（有"假三层"），建筑风格与正楼完全一致，而且很考究，底层有地下室，还增建了一个大厅，二楼的两间朝南房间拥有一个大阳台。宋美龄的两个弟弟宋子安、宋子良的卧室就在二楼。

那时，宋家儿女中，宋霭龄寓所在西爱咸斯路（今永嘉路），宋庆龄住在莫利哀路（今香山路孙中山故居），宋子文则住在祁齐路（今岳阳路）。姐弟三人闲暇时常去西摩路看望母亲和未出嫁的妹妹宋美龄。

宋美龄和蒋介石在此举行宗教婚礼

1917年6月，宋美龄从美国学成归来后，在上海参加基督教女青年会活动，协助该会从事社会工作，同时她还是全国电影审查委员会委员，并在"海上闻人"虞洽卿的领导下，担任过上海市参议会童工委员会第一任女委员。她以每天精力充沛地参加各种社会活动而名扬上海滩。

1927年夏的一天，宋美龄早上离家后，至夜未归，急得倪太夫人团团转。不久，宋子文、虞洽卿和宋霭龄闻讯先后赶来，打长途电话给在南京的蒋介石和孔祥熙。翌日下午，蒋介石和孔祥熙急匆匆地从南京赶到宋宅，安慰了岳母后便分析情况，商量对策。是夜，蒋介石下榻于宋宅。

蒋介石与宋美龄在宋宅拍摄的结婚照

原来,宋美龄被"暗杀大王"王亚樵软禁在离家咫尺之遥的静安寺路(今南京西路)、西摩路口的沧州饭店里。王亚樵对宋美龄丝毫未加伤害。据传,此事是宋美龄的昔日恋人刘纪文为在南京政府中谋得一官半职,出重金请王亚樵演出的一幕闹剧。1928年,刘纪文果然出任了南京市市长,此为后话。

不久后的9月16日,宋霭龄在西爱咸斯路家中举行记者招待会,宣布"蒋将军将同我小妹喜结伉俪"。翌日,海内外许多报纸刊出了蒋宋并肩的照片,并配文说,蒋介石与孙夫人之妹即将婚配。

1927年12月1日,蒋介石和宋美龄在上海举行了婚礼。婚礼分两次进行,第一次在西摩路宋宅举行宗教婚礼,第二次在大华路(今南汇路)当时上海滩豪华的大华饭店舞厅举行规模庞大的世俗婚礼,国民党军政要员及中外来宾1300余人参加了这次婚礼。当时,上海的各报对此均以大量篇幅予

宋美龄与二姐宋庆龄（前坐者）在宋家老宅合影

以报道。

　　12月1日上午至半夜，公共租界包探数人、华捕数人、西捕两人守卫在宋宅外，戒备森严，凡进入宋宅者都非经主人允许不可。下午3时5分，蒋介石在乐曲声中偕傧相刘纪文来到底楼大厅，站在长方桌一旁，随后新娘宋美龄也缓步进来。待新郎新娘并肩站立，主婚人余日章开始致新婚贺词："诸位亲爱的兄弟姐妹们，我们今日在上帝与蒋宋二府的亲友面前为蒋介石先生、宋美龄女士举行婚姻的圣礼……我们应当谨敬遵奉上帝之意旨，成就这件大事。"

　　余日章致完贺词后，即将预先拟就的誓文授予新郎新娘。新郎新娘先后朗诵，其中最后一句都为"如今特将此戒指授予你，以坚此盟"。誓文念毕，双方互换戒指，引来亲友们一阵阵热烈的掌声。

　　新郎新娘交换戒指后，主婚人余日章宣读了新郎新娘"已正式结为夫妇"的《宣告文》，接着又宣读《祷文》和《祝福词》。祝福完毕，新郎新娘向主婚人鞠躬致谢。在喜庆气氛中，宗教婚礼共进行了15分钟。

接着蒋介石和宋美龄乘车到大华饭店，在那里举行了举世瞩目的世俗婚礼。

大华饭店婚礼结束后，蒋介石又偕宋美龄乘车返回宋宅，拜见了岳母及亲属。为了弥补在大华饭店因人挤未能正式留影的缺憾，特意请来了中华照相馆摄影师拍了结婚照。晚上，宋宅设宴款待新郎新娘及二府亲友。

宋美龄婚后走出了西摩路的闺房，成为蒋介石的新妇。1928年1月9日，蒋介石通电宣布复任国民党革命军总司令兼军事委员会主席。这样，宋美龄随即成为"中国的第一夫人"。

宋庆龄在母亲灵前饮泣不已

1931年7月23日，在青岛避暑的倪太夫人不幸病逝，遗体从青岛运回上海，停柩宋宅。

远在德国的宋庆龄获悉母亲病逝的噩耗，悲痛万分，日夜兼程赶回祖国。8月13日晚，宋庆龄乘船抵沪，迅即驱车赶往西摩路宋宅，在母亲灵前"垂首默立，饮泣不已"。

在宋母治丧的日子里，宋氏兄弟姐妹日夜守护在母亲灵前，每天前来西摩路宋宅致祭的亲友、国民政府政要和各界知名人士络绎不绝。

由于倪太夫人是一位虔诚的基督徒，8月18日清晨6时隆重而庄严的宗教告别仪式开始，宋氏家人、亲友等齐集在宋宅花园草坪上，听牧师讲倪太夫人行状。仪式结束后，随即出殡。

这天，除宋子文的夫人张乐怡因身体不适未参加外，宋氏兄弟姐妹6人全都参加了葬礼。蒋介石原准备派上海市市长张群代祭，但在宋美龄的催促下，他撇下江西"剿匪"的军务，赶回上海参加了岳母的葬礼。

倪太夫人健在时，宋美龄婚后大多住在南京，但每趟来沪，总要去西摩路看望母亲。宋霭龄、宋庆龄和弟弟宋子文、宋子良、宋子安也不时来看望母亲。相比之下，宋庆龄自1927年大革命失败后，长期流亡海外，没有机会多尽一份孝道。1929年6月2日，宋庆龄回国参加孙中山奉安大典后，与母亲和弟弟宋子良、宋子安一起回沪到西摩路家中。据曾任宋庆龄秘书的李云回忆，宋庆龄生前对她说过，宋氏三姐妹去探望母亲时都曾在这幢房子里住过。然而，自倪太夫人去世后，曾经宾客盈门、冠盖云集的宋宅已是人去楼空，变得寂静起来。

宋宅成了难童们的乐园

1949年3月底至5月间，宋宅这幢古老华贵的花园洋房，突然住进了100多名难童。

原来，那时人民解放军兵临上海城下。国民党军队在四郊构筑工事，负隅顽抗。由宋庆龄创办的中国福利基金会和上海各社会救济福利宗教团体组成了上海临时联合救济委员会，由颜惠庆任主任委员，赵朴初任总干事。联合救济委员会下设难童救济小组，由中国福利基金会的顾锦心、陈维博、王诏贤和丁景唐组成。另外，大场的山海工学团的一批儿童因国民党军队大肆构筑工事而无家可归，也流落到市区来。这样，西摩路宋宅就成了难童们躲避战乱的乐园。

中国福利基金会在宋宅为孩子们准备了毛毯、被褥、衣服和营养品。孩子们生活得很有秩序，每天照例上文化课、游戏、讲故事，也悄悄地唱着《解放区的天是明朗的天》《朱大嫂送鸡蛋》等歌曲，也有扭秧歌舞的。

晚上，孩子们席地铺着被褥睡在大厅锃亮的嵌木地板上进入梦乡。而此时，中国福利基金会儿童工作组组长顾锦心和第一儿童福利站的陈邦藩两位女同志在底楼东边内室的前房搭起帆布床。丁景唐和第二儿童福利站站长王诏贤则睡在后房的临时床铺上。他们在夜深时静静地收听新华社电讯，电波中不断传来党中央和毛主席的声音，令他们激动不已。

1949年5月25日凌晨，当丁景唐和王诏贤两人悄悄地跨出宋宅大门，在静安寺路的平安电影院、沧州饭店墙上看到了由朱德总司令和毛主席签署的《中国人民解放军宣言》《三大纪律八项注意》公告后，立即奔回宋宅，告诉大家解放军已进入上海市区的消息。顿时，大家激动地聚集到花园大草坪上，欢庆上海解放，还扭起秧歌，放声地一遍遍唱着《中国共产党，你是灯塔》《解放区的天是明朗的天》……

上海解放后，难童们依依不舍地告别宋宅，开始了新的生活。

1949年7月24日，宋庆龄在陕西北路369号宋宅创办了上海解放后第一个新型的托儿所——中国福利基金会托儿所，收托2—5岁的幼儿30名。

这天，邓颖超、许广平、胡子婴、廖梦醒等应中国福利基金会主席宋庆龄的邀请，冒雨到宋宅参加托儿所的揭幕仪式，衷心地祝贺托儿所的诞生。

同年11月15日，中国福利会托儿所迁入五原路205弄5号，并由日托制改为寄宿制，入托儿童增至50名。1956年，托儿所更名为"中国福利会幼儿园"。近半个世纪以来，"中国福利会幼儿园"硕果累累。饮水思源，谁也不会忘记它的创办人、国家名誉主席宋庆龄，不会忘记当年托儿所的诞生地宋宅。

托儿所迁出陕西北路369号后，1949年12月，宋宅又成为中国福利基金会的办公地点。宋庆龄的办公室就设在底楼东边内室的前房，但她并不常来办公。据宋庆龄秘书张珏老人见告，1950年的一天，宋庆龄特地从淮海中路1843号寓所赶到办公室，接受卫生部派人送来的一幅由延安人民用麻纺织的孙中山像。宋庆龄高兴地嘱咐张珏把孙中山像挂在她办公室的墙上。

1950年8月15日，中国福利基金会正式改称中国福利会，迁至常熟路157号办公。

宋庆龄仗义邀请友人入住

宋宅在解放后还住过一位"女洋人"，她就是著名国际友人耿丽淑。耿丽淑生前是中国福利会顾问、上海宋庆龄基金会顾问，也是宋庆龄生前挚友。

原来，1952年1月，耿丽淑在临近退休前，突遭美国纽约女青年会解雇。宋庆龄闻讯后，发电报给耿丽淑，要她立即回中国工作。同年，耿丽淑来沪工作，宋庆龄亲自安排她入住陕西北路369号。耿丽淑的卧室就是当年宋美龄的闺房，而倪太夫人的卧室则作为耿丽淑的会客室和书房。耿丽淑还请了一位保姆，住在楼下，为她料理日常生活。当时，耿丽淑任中国福利会顾问，主要从事儿童健康和教育工作。她经常到中国福利会的国际和平妇幼保健院、托儿所、少年宫等处指导工作，还在复旦大学、上海外国语学院任教。直到1963年，因宋宅需要修缮，耿丽淑和中国福利会的机关干部才搬出宋宅。

"文革"爆发后，尽管宋庆龄受到周总理的保护，但她仍受到不少干扰。在这风雨如晦的岁月中，宋庆龄总是想到别人的安危。那时，邹韬奋夫人沈粹缜在上海市妇联成为"陪斗"对象，但身处逆境的她几乎三天两头收到宋庆龄的来信，每封信必问她好不好，有没有遭到批斗，并一再关照她要保重身体，希望复信能讲真情，有什么困难只管说。

1967年上半年，宋庆龄为了保护沈粹缜免遭更多的迫害，终于想出了一个办法——要沈粹缜搬到陕西北路369号去。她向沈粹缜介绍说，那是一幢花园洋房，是她母亲住过的地方，陈丕显在任时由上海市政府修缮一新后交还给她的。

对于宋庆龄的盛情，身不由己的沈粹缜踌躇不决。没想到，宋庆龄又连写三封信，催沈粹缜尽早搬进去。这时，沈粹缜觉得再拖下去有负宋庆龄的厚爱，就把情况通过友人转告邓颖超。邓颖超回复说：一、遵从夫人意见，搬过去；二、老房子不要退。于是1967年8月14日，沈粹缜偕女儿邹嘉骊悄悄搬进了宋宅，住进宋庆龄指定的二楼正房，那就是她母亲生前的居室。

然而，沈粹缜搬家后，招来的后果是铺天盖地的大字报，罪名是与资产阶级权威划不清界限，是崇拜资产阶级生活方式。在阵阵"讨伐"和"勒令"声中，沈粹缜和女儿不得不于1967年9月21日搬回到老房子里。

沈粹缜和女儿尽管只在宋宅住了一个多月，但对于宋庆龄的一番苦心，却永记不忘。沈粹缜在晚年感慨地说："夫人的良苦用心终未能实现，但她的厚爱在我心中永存。"

曾任中国福利会秘书长的李云是抗战前中共派给宋庆龄的秘书，在那艰难困苦的岁月中，她与宋庆龄建立了深厚的革命情谊。"文革"中，李云受到不公正的待遇。1975年，李云被"解放"，去东北看病时到北京看望宋庆龄。宋庆龄一见李云，就关切地问起李云的爱女平分："平分现在怎样？"李云带着几分忧虑如实相告："她要结婚了，可就是没房子。"宋庆龄听了爽快地说："我陕西北路369号的大房子空关着，可让平分去住。"她写了条子要李云回上海后自己去挑一间。后来，李云的女儿挑中了底楼东边的内室。笔者在电话采访李云时，她说，宋庆龄很喜欢她的女儿平分，现在她家中还珍藏着几本宋庆龄写着"赠给平分小朋友"的杂志。

秘书张珏在宋宅安度晚年

宋庆龄对在她身边工作的人，无不关怀备至。1969年，宋庆龄准备回上海前，传话给秘书张珏，请她同住淮海中路1843号，但张钰表示要住在外边亲戚家中。宋庆龄觉得上海住房紧张，一个姑娘住在亲戚家不方便，就希望张珏住陕西北路369号。宋庆龄在给张珏的便条上写道："不必多考虑，是为了我也为了你的方便。"

这样，张珏住进了二楼宋美龄住过的房间。为了使张珏住得舒适、安宁，又不致孤独，宋庆龄又让张珏自己物色了邻居。据张珏老人回忆，有一年她随宋庆龄回上海过春节，宋庆龄派人到陕西北路369号，给她送来了暖杯和一瓶收藏了数十年的酒，并附有便条："艾琳（宋庆龄对张珏的爱称），祝新年好！希望能当面向你说这句话。可是，唉！腿与脚摇摆不稳……"

宋美龄出阁前住的闺房

张珏是近代著名学者张宗祥之女,在宋庆龄身边工作长达15年之久,直到宋庆龄去世。1982年,张珏因患脑血栓返回上海定居,就住在宋宅倪太夫人住过的房间里。笔者在20世纪90年代曾多次拜访张珏老人,她虽因腿骨折而行走不便,但依然豪爽开朗,乐于助人。据她介绍,房间中的梳妆台、三开门大橱和三人沙发都是倪太夫人生前使用过的家具,那只三人沙发宋氏姐妹来看望母亲时曾一起坐过。

张珏老人晚年在靠窗的写字桌上,撰写了许多回忆宋庆龄的文章,为世人留下了珍贵的第一手史料。1993年纪念宋庆龄诞生100周年之际,中国福利会为张珏历年撰写的回忆文章结集,以《往事不是一片云》为书名出版。她还参加了《宋庆龄书信集》部分信件的翻译工作,并接待了海内外的新闻记者和影视工作者。凭窗远眺,她常常触景生情,以诗来缅怀故人和描绘宋宅。

1996年,张珏因宋宅的住房需修缮,迁居华山路。1998年2月8日,张珏在上海病逝,享年85岁。

"上海是我的第二故乡"

上海解放后，宋氏兄弟姐妹6人飘散四海，唯独宋庆龄留居大陆。她将宋宅房产委托中国福利基金会代管，政府对宋宅免征地价税。她对宋宅始终十分关心，多次嘱咐有关人员对房室和花园加以保护并妥善管理。1981年宋庆龄逝世后，中国福利会继续代管该处房产。

1996年，中国福利会将宋宅修缮一新，恢复其原有面貌。据有关同志介绍，正楼二楼宋美龄和倪太夫人的居室，虽家具有所散失，但仍努力保持原状。楼下则作为上海宋庆龄基金会办公地点，成为中国福利会与海外团体和友人交往叙谈的场所。上海宋庆龄基金会主席汪道涵的办公桌，就放置在当年宋庆龄办公的那间房间里。当年宋美龄和蒋介石举行宗教婚礼的大厅，现重新作了布置，成为中国福利会老干部活动室。

岁月无情，宋氏兄弟姐妹6人，如今只有106岁的宋美龄仍在美国安度晚年。宋美龄在祖国大陆时，曾多次说："上海是我的第二故乡。"屈指数来，宋美龄离开上海已整整54年了。不知宋美龄是否还记得西摩路的寓所和她的那间闺房？是否还记得宋氏兄弟姐妹一起承欢慈母膝下的快乐时光？是否还想在有生之年重返"第二故乡"？

风云际会周公馆

沈飞德

在上海幽静的思南路上，73号（原马思南路107号）黑漆竹篱笆围墙内有一幢法式的小洋楼，朝西大木门右侧的水泥柱上挂着一块木质白漆牌子，上书"中国共产党代表团驻沪办事处纪念馆"，门上有一块镌刻着"周公馆"及一行英文字"GEN. CHOW EN-LAI'S RESIDENCE"（周恩来将军寓所）的木牌。这幢曾留下周恩来足迹的建筑，在抗战胜利后一度成为展示国共和谈风云的大舞台，中外媒体聚焦瞩目的中心，民主进步人士向往的地方……

周公馆

周公馆亮相马思南路

1946年5月初,随着国民党政府从重庆迁回南京,国共两党和平谈判的中心也随之转到了南京。中共为了便于在上海开展宣传和统战工作,计划在上海设立中共代表团驻沪办事处,出版《新华日报》沪版。早在1946年4月初,代表团团长周恩来在重庆就分别致函国民党行政院院长宋子文和秘书长蒋梦麟。在致宋子文的信中说:"抗战胜利,政府还都在即。兹为与各方联系及时协商起见,敝团亟应在京、沪两地筹设办事处。……敬祈饬属在南京拨予房屋两幢,在上海拨予房屋一幢,俾便派员筹备以利建国工作。"然而,蒋介石却指使有关部门拒绝了中共的这一要求。

1946年6月21日,中共代表团代表董必武偕李维汉、齐燕铭到上海,针对国民党政府不准中共代表团代表成立上海办事处的情况,经商议并由董必武决定将马思南路107号《新华日报》上海办事处职员宿舍作为中共代表团上海办事处,对外用周恩来将军寓所的名义,在大门上挂出刻有"周公馆"的户名牌,所以人们又称它为"周公馆"。

周恩来住在无窗闷热的假三层

周公馆原为义品洋行房产,曾由国民党中央党部专员黄天霞租住,因他于1946年5月间举家迁居南京,才转让给《新华日报》上海办事处作职员宿舍。中共代表团委托《新华周刊》发行人龚澎(乔冠华夫人),通过其妹徐婉球的帮忙,以6根金条的代价租下了这幢房子,并以《新华日报》职员宿舍的名义申报了户口。据1946年6月11日卢家湾警察分局情报称:"内中住有《新华日报》编辑乔木(按:即乔冠华)、刘方华、《新华周刊》发行人龚澎、总经理沈野、中共代表团总务主任祝华及该团会计科长刘恕、顾问华岗等二十余人,至今并无其他动态。"

这是一幢20世纪20年代建造的坐北朝南一底三楼的独立式花园洋房，建筑为砖木结构，红瓦砖相嵌，局部作折屋檐，外墙立面置卵石，清水砖相嵌，局部墙面采用水泥拉毛饰面，多种式样窗洞口。进门就能看见藤萝花架，显得幽静宜人。屋前有个不大的花园，绿茵茵的草坪中央，栽有一棵枝叶茂盛的大雪松。当年花园里还有假山和喷水池。

周公馆三面有围墙，大门邻街，东南方向与梅兰芳、李烈钧公馆隔墙相望。邻街还有一个车库，如今停放着当年周恩来乘坐的别克轿车的复制品。据史料记载，起初周恩来偶尔到上海，多数时间住在南京。不久，蒋介石撕毁停战协定，和谈难以为继，周恩来在上海周公馆居留的时间也就多了。周恩来初来时，卧室安排在一楼会客室的东间。后来工作人员考虑到一楼常有客人来访，周恩来住在下面活动不便，也不安全，要把他的卧室搬至二楼东南比较宽敞的房间里。那是这幢房屋中设备最齐全的一间，有浴室和阳台。但周恩来却执意要把这个房间让给带家属的同志住，自己搬到了三楼东南的一间卧室居住和工作。名为三楼，实际上是人们所说的假三层，面南无窗，低矮闷热，光线又暗。周恩来卧室的陈设极为简陋，靠南面中间放一张双人床，东南靠窗放一个玻璃面的草绿色写字台。靠门边有只竖式木衣架，还有两只凳子。他随身的行李只有两只小皮箱，生活非常俭朴。

随着中共代表团在沪工作人员的增多，马思南路107号的房屋不够使用，故又于1946年7月租下周公馆东南仅一墙之隔的马思南路117号（今思南路83号），作为中共代表团驻沪办事处工作人员的办公用房和宿舍。中共代表团顾问、驻沪代表华岗一家随即搬入居住。

周恩来在记者招待会上侃侃而谈

为便于在上海开展宣传和统战工作，中共就在周公馆成立了以华岗为书记的中共上海工作委员会（简称"上海工委"）。上海工委积极开展宣传和统战工作，向上海的社会各界上层人士、民主党派和中外媒体等宣传中共关于

1946年,周恩来在周公馆留影

和平、民主的方针政策,积极配合国共南京和平谈判,推动爱国民主运动。为此,周恩来、董必武、邓颖超和陈家康等经常在周公馆举办中外记者招待会,周公馆成了国共和谈新闻的源泉。

1946年7月18日下午3时至4时半,周恩来在周公馆举行中外记者招待会。在一楼不大的会客厅里挤满了记者,一些晚到的记者只能坐在过道里或阳台上。此时身着灰白色派力司西装的周恩来站在记者面前,两眼炯炯有神地向与会记者点头招呼,接着用含有淮安口音的普通话铿锵有力地说:"今天我想说三件事,一件是各地的冲突,一件是关于救济问题,一件是最近的昆明事件。"周恩来指着墙上的地图,面对聚精会神聆听的百余名中外记者,满腔义愤地揭露国民党军队在全国各地挑动内战的事实。周恩来说:"现在的情况是正由局部的内战向着全面的内战发展和扩大。我们的态度是全面地长期地停止内战,把已经谈好的百分之八十到九十的方案签字,召开政协,改组政府,这才是和平民主的轨道。"

在谈了救济工作之后,周恩来还非常愤慨地揭露了国民党在昆明暗杀民主人士李公朴、闻一多的无耻卑鄙行径,他说这一事件不是偶然的,而是和平民主运动中一种反动的逆流,反动派想以这种最卑鄙的手段吓退民主人士。他希望记者们用他们的笔和口来控诉、制止这种卑鄙无耻的暴行。最

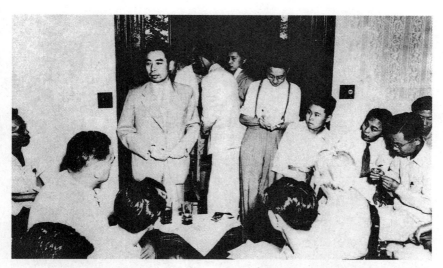

1946年7月18日，周恩来在周公馆举行记者招待会，向新闻界控诉国民党发动内战、暗杀民主人士李公朴、闻一多等罪恶行径

后，周恩来表示，现在形势如此严重，我们仍为和平、民主而奋斗，只要能永远停止战争，我们仍愿在政治协商的前提下，解决争执的问题。各报刊发表了周恩来的谈话后，在全国引起了强烈反响。

9月1日、10月1日，周恩来在周公馆又相继举行了两次重要的记者招待会，向国内外人民宣传中共关于和平民主的一贯主张和各项方针政策，揭露国民党假和谈、真内战的本质。

进步民主人士欢聚的地方

那时，周恩来和董必武还经常邀请上海社会各界的民主进步人士来周公馆做客，向他们阐述中共的主张，并勉励他们坚持进步和民主。据曾在周公馆工作过的张颖回忆，周恩来在上海曾多次拜访宋庆龄，宋庆龄也亲临周公馆回访周恩来。郭沫若也是周公馆的常客。此外，张澜、沈钧儒、马叙伦、马寅初、谭平山、柳亚子、黄炎培、章伯钧、罗隆基、章乃器、许广平等都

1946年秋，周恩来、郭沫若（左）、李维汉（右）在周公馆大门口合影

曾应邀到过周公馆。就连后因参加伪国大而被民盟决议令其退盟的民社党领袖张君劢，在倒向国民党之前，也常到周公馆做客。

周恩来在周公馆还接待过不少国际友人，被称为周公馆"洋"座上客的加拿大著名和平人士文幼章就是其中一位。1946年5月，文幼章应周恩来之请，推迟返回加拿大，在上海创办新闻通讯社，并出版《上海时事通讯》，以帮助中共宣传。周恩来在沪期间曾与文幼章一起讨论形势，而文幼章也把周公馆当作家里一样，有时与中共代表团驻沪办事处发言人陈家康一起谈论事务，有时帮助周公馆里的年轻同志润色英文稿，遂成为周公馆的老朋友。

周恩来非常重视做文艺界人士的统战工作。1946年9月21日，周恩来在周公馆举行文艺界人士座谈会，周信芳、田汉、茅盾、郑君里、赵丹、史东山、白杨等50余人应邀出席。曾在周公馆工作的于土、许真撰文回忆了周信芳前来周公馆出席座谈会的一幕："一天，我们正要出门，看见门口徘徊着一位身穿黄丝绸长衫，头戴礼帽式草帽，腋下夹着一根手杖的约有四十来岁的男人。他一见有人出来，忙摘下草帽，用夸张的京腔京调，一板一眼地问：'请问，这儿是周公馆吗？'这样的衣着风度，这样清晰洪亮的舞台京白腔，实觉惊异！我们定睛一看，原来是京剧'麒派'创始人麒麟童——周信芳先生！后来知道，他是应副主席之邀，来周公馆参加文艺界人士座谈会的。"

1946年10月中旬，周恩来在离沪前夕邀请郭沫若、许广平、柳亚子、马叙伦、马寅初等到周公馆座谈，告诉他们国共和谈已经破裂，中共代表团将要撤回延安，但不论南京还是上海，中共是一定要回来的。会上，郭沫若即席赋诗，赠予周恩来。诗曰："疾风知劲草，岁寒见后凋。根节构盘错，梁木庶可遭。驾言期骏骥，岂畏路迢遥？临歧何所赠，陈言当宝刀。"

1946年11月19日，周恩来、邓颖超和李维汉等14人乘飞机离开南京返回延安。中共代表团驻南京、上海办事处由董必武领导。

军警特务日夜监视的红色堡垒

自从《新华日报》租下了马思南路107号作为职员宿舍后，国民党市警察局就下令卢家湾警察分局"就近严密注意"。而当周公馆一设立，卢家湾警察分局就设立了专门监视周公馆的政治组，并在周公馆马路对面的马思南路98号（今思南路70号）上海妇孺医院内设立了秘密监视点，对周公馆进行日夜监视，并派人跟踪调查进出周公馆的人员。据于土和许真撰文回忆，周公馆除面向梅兰芳公馆的一面外，其他三面都被国民党特务的眼睛盯上了。"这里过去是法租界很安静的高级住宅区，没有店铺，更没有叫卖的小摊小贩。可打从我们一住进，门前突然热闹起来了。马路对面设了个从不见有人光顾的皮鞋修理摊。一些拉三轮的，装作候客总停在门口。卖香烟的小贩，剃头挑子，也在我们门前晃来晃去，一眼就看出是些最蹩脚的演员。……在正对我们大门的一间屋内，还设有摄影机，拍下进出周公馆的每一个人。"

周恩来和董必武都极重视安全保卫工作，对来访的地下党员，除了谈工作外,总要详细地、具体地指导他们躲避特务盯梢的方法。而周恩来怒斥跟踪特务的故事,长期以来更是传为美谈。

那是1946年10月的某晚,周恩来乘坐的小轿车刚驶出马思南路,即有一辆小汽车紧紧尾随其后,周恩来的车转弯,它也转弯,周恩来的车慢下来,它也慢下来。周恩来断定那是跟踪他的特务的车子,当机立断,嘱司机绕道后返抵周公馆门口突然刹车。车刚

上海《新民报晚刊》刊登的周公馆被监视的新闻报道

停稳,周恩来就跨出车门,大步走向停在不远处的特务汽车,厉声责问车上的特务:"我是周恩来,是你们政府请来谈判的,你们盯我的梢,是何道理?"并要他们出示证件。面对突如其来的责问,那些特务发懵了,不得不

1947年3月5日,中共代表团驻沪办事处最后一批撤离人员在周公馆合影。左四陈家康、右二潘梓年、右四华岗、右六钱之光

承认是卢家湾警察分局的职员，但谎称是奉命保护周恩来的。愤怒的周恩来随后便回到周公馆打电话给上海市市长吴国桢，提出抗议。从此以后，特务们再也不敢公开跟踪周恩来的车了。

在包围监禁中撤离周公馆

1947年2月28日晚约10点半，周公馆大门口的电铃响了起来，传达室的同志以为有人来办事处联系工作，急忙走出去把门打开。不料，一下子闯进来十几个人，有的穿便衣，有的穿着警察制服。国民党军警很快控制了周公馆，限制人员自由出入，并强行拆除电话机，搜去两台长波收音机。一个穿国民党军装的人自称是淞沪警备司令部派来的，提出要找办事处负责人。钱之光在一楼会客厅见了带队的军官。此人一进来就恶狠狠地对钱之光说："我们奉上级命令到这里来，从现在起，你们不准出门了！"说着，他拿出淞沪警备司令宣铁吾勒令中共上海办事处限期撤离的快邮代电递给钱之光。

当时，董必武外出参加与民主人士会见的活动，直至午夜时分才返回周公馆。钱之光向董必武汇报了一小时前发生的情况。

国民党当局派警察、宪兵、特务包围周公馆的行径，引起各界进步人士的强烈不满。翌日黄昏，马寅初和柳亚子两位老先生先后来到周公馆门口，一定要进去看望董必武。军警、特务拦住他俩不让进去，并威胁说："你们进得去，就不准再出来了！"马寅初听了气愤地说："蒋介石把我关了那么长时间，无非是再把我关起来。我不怕这一套，今天非进去不可！"特务们没办法，只好开了大门，两位老先生昂首步入周公馆。而当他俩与董必武谈毕起身告辞时，特务们又立刻加以阻挠。马寅初怒斥说："你们不是奉命监视共产党吗？我又不是共产党，为什么不让我走？"柳亚子也质问特务："我是国民党的中央监察委员，你们有什么资格限制我的行动？"特务们理屈词穷，无计可施，只好让两位老先生离开了周公馆。

第三天（即3月2日），面对特务阻挠中外记者采访中共人士，董必武气愤地说:"你们不让,我们也要发言!"他让周公馆的新闻发言人陈家康打开窗户,站在二楼阳台上,向周公馆门外的中外记者发表了讲话,揭露国民党假和谈、真内战的阴谋,抗议蒋介石下令监禁中共代表团人士、并限期撵走中共人士的野蛮行径。不久,中外媒体报道了国民党当局包围监禁中共代表团的事实真相。

3月5日,中共代表团办事处最后一批人员撤离时,周公馆委托"民盟"代为保管,卢家湾警察分局派员点交。民盟则由副主任秘书周新民点收。除房屋一幢及家具若干外,尚有汽车一辆。当晚,周新民等迁入居住。同年10月27日,国民党政府内政部宣布民盟为非法团体。10月30日下午3时,卢家湾警察分局派员无理接收民盟代管的原中共代表团驻沪办事处房屋。

中共代表团驻沪办事处旧址于1959年5月被列为上海市市级文物保护单位,1979年修复并建立纪念馆,如今还是上海近代优秀建筑保护单位、上海市爱国主义教育基地,并被上海市旅游局推荐为旅游观光点。

张学良公馆:"西安事变"的策源地

沈飞德

上海复兴公园皋兰路西门南首(皋兰路1号)有一幢风格别致的花园洋房,现为荷兰驻上海总领事官邸。朝西的大门左侧挂有一块并不特别显眼的黑色小招牌,上书"著名爱国将领张学良1934年曾在此居住",旁边另有一块稍大的上海市人民政府1999年9月公布、上海市房产土地资源管理局立的"市级建筑保护单位"的铜牌。尽管每天从旁进出公园的游客络绎不绝,但没有多少人知道这幢看似平常却蕴含传奇历史的洋楼,记录着张学良将军和赵四小姐与上海的难解情结……

张学良故居

少帅游欧归国入住皋兰路1号

张学良将军

"九一八"事变后,东北沦陷,张学良成为蒋介石不抵抗政策的替罪羊,于1933年3月引咎辞职后,不久便出洋考察。1934年1月8日,张学良一行从欧洲回到了阔别半年多的上海,住进了由侍卫副官长谭海向一家银行业主租下的这幢花园洋房(一说张学良到沪后先暂住在莫利爱路2号,而后再租住皋兰路1号)。从此,这里就成了名闻一时的张学良公馆。

张学良和赵四小姐对这幢地处幽静的高乃依路(今皋兰路)、马思南路(今思南路)口的寓所十分喜爱。这幢三层的花园洋房属西班牙式,屋顶坡度较平,讲究外部修饰,设敞廊、阳台,当时在美国极为流行。因这种楼房比较适合江南的气候,所以在上海也为数不少。小楼坐北朝南,拥有500余平方米的建筑面积,冬天日照时间长,夏天则凉风习习,是冬暖夏凉的住处。进门处上方是凸出的二层楼,楼下为过道,西面长方形,楼下南有走廊,第二层有阳台。屋前有一个占地1 000余平方米的花园,绿草如茵,布置十分幽雅,东南西三面广植香樟、金桂、银桂、广玉兰等四季不凋的树木,层层叠叠,散步其间,仿佛置身于世外桃源。登楼眺望,一片翠色尽入眼帘,东边可以看到遍植梧桐、充满浪漫情调的法国公园(今复兴公园)。

张学良在皋兰路1号居住的时间很短。他刚到上海不久,蒋介石便任命他为鄂豫皖三省"剿共"副总司令,他即走马上任,驻节武昌。赵四小姐则带着她与张学良的独生子张闾琳时而居住上海,时而住在别处。

难忘冬日花园里的童稚笑声

1936年初,赵四小姐的哥哥赵燕生和嫂嫂吴靖带着刚满6个月的儿子从北平到上海,专程到高乃依路1号看望妹妹和外甥。说起吴靖和赵四小姐的关系,颇有意思。吴靖与赵四小姐相差1岁。当吴靖在天津中西女中读书时,尽管和赵四小姐同校,但她只与赵四小姐的姐姐赵二、赵三熟识,直到她在北平读大学时与赵燕生恋爱后,才认识赵四小姐,并常常相见。姑嫂关系亲密,情同姐妹。吴靖亲热地称赵四小姐为"四妹"。这回见到嫂嫂吴靖,寂寞之中的赵四小姐格外兴奋,她每天都要与嫂嫂促膝长谈。为了能和嫂嫂终日相聚,她还请专人在哥嫂下榻的沧州饭店帮带侄儿。

当姑嫂促膝长谈时,吴靖的丈夫赵燕生便与外甥张闾琳玩。时值隆冬,舅甥俩冒着严寒到花园中玩耍、奔跑,嬉笑声满园,给赵四小姐带来许多欢乐。那时,闾琳已经六七岁了。1930年他出生时,又小又瘦,在暖箱里养了两三个月,才算保住了性命。到了2岁,孩子浑身还是软绵绵的,不能竖直,终日昏昏沉沉,只有当父亲向他喷吐鸦片烟时,才会暂时振作精神。幸亏1933年张学良出国前在上海戒除毒瘾,加上赵四小姐精心哺育,才使小闾琳得以恢复健康,茁壮成长。

那年吴靖来上海,住了将近10天。给她印象最深的是,赵四小姐在少年时代热衷于各种社交活动,不仅喜爱跳舞、游泳、骑马、打网球,而且喜爱听京戏、看电影和美容,还会开汽车,但自与张学良同居后,她一反常态,深居简出,沉默寡言,到上海后更是如此。尽管她有自备小车,却不敢用,生怕在街上被路人认出受到围观,更怕小报记者旧事重提,渲染得满城风雨。有时不得已出门,她要作简单的化妆,在晚间悄悄地来去。

那时,花园旁常常停着两辆一模一样的敞篷小轿车,其中一辆是赵四小姐的,另一辆是吴靖的表妹的。当时还拍有照片,吴靖一直珍藏着,可惜毁于"文革"。吴靖的表妹和侄女,时常去看望赵四小姐。另外,常去的还有曾任北洋政府财政总长李思浩的二小姐李兰云和她的大姐。赵四小姐因自己很少外出，就特别希望好友去她家做客。她曾邀请李兰云和她的大姐前去，有时去吃晚饭，很晚了她还不让李兰云姐妹俩走，她俩只好打电话通知家人，索性在那儿住下来。这时，赵四小姐可高兴了，竟同李兰云姐妹俩像儿时那样三人挤在一床睡，谈笑打闹，直到深夜。

张学良在沪密晤杜、李二先生

1935年10月底，张学良由西安赴南京参加国民党四届六中全会和第五次全国代表大会。会后，12月中旬，张学良转道上海再赴西安。他来上海除了因为赵四小姐和儿子正寓居高乃依路张公馆外，还负有极其重要的使命，即专程去虹桥疗养院探望著名爱国人士、东北同乡杜重远。此时杜氏因《新生周刊》刊登《闲话皇帝》一文被判刑关押，在全国舆论的声援下，被假释出狱就医。

张学良来上海探望杜重远，是为了向这位他素来敬重的同乡寻找抗日救国的良方。那天，杜重远恳切地向张学良提出三点建议："你和东北军的主力驻在陕甘两省，有许多联合抗日的条件，就看你做不做。首先，你们和红军离得不远，可以和红军搞好关系；其次，杨虎城有抗日思想，又在你身边，可以与他合作；另外，盛世才在新疆，同苏联关系不错，又是东北同乡，也

（左）慕良厅，（右）忆卿厅

可以联合起来。这样，联共、联杨、联盛，再加全国人民，一致起来抗日，你和东北军一定会有前途，东北失地一定能够收复。"杜重远盛赞东北军能征善战，但应当用于抗日战场，建功于驱逐外侮的征战中。

张学良聆听杜重远侃侃而谈，不时颔首表示赞同。两人谈得十分投机，最后，张学良表示："绝不辜负众多友人的期望。"这次秘密会见，加速了张学良的思想转变，最终导致他和杨虎城发动了"西安事变"。

张学良在探望杜重远后没几天，他又在高乃依路寓所秘密会晤了东北义勇军将领李杜。这是杜重远建议张学良会见的。李杜原系张学良的部属，东北抗日失败之后，他和马占山率领一群抗日将领退入苏联境内，遂和共产党有了联系。不久前，他到上海后仍和共产党保持着接触。言谈之中，李杜和杜重远的看法完全一致，坚决主张张学良"联共抗日"。于是，张学良就托李杜代表自己设法在上海与中共领导人建立联系，商谈联合抗日之事。后来李杜将张学良的意愿告诉了在上海的宋庆龄。在宋庆龄的提议和帮助下，1936年3月，为了躲避追捕曾在孙中山故居住过几天的中共党员刘鼎，由张学良秘密接到西安，担任张学良的秘书，并在以后张学良与共产党的接触中担当了重要的角色。

欢聚小楼共商"联共抗日"大计

1935年12月张学良在上海期间，在他的周围笼罩着一股炽热的抗日爱国的气氛。在这里他结识了许多激进的知识界人士，目睹了上海这一全国抗日救亡运动中心的滚滚洪流，这对于正在徘徊中的张学良认清形势、坚定挽救民族危亡的信心起了很大的推动作用。

据曾任张学良"副司令行营副官处长"和私人代表的汤国桢回忆，有一次，张学良在寓所宴请在沪的一些朋友和部属，席间，大家一边品尝赵四小姐亲手酿制的玫瑰露（系用新鲜玫瑰浸在上等白酒中，再加多种调料制成），一边商讨"联共抗日"问题。汤国桢乘兴说了一个谜语式的故事：张副司令从东北调往西北，是命运注定，在李淳风与袁天罡的推背图上早有记载，原文写的是："西北将军会八牛"。汤国桢说毕，四座愕然，寻思如何破解谜语。一阵沉默后，黎天才抢先说："副司令属牛，我也属牛，可能在张将军左右还有6位属牛的，亦未可知。"当时大家把猜谜语只当作酒后谈笑，所以听了黎天才的一番高论，也根本不去细思推敲。直到"西安事变"后，有人回忆起来，方才恍然大悟："八牛者，朱也；朱者，赤也。此乃预示张将军与红军合作也。"汤国桢在晚年撰写的回忆录中披露了这个谜底。

汤国桢又名文藻，上海人，圣约翰大学毕业后长期在张学良麾下任职，后得张学良的资助赴美国留学，回国后历任东北军军衡处副处长、国民党辽宁省党部指导委员、国民党军委会北平分会副会长等职。当时，汤国桢是张学良的心腹，两人无话不谈。在宴会上，张学良可能是想通过汤国桢之口，把自己已有"联共抗日"的思想暗示给大家吧。这足见张学良的用心良苦！

1935年12月底，张学良离沪返回西安。据美籍学者傅红霖著书披露，1936年初，张学良又到上海，李杜派刘鼎为张学良和潘汉年安排在上海郊外一个餐馆里进行密谈。关于这次会谈，起先刘鼎告诉张学良，共产党愿意到西安与他亲自会谈，但恐安全得不到保证才改在上海的。接着，3月初张学良在洛川会见了红军代表李克农，4月9日他又在延安的一座天主教堂里与周恩来见面……

张学良回到西安以后，由于那时于凤至已经带子女去了美国洛杉矶，他便邀约赵四小姐带儿子到西安做伴。

旧园重修期待少帅故地重游

"西安事变"之后，张学良长期被幽禁，再也未能回到他的上海寓所，也无缘与赵四小姐漫步于绿草如茵的花园里了。1937年1月，张学良在蒋介石故乡溪口雪窦山开始了漫长的幽禁生活，赵四小姐也上山做伴。后因于凤至回国到雪窦山，赵四小姐曾一度居住在上海张公馆。是年中秋节后，张学

当年张学良夫妇的卧室一角

良被易地管束,赵四小姐和儿子张闾琳居住上海,直到上海沦为孤岛,才带儿子赴香港,从此再也没回过上海寓所。

半个多世纪后的1991年,上海市房管局将曾为卢湾区工商联、民建所在地的张学良寓所修缮一新,辟为迎宾馆,期盼着张学良和赵四小姐能回大陆重游旧地。

大门竖立着两个体现西班牙建筑风格的铰链棒式的柱体,两柱之上筑有重叠的屋檐,铁门粉墙,每当华灯初上,这里成了一个火树银花的世界。走进迎宾馆,花园和各厅的命名都与赵四小姐和张学良相关,寓意深远。风光明媚、满目葱绿的花园取名"荻苑",并由书法家题写。另有"伊甸厅""忆卿厅""敬学厅""慕良厅""少帅厅"等。"伊甸厅"取"一荻"谐音,内挂一幅由著名画家作的赵四小姐年轻时的油画肖像。"敬学厅"和"慕良厅"相连起来就是"敬慕学良"之意。在"敬学厅"中有一幅书法作品,取自宋代大诗人王安石的两句诗:"春风又绿江南岸,明月何时照我还?""照我还",在这里改为了"照您还",表达了对张学良夫妇早日回归大陆的殷切期待。"敬学厅"中挂着张学良夫妇的大幅彩色近照。"忆卿厅"中则挂着一幅张学良90寿诞时切生日蛋糕的照片。特别令人感兴趣的是"少帅厅",内中布置全套古色古香的红木桌椅,墙上挂着一幅张学良身穿中将军服的照片和张学良送蒋返宁前留给部属"以杨虎臣代理余之职"的亲笔手谕复制件,"弟离陕之际,万一发生事故,切请诸兄听从虎臣孝侯指挥。""虎臣"即杨虎城,"孝侯"为东北军将领、时任甘肃省政府主席的于学忠。另外,"少帅厅"小会客室的玻璃顶棚,专门请苏州的老艺人在每块玻璃上画上兰花图案,墙面墙纸也采用兰花图案。这是因为张学良夫妇一生最喜爱兰花,他们晚年在台北市北投复兴三路的家里,养有兰花两百多盆,亲自松土、栽培、浇水、施肥。张学良还买了有关兰花的书刊并请教这方面的专家,精心栽培兰花。他说:"兰是花中的君子,其香也淡,其姿也雅。正因为如此,我觉得兰的境界幽远,不但我喜欢,内人也喜欢。"

老友蒋匀田重访张公馆

1993年,上海有家刊物向读者介绍了张公馆的历史和现状,引起了新闻界广泛关注。出于对张学良将军的崇敬,慕名寻访张公馆的人络绎不绝,其中既有张将军的旧友、旧部和亲属,也有研究张将军的史学家和影视界人士。

1993年9月初,一位身材魁梧的耆年长者来到皋兰路1号。长者是蒋匀田先生,也是中国现代史上的风云人物。抗战胜利后,毛泽东在重庆谈判期间,下榻在张治中将军公馆桂园。蒋匀田以民社党领袖的身份往访,与毛泽东就国共关系和中国前途问题做了长谈。其间,蒋匀田还和周恩来等中共要人频频接触,在中共的民主统一战线理论的感召下,他以第三方面代表身份参与国共调停。同年10月1日,民盟第一届全国代表大会在重庆召开,蒋匀田被选为中央委员、中央常务委员。他为促进和谈、反对内战、召开政治协商会议做了不少有益的工作。他到台湾后，担任民新党主席，与有感于国民党在大陆的惨败、为宣扬"民主、自由、反共"而创办《自由中国》半月刊的胡适、雷震等人为伍，并为反对国民党独裁而组建"中国民主党"，后因雷震的被捕而"胎死腹中"。蒋匀田最终被蒋介石挤走，到美国定居。

原来，蒋匀田与张学良是老朋友。他以前在上海的寓所就在离张公馆咫尺之遥的马思南路。张学良在沪期间，蒋匀田曾去拜访。蒋匀田到台湾后，曾是张学良家的常客。1964年7月4日，当张学良和赵四小姐在台北举行婚礼时，在不多的贺客中就有蒋匀田。

蒋匀田偕夫人杨若蓉和儿子蒋宗壬在亲友们陪伴下参观了张公馆，他还不时请随行的摄影师为其在"荻苑""忆卿厅""慕良厅"等处拍照留念。参观毕，他感慨地说："外表与当初一模一样，花园里还是那些树，但里面装修得有点不一样，更漂亮了。"临别，他和夫人、儿子还高兴地签名留念。返美后，他与人谈起大陆之行，总要提起重访张公馆一事。

美国寄来张将军的手书影印件

1994年12月12日，适值"西安事变"48周年纪念日，《新民晚报》发表了一则《张将军上海寓所》的记者见闻。远在美国达拉斯的赵四小姐的侄子赵允年阅读后，十分欣喜，将这一佳音告诉了在夏威夷安度晚年的姑父张学良，并于20日给采写见闻的晚报记者致函，信中说："现附上93年姑父寿宴照一张以及手书影印一份，烦请转赠皋兰路1号以资纪念。"

当迎宾馆的张振麟经理接到这份珍贵礼物时，心情难以平静。他眼前的这张照片是1993年张学良93岁寿诞时，与赵四小姐在寿宴前拍摄的。张将军身着浅蓝的中山装，随和、慈祥，精神矍铄，赵四小姐则穿鲜艳的粉红色西服，紧偎着丈夫，身后的墙上贴着鲜红硕大的"寿"字，让人感到他俩恩爱如昔。

再说张学良的手书影印件，16开见方，读来耐人寻味：

>不怕死，不爱钱，丈夫决不受人怜。
>
>顶天立地男儿汉，磊落光明度余年。

这幅字写于1990年12月31日，也就是在"西安事变"54周年后十几天，其心情可想而知。尽管寥寥几句，却是有感而发，既是将军一生处世立业的准则，也是他晚年心境的自我写照。张振麟见后，如获至宝，特将它制成匾额，挂于"慕良厅"，供来宾欣赏。

那时，世人十分关注张学良夫妇的健康状况，各种传说纷纭。赵允年在信中也谈到张学良和赵四小姐的近况：

>"我四姑（按：指赵四小姐）现已迁居夏威夷，坐轮椅，吸氧气，但二老均能生活自理。短期内暂不准备返台，我女儿赵荔常去看望他们。"

其实，在太平洋彼岸的赵允年对皋兰路1号并不陌生。1994年初夏，笔者陪84岁的徐汇区台联名誉理事、原徐汇区政协委员、赵四小姐的嫂嫂吴靖到皋兰路1号故地重游。这年10月，吴靖的孙女、即赵允年的女儿赵荔从美国回沪探亲，祖母兴致勃勃地陪孙女参观张公馆。当赵荔离沪时，吴靖挑了几张自己在张公馆拍的照片，嘱咐孙女返美后转赠定居在夏威夷的张学良和赵四小姐。

"少帅厅"钱君芷深情忆少帅

1995年12月18日晚，上海电视台外语台播出了介绍张公馆的专题片，片中拍到一位叫钱君芷的老人，时隔半个世纪又重返张公馆。

钱君芷是原雪窦山中旅社招待所首任经理。1937年1月，张学良被蒋介石送到奉化溪口雪窦山幽禁，就住在中旅社招待所，由他负责安排照顾张学良的日常生活，两人朝夕相处了八九个月。笔者在1994年初夏偶识钱君芷，与他谈起张公馆已修缮一新时，他表示希望有一天能故地重游。

1995年12月6日下午，86岁的钱君芷梦想成真，在女儿钱霞的陪伴下来到皋兰路1号，在新辟的布置典雅的"少帅厅"接受上视记者的采访。

钱君芷回忆说，1937年，他曾两次踏进张公馆的大门。那时，他因工作关系常到上海中旅社总社汇报工作。有一次，张学良托他将一封信捎给赵四小姐。当他回雪窦山前，赵四小姐又请他来张公馆，托他将两个纸包和一些书刊带给张学良。

"花园还是老样子。"钱君芷顶着严寒，漫步绿树环抱的"荻苑"，感慨地说："当年房子门向西，进门可以停汽车，房子前后没有其他建筑，望出去很空旷。今天的房子外貌一如当初。"

记者问钱君芷："钱先生，假如我们的片子能给张学良将军看到，你想说些什么呢？"

钱君芷听后笑了，沉思片刻后深情地说："张将军，我曾经侍候过你，你对我们很随和，从来不把我们当下人看待。我常看到听到有关你的消息，知道你身体很好，我十分高兴。现在你的房子装修得富丽堂皇，十分漂亮，希望你能回来看看，使我在有生之年再与你见一面。"

20世纪90年代末，上海市房管局在武康路建成房地宾馆，皋兰路1号迎宾馆遂歇业，租借给荷兰驻上海总领事馆。

2000年6月23日，赵四小姐在美国夏威夷病逝，享年88岁。2001年10月15日，被江泽民主席誉为"堪称中华民族千古功臣"的张学良将军追随夫人赵四小姐而去。上海媒体纷纷报道了张学良将军彪炳青史的光辉业绩，并追寻他半个多世纪前在上海的遗迹。笔者在接受《劳动报》记者采访时表示："在上海的日子里，张学良的思想发生了重大转变，可以说是'西安事变'的源头。"人们永远铭记伟大的爱国者张学良将军，也不会忘记他的上海故居——皋兰路1号。

寻访巴金在上海的"家"

陆正伟

青年巴金

楼藏风云

1923年初夏,巴金与三哥尧林为挣脱封建的精神枷锁,毅然走出让他俩感到窒息的大家庭,坐船从成都顺江而下,来到上海求学。细细算来,迄今已有80余年了。

近来,我依据史料记载和个人所知,对巴金在上海的旧居进行了寻访,发现由于战乱等因素,巴金数度搬迁,住所竟达十余处之多。其中有典型海派风格的石库门,也有中西合璧的新式里弄房子和西式花园住宅。如今,有的已毁于战争的炮火,难寻踪影;有的历经沧桑,墙面剥落,门窗歪斜,岌岌可危;有的刚被夷为平地,等待开发;也有的被政府列为重点建筑而受到保护。我沿着巴金先生早年的足迹,在纵横交错的街头巷尾中寻访,仿佛看到了年轻时的巴金手握书本匆匆而过的身影;我常常伫立在一幢幢老楼前久久沉思,感慨万端。

初到上海,暂居景林堂谈道学舍温习迎考

20世纪20年代初的上海,街市繁华,灯红酒绿。巴金与三哥坐船在十六铺码头靠岸,上岸后便上了旅馆雇来的马车。途中,马车与一辆人力车相撞,被带到巡捕房,说他们违犯了交通规则,被罚了1.6元钱。当晚,巴金和尧林被那个码头上揽生意的人介绍到"神仙世界"(娱乐场)对面的一

家小旅馆里住宿。翌日,远房本家李玉书为他们找到了一家在汉口路上离《新申报》社不远的申江旅馆。几天后,弟兄俩到祖籍浙江嘉兴塘汇镇祭祖。回上海三四天后,便由二叔在海关工作的一个朋友介绍,搬进了可供食宿的虹口武昌路上的景林堂谈道学舍。因此时正值暑期,住在这里的多是些工人和穷学生,大家一起温习功课。

前不久,我来到武昌路寻访"景林堂谈道学舍"旧址。只见武昌路马路两旁的建筑物仍以老式的二层砖木结构为主,凡沿街的房屋都破墙开了店,一家紧挨着一家,有"老鸭粉丝馆""炒货蜜饯店""旺旺小吃店",也有水果摊和发廊,店门前煤气罐、工作台上的锅碗瓢勺都胡乱地堆放在一起。武昌路连着塘沽路菜市场,经营水产和家禽的摊主大声吆喝着,地上湿漉漉、油腻腻的,杂乱无序的景象使人心烦。因门牌不详,遍寻无着,只得原路返回。这条并不算长的马路,同与之相交的四川北路的整洁、繁华相比,那真是天壤之别了。

听路人说"景林堂"还在,我便顺着他的指点,途经以饭铺酒肆而闻名的乍浦路和海宁路,很快就找到了坐落在昆山路上的这座建筑,它有着基督教礼拜堂标志的尖顶十分显眼。据陆建明先生介绍,景林堂是1922年为纪念美国传教士林乐知而建造的,宋庆龄的父亲宋耀如曾在此任过牧师,宋家的人也常到教堂来做礼拜。现已70多岁的陆长志还对我说,听老人讲,景

巴金(左)与三哥尧林合影(1923年)

林堂对面原是中西书院(东吴大学前身),现在是财经大学的一个招生办事处和居民小区。

巴金弟兄俩,就在这个条件较差但租金低廉的处所温课迎考。

住读南洋中学,发表了《一生》等诗歌

过了暑假,外地学生都去考有住读条件的学校。巴金和尧林通过考试,顺利地进入地处大木桥路中山南二路路口的南洋中学。这是中国以私人名义和财力创办的第一所西式学堂。建校初期,创办人、校长王培孙在全国范围内聘请了一大批有着真才实学、富有教学经验的教师来任教,所以历来就有"师资强、校风好"的美誉。早年,学生只有三四百名,绝大多数是寄宿生。

南洋中学负责校史工作的孙元老师知道我在寻访巴金旧居后告诉我,巴老当年在南洋中学住过的宿舍楼将要被拆除。闻讯后,我立即赶去,用相机

巴金和三哥尧林住读过的南洋中学学生宿舍楼

摄下了这幢在20世纪初建造的学生宿舍楼。原来，此楼在"文革"后从南洋中学校园中被划出，归一家教具工厂作车间。由于各种原因，该厂于四年前停工歇业，如今已人去楼空，大门紧锁，屋内结满蜘蛛网，门前杂草丛生。围墙隔壁是原南火车站的露天堆场，现也已荒废，成了瓦砾满地的地块。

我从南洋中学校史资料中找到一份20世纪20年代初发布的《南洋中学校章及各种教授说明》。其中"费用"一项下，有"每生每年交纳学、膳宿费一百二十元"，还有"每生自理费"包括"书籍、清洁、交通、酬给、文件、茗点、社交、灯烛"等项，每学期24—40元，每年需付40—80元，如再加上学费，那么每个学生每年所交费用近200大洋。这对一般市民来说是难以承受的，为此校方也招收了一些成绩出类拔萃的穷苦学生，减免乃至全免他们的学宿费。巴金和尧林显然是不能列入减免和全免之列的。因此，高昂的学费成了哥俩的一件烦心事。但经济困难并没影响巴金的学习和读书，在校时，他还发表了多首诗歌，其中有抒发胸中淡淡哀愁和寂寞之情的《一生》，表达对自由渴望、对旧制度控诉的《寂寞》，写远离故乡、憧憬未来、然而又没有找到出路的心境的《黑夜行舟》等。

半年后，巴金与尧林听说南京的东吴大学附属高中收费低，便从上海去了南京。在南洋中学虽然只读了一学期，但留给巴金的印象却是深刻的。1993年，南洋中学的第九任校长张家治等一行登门祝贺巴老九十华诞，巴老见母校来人欣喜不已。谈到南洋中学时，他连连点头，轻声地说："啊，南洋，我记得，记得，在日晖港，龙华路……"他还清晰地报出了他就读时的校长王培孙的名字。当他得知南洋中学即将迎来百年校庆，已久不动笔的巴老用颤抖不已的手题下了"百年树人，素质第一"的贺词，洋溢着他对母校的一番深情，同时也寄托了他对学校为国家培育出更多才俊的期盼。

天祥里小楼，与郭沫若展开论战

巴金在南京读完高中后，因患轻度肺结核病，回到了上海，住在法租界天祥里（今永年路149弄）。与先前不一样的是，他这时已结交了许多志同道合的朋友，与人办了一个《民众》的半月刊，虽然收入微薄，生活十分艰难，但心情还是愉快的。天祥里位于黄陂南路和顺昌路之间的永年路上，他与卫惠林、毛一波同住一楼，卢剑波夫妇住在底楼。

那天，我应邀陪同摄制组前往天祥里。一到弄口，立即被一群看热闹的居民围住了。可能是巴金早年在此居住的时间不长，知晓的人并不多，围上来的人尽管七嘴八舌地报出了刘海粟等艺术家的名字，但他们却忽略了著名女作家茹志鹃就出生在这里，更不知道80年前这里曾住过巴金等一群热血青年，他们抱着改变社会的崇高理想写了大量有关无政府主义理论和声援外国无政府主义活动的文章，如《芝加哥的惨剧》《再论无产阶级专政》《列宁论》《东京的殉道》等，还常与非难无政府主义的观点进行公开的论辩。1925年底，郭沫若在《洪水》第八期上发表《新国家的创造》一文，对无政府主义提出了批评。巴金见到后就写文章批评郭，由此

1925年8月巴金居住的天祥里（今永年路149弄）

展开了论战。后经创造社成员、《洪水》主编周全平发表《致苇甘信》调解，双方才偃旗息鼓。其间，巴金还翻译了无政府主义的经典著作，有蒲鲁东的《财产是什么》、克鲁泡特金的《面包略取》（后易名为《面包与自由》）等。

康益里4号，房东的吵架声成了他的创作素材

1926年，巴金与卫惠林一同迁到康悌路（今建国东路）康益里4号。这是一条十分陈旧的石库门弄堂，巴金住在二楼。他曾在文章中谈到过当年居住时的经历："我住在上海康悌路康益里某号亭子间里的时候，常常睡在床上，听到房东夫妇在楼下打架。我无意间把这些全写下来了。"无巧不成书，我的同事沛龄兄日前给我谈起一件十分有趣的事。一次，他在上海档案馆外滩新馆出席有关征集文献、资料的会议时，一位友人告诉他，巴金当年居住在康益里的房东是他已故的外公与外婆，外公在年轻时手头有了点闲钱和家产，便在外面胡混，常玩得不知早晚，因此深夜回到家后，外婆就像巴金在文中写到的那样，时常与外公发生争执甚至吵架。

我初次到康益里时，弄堂住家见我身背挎包，手持相机，又忙于在笔记本上作记录，他们还以为是在为房屋的拆迁来作勘察的呢。后来去的次数多了，知道当年情况的人便向我一次次不厌其烦地诉说巴金就在4号里居住，还指点着二楼亭子间的窗户说：他就住在这间。

1926年，巴金又搬到离康益里不远的马浪路（今马当路）居住，不久便与卫惠林一起登上赴法国的"昂热号"邮轮，踏上了三年留学之路。

宝光里的客堂间，诞生了长篇名作《家》

1928年底，巴金从法国回到上海后经友人索非介绍，在宝山路75号的世界语学会任函授学校教员，并在沈仲九创办的自由书店兼任编辑。他在留

1926年巴金居住在康益里
(今建国东路康益里4号)

法前曾在这里学习过世界语,回国后,这里成了他的工作场地和暂住之所。在这里,他利用晚上空余时间,用世界语翻译了意大利亚米契斯的剧本《过客之花》、苏联阿·托尔斯泰的《丹东之死》、日本秋田雨雀的《骷髅的跳舞》和匈牙利尤利·巴基的《秋天里的春天》等作品。

第二年元旦,巴金又搬到了同在宝山路上的宝光里14号楼下的客堂间居住,巴金在上海这才有了他自己的"家"。他在法国完成的小说《灭亡》开始在大型文学杂志《小说月报》上连载,后又在开明书店出版发行,没想到就此走上了文学创作的道路,成为"五四"以来一名杰出作家。同年,他又译完了克鲁泡特金的《自传》一书。

宝山路在闸北地界内,南连现今的天目东路,紧靠热闹纷繁的老北站,

巴金创作小说《家》时用过的书桌

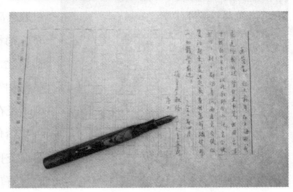

巴金用这支华脱门金笔创作了小说《家》

北接西江湾路，整条路呈S形，路不长，最大的门牌号也只不过800多号，但这一带遭受过的灾难是极其深重的，著名的"一·二八"淞沪抗战就是在宝山路、同心路、天通庵路汇合的天通庵车站打响。当时，日本帝国主义借口保护侨民，出动了海军陆战队，沿闸北的宝山路、吴淞路烧杀掳掠，这里顷刻间成了一片火海。如今，我顺着宝山路一路走去，已难以捕捉到一丝历史的痕迹，展现在我眼前的已是鳞次栉比的楼房、饭店、超市和供市民休憩游玩的绿地了。

1931年春，巴金因友人之约，开始着手撰写从法国马赛回国途中开始酝酿的长篇小说《春梦》。他一章一章地写，连载时把题目改成了《激流》，开明书店出书时又改了名，这就是后来被译成了几十种语言文字、蜚声海

巴金居住过的步高里52号

内外的"激流三部曲"中的第一部——《家》。在此期间,巴金还创作了小说《新生》。在"一·二八"那场战火中,鸿兴坊75号的世界语学会被大火烧尽,宝光里14号也被一发炮弹击中。所幸那天晚上巴金刚巧在从南京返沪的火车里,得知消息后,火车又返回了南京。局势稍稍平静,巴金与索非回到闸北,从宝光里搬出了部分书籍和写《家》时用的一张书桌,还在灰烬中找到了大哥尧枚赠给他的、在写《家》时用的那支旧金笔,可惜笔套寻不着了。在90年代初,巴老把这张桌子连同那支没有笔套的"华脱门"金笔捐给了家乡成都的"慧园",仅有的几页《家》的残稿也捐给了北京图书馆。

巴金从南京返回上海后的第二天,就去法租界的亚尔培路(今陕西南路)步高里52号看望刚从闸北逃难出来的朋友伍禅和黄之方。在他俩的鼓动下,巴金也搬到了步高里。行李甫定,他就把心中积郁多日的愤恨和感受到的中国民众反抗日寇的英勇气概倾泻于纸上,他把原先已开了个头的中篇小说《海的梦》完成了,后刊登在由施蛰存编的《现代》一至六期上。

巴金在步高里住了约一个月,后因房东欲将房子顶让,让承顶者做二房东,巴金三人因支付不起昂贵的房租,只得将房退给了房东。步高里地处市中心,居住人的文化层次也相对高些,对房屋的保护意识也强些。像结构如此完整的石库门房屋,大概目前已存不多,因此,步高里在1989年9月25日被上海市文物管理委员会列为市文物保护单位。大理石的石牌镶嵌在弄堂门楼立柱的砖墙上，门楼屋檐下的墙上用水泥勾勒的大圆圈里，镌有"1930"字样，下方是灰底黑字的弄名"步高里"，十分醒目。

在蒸笼似的房间里，重写《新生》

从步高里搬出后，巴金便住到环龙路志丰里11号（今南昌路148弄11号），与他舅父为邻。这幢用水泥作基座、以红砖为外墙的三层西式洋房，原系白俄开设的公寓，朝东南方向都有阳台，虽时隔多年，仍不失当年的风采。巴金在此只住了一个星期，便远赴福建晋江、厦门等地旅行访友。一月后，巴金返沪后搬入环龙路花园别墅（今南昌路136弄1号），他在这里创作了中篇小说《春天里的秋天》《萌芽》《砂丁》和短篇小说《雾》的续篇《雨》及《第二母亲》《电椅》《堕落的路》《在门槛上》《短刀》等，还重新创作了长篇小说《新生》。原来，在宝光里创作的《新生》完稿后交给了《小说月报》，经郑振铎之手编排在1932年的第一期上。后因"一·二八"战事发生，商务印刷厂被燃烧弹烧毁，已排好的刊物连同《新生》原稿一起被大火焚毁。巴金在谈及重写《新生》时说道："我坐在一张破旧的书桌前面创作我底《新生》……日也写，夜也写，坐在蒸笼似的房间里，坐在被烈火般的阳光焦炙的窗前，忘了动，忘了吃，这样经过两个星期的夏季的日子后，终于完成了我底'纪念碑'。这纪念碑是帝国主义的炸弹所不能够毁灭的，而今，却会永久存在下去，来证明东方侵略者底暴行……"

在麦加里居住期间，他经常聆听鲁迅的教诲

1933年春，巴金从花园别墅迁至狄思威路麦加里21号（今溧阳路965弄21号）居住，但他在这里居少离多。起初两年，他南北奔波，到南方访友，赴北平帮助朋友办刊物，又东渡日本留学。1935年8月，他结束了在日本的学习生活，乘加拿大"皇后"号轮船回国，至1936年底居住在此。出国前，

20世纪30年代中期巴金居住过的麦加里21号,如今尚存一排老建筑

在生活书店为《文学》月刊社举行的宴请主要撰稿人的宴会上,巴金结识了尊敬的鲁迅先生;几天后,鲁迅先生还参加了巴金赴日本的饯行宴会。根据史料记载,巴金与鲁迅的会面不下七八次,都是在巴金居住麦加里的这段时间里,也都是在宴席上。1936年10月18日,巴金与病中的鲁迅先生联系后,与曹禺相约前往探望。可是,当他与曹禺于次日早上来到施高塔路(今山阴路)大陆新村9号鲁迅先生寓所时,却惊闻先生已于凌晨逝世。巴金和曹禺当即悲痛不已。

晚年,巴老在杭州养病,同样受到过鲁迅先生关心和爱护的黄源前来探望时,两人总会提及尊敬的鲁迅先生。巴金还清晰地记得向鲁迅先生约稿时的情景,他为鲁迅先生编就了生前最后一部小说集——《故事新编》而感到高兴。黄源也常在巴金面前谈道:"那时,你住在虹口麦加里,我每次从鲁迅先生家里出来,总会弯到你的住处稍坐一会儿。那时,你的精力真旺盛,一个晚上能写出一个短篇来。"巴金笑道:"现在老了,不行喽。"从两位老人的笑声中,能听得出他们对鲁迅先生怀有一种特殊的情感。

住在麦加里时，巴金常收到读者来信。其中，有一封是来自上海爱国女中的一位高中生的来信。她向巴金诉说她对巴金作品中的人物的同情，同时也谈到了自己的苦闷之情。巴金对每一个读者的来信都认真地阅读后再一一回信，对这位女学生也不例外。经过一年多的通信，他们相约在新雅酒家见面。初次见面，她担心巴金不认识自己，在给巴金的信中附上了一张自己的近照。这位女学生就是后来成为巴金患难之妻的萧珊。

麦加里所在的那段溧阳路已在我手中的那册新出版的地图上消失了，但我还是找到了地处四平路南边的原溧阳路地块，呈现在我眼前的是空旷的工地，只见围墙内停放着大吊车、劳动车，几间铁皮工棚闲置着。据看守工地的师傅告诉我，这里正在建造轻轨，是市重点工程。也不知出自何种原因，原先一式建筑风格的38幢住宅楼群而今只留下孤零零的一幢。我从仅有的那幢小楼铸铁围栏的阳台和屋顶上的大烟囱看出它是西欧风情的建筑，但已无法想象当年周边的一些景观了，我只能根据巴金在麦加里的亭子间所创作的小说《窗下》来寻找当年一鳞半爪的感觉。文中描绘道："我的写字台放在窗前，窗台很低，我一侧头便可以看见窗外的景物。上面是一段天空，蓝天下是土红色的屋顶，淡黄色的墙壁，红色的门，墙壁上一株牵牛藤沿着玻璃窗爬到露台上面。门前有一条清洁幽静的巷子。其实这地面的房屋跟我住的弄堂中间还隔了一堵矮墙。越过矮墙是我的窗下。从我住处的后门出去，也有一条巷子，但是它比矮墙那面巷子窄狭而污秽。墙边有时还积着污水和腐烂的果皮、蔬菜……"

1936年11月，因好友马宗融、罗淑夫妇前往文本大学任教，巴金便迁入拉都路敦和里21号（今襄阳南路306弄22号），为马家看守住宅。敦和里是一条三层砖木结构的新式住房里弄，整条弄堂比起麦加里占地面积要小得多。巴金在此涉足童话、散文、诗歌、剧评、杂感及随笔，先后创作了《能言书》《给一个孩子》《死》《梦》《醉》《几句多余的话》等，还出版了童话集《长生塔》。他在散文诗《自由快乐地笑了》中控诉日军"铁蹄踏遍古城"，"孤儿在街头寻觅失去的父亲，新寡的妇女在避难所中叹息"，鼓励人

热恋中的巴金与萧珊　　　　　　　意气风发的萧珊

巴金居住的环龙路花园别墅1号，后门正对诗人徐志摩居住的11号前门

们"宁愿在战场上作无头鬼,也不要做一个屈辱的奴隶而偷生"。他还与茅盾一起主持了《呐喊》周刊(后改名为《烽火》),它是当时最有影响的《文学》《译文》《中流》《文丛》四种文学期刊在抗战时的联合刊物,也是作家们在爱国救亡运动中与敌人进行搏斗的匕首。

在霞飞坊,完成了长篇小说《秋》和《寒夜》

1937年7月,因罗淑从广西返回上海,巴金从拉都路敦和里搬到霞飞路霞飞坊59号(今淮海中路927弄59号,又称淮海坊59号)。此弄面朝热闹的霞飞路,后弄口与茂名路、南昌路连接,闹中取静,巴金闲时常在南昌路上散步。

淮海坊的房子以红砖作外墙,每幢都有天井。如今,59号前门的墙上由卢湾区旅游管理办公室安了一块黑色大理石,上面镌刻着"著名文学大师巴金1937年曾在此居住"的字样。同样的勒石在弄内还有好几块,我所见到的就有62号鲁迅夫人许广平和26号原浙江大学校长竺可桢两位名人的纪念牌。按常规,楼上的住户都是从后门进出的。我去过几次,后门都紧闭着。一次,见门开着,征得住家同意,走了进去,经过卫生间、厨房间,就看到上楼的木楼梯了。我拾级而上,在二楼亭子间处已安了一道门,门关着,只能作罢。但上楼梯时的沉闷声响,使我

巴金居住过的霞飞坊59号的2楼和3楼房间

想起了巴老的养子马少弥常跟我提起的往事。住淮海坊时，马少弥在楼上只要听到有咚、咚、咚上楼的沉重皮鞋声，便猜到是李伯伯又买书回来了。巴老家给他的印象是：拥挤。他介绍说，三楼临窗放着书桌，靠墙是一张铁床，其余的空间都被装玻璃柜门的书柜占去，只留下曲曲折折的狭窄过道，亭子间也成了堆书的地方。

1939年，巴金与萧珊从桂林回到上海霞飞坊后，完成了抗战中最重要的一部作品——《秋》。他在为《秋》作序时写道："它是我一口气写出来的，当时我在上海的隐居生活很有规律，白天读书或者从事翻译工作，晚上9时后开始写《秋》，写到深夜2点，有时甚至到三四点，然后上床睡觉……"

在抗战期间，巴金辗转于广州、桂林、昆明、贵阳、重庆等地，忙于文化生活出版社的工作。1946年6月，他与妻子萧珊及不满周岁的女儿小林从重庆回到上海的霞飞坊安下了家。年底，他又创作出了长篇小说《寒夜》。

上海解放后，在淮海坊居住的巴金，应邀出访了波兰、苏联和印度，创作并出版了《纳粹杀人工厂——奥斯威辛》。他还两度率"朝鲜战地访问团"赴朝鲜战场深入生活，历时一年有余。后根据积累的素材撰写出了一批讴歌

1948年，巴金与女儿小林在霞飞坊家中

志愿军指战员勇于献身、保家卫国的军事题材作品，如小说《团圆》(后被改编成电影《英雄儿女》)。

在西区的小楼里，巴金写出了《随想录》

50年代初，巴金的妹妹与继母到巴金家同住，再加上儿子小棠的出生，原本不宽敞的住房显得更为局促了。刚巧，西区有幢小楼腾了出来，于是在1955年9月，巴金一家就从淮海坊迁入了这幢具有欧洲乡村别墅风格的花园住宅。此楼建于20世纪20年代，解放前为一个法国侨民租用，后来业主退租回国后，曾做过某国的办事处。假三层，细卵石墙面，装饰简洁，南立面底层为敞廊，外国办事人员曾把它作为放映室。巴金搬来时，这里还遗有专供放映员使用的小房间。

巴金把积累多年的藏书从淮海坊运来后，三层楼上的书架全排满了，他又把花园边上的副楼也用来存放了书，最后还将汽车间改作书库之用。女主人萧珊在淮海坊就已开始翻译俄国作家屠格涅夫的作品，住进新居后，仍笔

武康路113号巴金故居

译不止,还抽空进行俄文进修。她与巴金很喜欢屋前的这片草坪。闲暇时,萧珊在花园里种上了月季、栀子花和牡丹花,又种上了巴金喜爱的樱花、玉兰树,还设想着在草坪上安个白色的摇椅,好让巴金在花园里有个看书小憩的地方。

五六十年代,巴金的社会活动繁多,忙于开会、出访、迎来送往等活动,常不在家,家中的里外事都由萧珊承担着。巴金是一位从不拿国家工资、靠稿费生活的作家,但萧珊仍把子女的学习和平时的家庭生活安排得妥妥帖帖、井井有条。我看到过萧珊在50年代每天记录的家庭账本,从那工整的字迹和收支分明的明细账上,看得出萧珊是一位办事极其认真细致的人。我随意摘录两则,以见其一斑:"七日,收款430元,付芾甘(巴金原名)国际书店书钱,付菜金及水果4元,付稿纸、牙膏、肥皂2元。八日,付菜金2元,付父亲购物2元,付点心1元……"萧珊不甘于家庭主妇式的生活,她想用自己的知识为社会做些工作,同巴金商量后,征得作协领导叶以群的同意,她到《上海文学》编辑部当了一名不取报酬的义务编辑。其间,她为编辑部组到了许多好稿子。可她没想到,这一点竟在"文革"中也

1980年5月,巴金在住宅花园里会见美籍作家聂华苓和她的丈夫、美国诗人保罗·安格尔

成了她的一条"罪状"。

在那颠倒黑白的岁月里,巴金的家数次被抄,二、三楼全部贴上了封条,一家几口只能蜗居在底楼的客厅里。萧珊为了保护巴金,自己挨了不少打。花园里百花凋零,野草疯长。尽管苦难重重,但巴金夫妇仍互相搀扶着艰难地行走着。巴金在事过多年后回忆道:"我在原单位(中国作家协会上海分会)给人当'罪人'和'贱民'看待,日子十分难过,有时到晚上九、十点钟才能回家。我进了门看到她的面容,满脑子的乌云都消散了,我有什么委曲、牢骚,都可以向她尽情倾吐……我诉苦般地说:'日子难过啊!'她也同样的声音回答:'日子难过啊!'但是她马上加一句:'要坚持下去。'或者再加一句:'坚持就是胜利'……"但是,萧珊最终也没能等到胜利的那一天,就带着满腔的遗恨离开了人世。

1978年,当巴金重新拿起笔写作时,在第一批写就的文章中就有他萦绕心头多年的《怀念萧珊》,由此便开始了《随想录》的写作。他不顾年老多病,谢绝了耗时耗神的各种应酬,苦苦思索,在一张简陋的小桌上,以八旬高龄完成了40余万字的《随想录》(五卷本)。他在谈及《随想录》的缘起时说:"50年代我不会写《随想录》,60年代我写不出它们。只有经历了接连不断的大大小小的政治运动后,我想起自己是一个'人',我才明白我应当像人一样去想任何大小事情……"他通过总结十年浩劫的教训,清理自己一生的思想轨迹,说出了真话。他真诚地告诫人们:"记住历史教训,不让悲剧重演!"

巴金在写作《随想录》时,常常陷入沉思之中

巴老家的客厅陈设十分简单，进门就是一排"顶天立地"的大书橱。西墙边安放着一架钢琴，是萧珊用翻译得到的第一笔稿费买的。靠内走廊的一只装饰柜里摆放着各国友人赠送的纪念品，北墙的壁炉上方挂着林风眠赠给巴老的一幅鹭鸶画，厅中央摆放着一圈沙发，是萧珊在50年代搬来时买的旧沙发。

在这间客厅里，巴老接待过很多批外国友人，也多次在此举行颁奖仪式，如逢巴老生日时，这里更成了"花的海洋"。巴老是一位淡泊名利而注重友情的人，一阵热闹过后，客厅里重又归于平静。我每次走进小院时，总能看到巴老静静地坐在书橱旁的靠椅上，手捧《巴金全集》（26卷本）的清样，面前的小茶几上堆放着稿纸、笔、工具书和放大镜等。上千万字的校样都要经过他一个字一个字地校阅，工作量之大是可想而知的。为了向读者早日"交考卷"，他每天连续工作八九个小时以上。当他校阅完最后一卷，已累得连说话的力气也没有了的时候，他还在卷末的《最后的话》中深情地说道："笔在我手里如千斤，无穷无尽的感情也只好咽在肚里。不需要千言万语，让我们紧紧地握一次手，无言地告别吧……"

1985年，巴金在寓所客厅会见英国籍作家韩素音

华东医院,成了巴老晚年特殊的"家"

1994年秋,巴老终于病倒了。经诊断,骨质疏松引发了胸脊椎压缩性骨折,需卧床治疗三个月。从此,华东医院成了巴老晚年的一个特殊的"家"了。在住院的多年中,他先后住过北楼、东楼和南楼。在北楼,他把在家里未了的工作带了进来,边治疗,边工作。在医院的小餐桌上,用一双颤巍巍的手为《巴金译文全集》(10卷本)作序跋,直到握不住笔时,才改用口述,让马少弥、外孙女端端作笔录,最后由他反复修改。所以,每完成一篇文章,所耗费的心血要比常人多得多。

1995年3月,译文全集的序跋同一批尚未收入《巴金全集》中的文章被合编成《再思录》一书。巴老手拿样书,对此书的总策划陈思和及责任编辑杨晓敏说:"如身体好些,还要继续写下去。"他连下一本的书名《三思录》都想好了。可是,此事没能如愿。过后,他在病房里只写过两篇"长文"。一篇是闻知老友曹禺逝世的消息后,他满怀悲痛之情边忆边述,小林执笔,历经数月,完成了3 000多字的《怀念曹禺》一文。另一篇是1989年春动笔,后因种种原因没写成的《怀念振铎》,他断断续续地边写边修改,直到1999年2月8日突患重病,留下了一篇写了整整十年还未完成的文章。

在医院中,巴老仍关心着文学事业的发展。中国作协主席团会议已有多年没开了。1995年春,刚上任的作协领导商定把主席团会议移到上海召开,让代表们围坐在主席巴老身边共商大计。开幕式原定在巴老病房隔壁的会议室中召开,负责会务的同志见会议室太小,无法容下会议代表和记者,感到十分为难。巴老闻知后,首先想到的是在医院开会会影响其他病员的休息,就说:"我到虹桥迎宾馆大会场去!"此话一出,一道难题虽然迎刃而解,但大家知道巴老卧床三个月刚能坐起,还在恢复阶段,出了问题怎么办?医院经过研究,特准了巴老两个小时的假,并派医务人员陪同随往,为防万一还随身携带急救器械和氧气袋。那天,当巴老身穿塑料马夹、坐着轮椅徐徐来到会场时，代表们不约而同地起立并报以热烈的掌声。在"团结、鼓劲、活跃、繁荣"的红色会标映衬下，巴老坐在会场正中，望着从各地赶来参加会议的代表，微微招手，向大家致意。巴老的出席使多年没开起来的会议开得很成功很圆满，成了文坛上的一段佳话。

病床上捐钱捐书，为了"散布知识，散布生命"

巴老的活动范围虽仅限于病室，但天下事知道的比我们都多，我们笑称他是"消息灵通人士"。每天清晨，在病床上他都按时打开枕边的收音机。晚上，准时坐在电视机前，边吸氧边收看"新闻联播"节目，还时常听我读书读报。他只要听说哪里发生了自然灾害，就会托人到灾区的驻沪办事处捐款。我们都知道巴老有一条不成文的规矩，就是"不宣传，不报道"。所以，无论到"希望工程"还是慈善机构或红十字会捐款时，都不用家喻户晓的"巴金"之名。1996年，我在病房看到巴老接过香港天地图书有限公司总编辑专程送来的《家》《春》《秋》再版稿酬4 000元港币，一转手就交给了小林，并说："在序言中我已谈到稿酬交给现代文学馆，讲真话是我的主张，我要说话算数。"又说："让它对提高全民族的文化素质起点作用。"巴老重病卧床多年来，捐款从未中止过，无论是帮困助学、地震、水灾还是"非典"，都有巴老的捐款，每年总会有好几次。2005年初，印度洋沿岸遭受海啸时，没等有关方面动员安排，小林就把刚收到的两笔巴老的稿酬6万元托我交给红十字会。我手捧一笔笔沉甸甸的捐款时，深切地感到巴老无私奉献的高贵品德已经在他的子女们身上得到了延续和发扬。

我粗略数过巴老家的大书架，约有80余个，但要问究竟有多少册藏书，那谁也答不上。巴老视藏书为生命中的一部分。晚年，他无力翻阅书本时，便开始为它们寻找"安身之地"，捐赠图书、刊物、图片等文献资料又成为他计划中的另一件工作了。1996年4月，我一走进病房，就见巴老坐在小桌前摩挲翻看着一部大书，近前一看，是俄文豪华本《托尔斯泰全集》(1912年

1995年4月，巴金在病房内欣赏百余名作家签名的百寿图

版）中的一卷。原来，他得知上海图书馆新馆即将开馆，便托人整理出一批藏书。捐赠前，巴老又让侄孙李舒把他喜爱的《神曲》（1888年意大利版）、《死灵魂》（1900年版）及卢梭的《忏悔录》等书带到病房作最后的"道别"。

1997年春，巴老坐着轮椅在家人的陪伴下，从医院来到开馆不久的上图新馆参观，这也是巴老的最后一次社会活动了。没过两天，他又向医院请了半天假，回到久别的家中，检看即将捐给上图的又一批图书、画册。他看过后，还嫌数量不够，我们又忙着从三楼的书架上搬了许多书下来。这下，他才点头表示满意。从此以后，巴老再也没回过自己的寓所。这两次使我难以忘怀的外出，都与捐赠图书有关。我想，巴老在近80年的文学创作生涯中，只管耕耘，不问收获。晚年，又用这双无力握笔的手捐书捐物给社会，虽然表现形式不同，但目的都和他曾为读者题下过的"散布知识，散布生命"的宗旨是一致的。

多年来，巴老与病床为伴，病魔迫使他只能静静地接受治疗，用药物维持着生命，这对一位习惯用文字抒发感情的作家来说是何等的痛苦啊！但读者始终热爱着这位老人。在病室里，"百寿图"和五花八门的吉祥物摆放在床头，千纸鹤在微风中轻轻地飞舞。在北京，每年都有数以万计的人以触摸巴老手模的方式，和巴老"握了手"后走进现代文学馆参观。而我看到更多的是来自全国各地的读者来信和贺卡。我在巴老的病房里细细地展读着一封封感人肺腑的来信，美好的祝福和诚挚的问候使我的心灵一次次地受到震撼，就像2003年底"感动中国"评选颁奖会上给巴老作的颁奖词中说的那样："他曾创造过，他曾经真实过。他的创造和真实使他成为一个标尺和符号，所有的人都在诚恳地挽留他。忽然离去和残酷挽留的拉锯，给百岁华诞的老人蒙上了悲情和壮丽。属于一个灵魂的痛苦和属于许多灵魂的依恋交织在一起，感动难以避免。"

这也许就是巴金先生的人格魅力所在。

梅兰芳故居：一个爱国艺术家的故事

沈飞德

京剧艺术大师梅兰芳与上海有着不解之缘。在他居住上海的近20年中，绝大多数时光是在马思南路（今思南路）寓所度过的。

为保气节　举家南迁寓居上海

上海是梅兰芳常跑的码头，早在1913年他第一次从北京到上海献艺，就轰动申城。但他没想到，自己有朝一日会寓居上海。

梅兰芳故居

抗战时期,梅兰芳蓄须明志照

1931年"九一八"事变爆发后,日寇侵占东三省,又觊觎华北。据说有一次梅兰芳到上海献艺,《申报》老板史量才对他说:"沈阳已经失守了,看起来华北也是岌岌可危,很可能你要当'内廷供奉'了。"梅兰芳岂肯在日寇淫威下为侵略者献媚?他是这样解释他所以要告别从艺20多年的北京城的:"从那时起(指'九一八'事变),我的心上压着一块石头,同时感到北京上空笼罩着一片阴暗的黑云,我就决定离开北京,移家上海……"

1932年冬,梅兰芳举家南迁上海,因一时无合适寓所,先暂住静安寺路(今南京西路)沧州饭店。梅兰芳虽然收入不菲,但他到沪后不愿买房,故在沧州饭店居住了大约一年后,才租下了马思南路121号(今思南路87号)。这幢花园洋房是后来曾任国民党第一战区司令长官、国民政府河南省政府主席的程潜将军的产业。

梅兰芳选中马思南路121号,是经过再三考虑的。这里是法租界的高级住宅区,交通方便,闹中取静。当年的马思南路两边矗立着一幢幢风格别致的花园洋房,法国梧桐遮阴蔽日,以清静、幽雅享誉沪上。从今天的思南路向南穿过复兴中路,走过"周公馆",就见南面的弄堂里有一排四层的独立式花园洋房,它们朝南面向当年的震旦大学校园(今上海第二医科大学)。在这条弄底的第一幢花园洋房就是马思南路121号,由东向西比邻排列的两幢分别是123号程潜将军寓所、125号李烈钧将军寓所。弄底是一所小学,梅宅花园有便门直通学校操场。梅兰芳选择马思南路121号还有一个重要原因,是它离老友冯幼伟家很近,彼此往来方便。

梅宅是一幢西班牙风格的花园洋房,底层是汽车间和佣人居室,二层是梅兰芳的书房"梅华诗屋",三层是梅兰芳夫妇的卧室,岳母和儿女住四层。梅兰芳年轻时就习书画,故他的书房翰墨飘香,悬挂着"扬州八怪"之一金冬心的隶书"梅花诗屋"斋额,还挂着师友相兼的著名画家汤定之的大中堂《水墨苍松图》;梅兰芳的绘画老师姚茫父曾临金冬心的画,因此梅兰芳自称是上海金冬心的再传弟子,书房里还挂着他喜爱的金冬心的《扫饭僧》和《墨竹》两幅画;临窗有一张大书桌,梅兰芳经常在案前挥毫泼墨,陶冶性情;玻璃书橱中的各类书籍,显示出主人是位博览群书的艺术家。楼房前有个颇大的花园,四周栽种了不少花卉树木,中间是绿茵茵的草坪。梅兰芳喜在园中散步、练功,呼吸大自然的清新气息。

蓄须明志 坚拒日伪胁迫演出

梅兰芳抗战期间蓄须明志、坚拒为日伪演出的高尚民族气节,长期以来被传为佳话。1961年梅兰芳在北京病逝,著名戏剧家田汉赋诗颂扬道:"八载留须罢歌舞,坚贞几辈出伶官。轻裘典去休相虑,傲骨从来耐岁寒。"而梅兰芳自己却谦逊地说:"抗日战争爆发了,我仇恨敌人,但自己只是一个

1941年,梅兰芳全家合影,梅葆琛(后左二)、梅绍武(后左一)、梅葆玥(前左一)、梅葆玖(前左三)

戏曲演员,没有什么力量贡献国家,只有用消极抵抗的方法和日伪划清界限,因此就千方百计躲避演戏,决不登台。"

早在梅兰芳迁居上海后,他就排演了《抗金兵》《生死恨》两出戏,把一些爱祖国、爱民族的内容编进戏里,借此表达他对日本侵略者的仇恨,激励民众奋起抗日。1935年,梅兰芳又拒绝"台湾总督"邀请他赴台演出。1937年秋,日寇攻占上海,身处"孤岛"的梅兰芳坚决拒绝了张啸林托人向他提出的日方要他在电台播音的要求。1938年初,梅兰芳和剧团演职人员乘船赴港,暂别上海寓所。

1941年夏,梅兰芳夫人福芝芳第二次带儿女赴港探亲,梅兰芳决定葆琛、葆珍(后改名绍武)留港读书,而葆玥、葆玖于当年秋随母回上海。梅兰芳自己在香港则息影舞台,深居简出。太平洋战争爆发后,日军占领香港,他为了拒绝日寇胁迫演出,断然蓄须明志,洁身自好。

1942年夏,梅兰芳回到离别4年的上海马思南路寓所。那天,福芝芳和儿女、亲友见到留着胡子、突然回家的梅兰芳,真是惊喜万分。福芝芳趋步上前,紧紧握住他的手,含着眼泪说:"我以为这辈子见不到你了呢。"

梅兰芳虽然平安地回到上海,但等待他的却是更为严峻的日子。1942年秋的一天,汪伪政府行政院副院长兼外交部部长褚民谊突然来到马思南路梅宅,闯进书房,说找梅兰芳有要事商量,非要会见不可。梅兰芳听说褚民谊来访,快快不乐地从楼上来到二楼书房。他的两位挚友冯幼伟、吴震修正巧在梅家,放心不下,也跟随他一道来到书房。

褚民谊提出,要梅兰芳在当年12月作为团长率剧团赴南京、长春和东京巡回演出,以庆祝所谓"大东亚战争的胜利"。梅兰芳先表示盛意心领,接着又指着自己的胡子沉着地说:"我已经上了年纪,没有嗓子,早已退出舞台了。"但褚民谊不知廉耻地说:"小胡子可以剃掉嘛,嗓子吊吊也会恢复的,哈哈哈……"

笑声未落,只听见梅兰芳巧妙地讽刺道:"我听说你一向喜欢玩票,唱大花腔唱得很不错。我看你做团长率团去慰问,不是比我更强得多吗?何必非

抗战胜利后，梅兰芳(右二)在马思南路寓所前与丰子恺（右一）、郎静山(左二)等合影

我不可！"

褚民谊遭梅兰芳揶揄，十分尴尬，脸上红一阵白一阵，狼狈不堪，自知再说只能自讨没趣，只得悻悻而去。当时在座的两位挚友，起先深为梅兰芳担心，此时见他冷静、机智，气走了大汉奸，都钦佩地翘起大拇指称赞道："畹华（梅兰芳字畹华），你可真有一手！"梅兰芳听了，只是淡淡地一笑说："我猜想他们不会就此善罢甘休的。"

果然不出梅兰芳所料，事隔不久，华北驻屯军报道部部长山家少佐又派汉奸朱复昌来胁迫，说既然梅兰芳年纪大了不能再登台，那就请他出来讲一段话，他总不能再有什么理由推却了吧。同时威胁说，若再有违抗，便以军法处置。

就在梅兰芳一家为此苦思脱身良策时，梅兰芳一位懂医道的表弟秦叔忍闻讯后，想出了一条妙计。他知道梅兰芳不管打什么预防针都会立刻发烧，因此建议梅兰芳连续注射3次伤寒预防针，造成卧病在床的事实。为了不给日寇演出，梅兰芳不顾打预防针可能带来的生命危险，毅然请来私人医生吴中士为他打了3针，顿时发起高烧，昏迷不醒。吴大夫事后充满敬佩地对梅兰芳长子梅葆琛说："当时我真不忍心给你父亲打这种预防针，这对你父亲的身体有很大的损害，同时也很危险。当时，我也有些犹豫不决，可你父亲对我讲：'我已决心不为他们演戏，即使死了也无怨了，死得其所。'我听完此话，不禁泪水夺眶而出。我只有下狠心给你父亲接连打了3针。"

山家少佐得知梅兰芳突患重病，自然不会轻易相信。他打电话要求日本驻沪海军派一名军医到梅家去查明情况，结果确实看见梅兰芳昏昏沉沉地躺在床上，一量体温，高烧竟达42摄氏度。就这样，梅兰芳又一次挫败了日寇的诡计，充分体现了他坚贞不屈的品格。

作画卖画　艰苦度日盼望胜利

梅兰芳坚拒为日伪演出，不仅在精神上承受着巨大压力，而且在物质生活上也忍受着煎熬。

梅兰芳自从在香港息影舞台后，除了要维持自家的日常开销外，还要接济梅剧团成员的生活，以致多年的积蓄花费殆尽，无奈只得叫夫人去北平，忍痛变卖无量大人胡同的旧居，连家具、古玩、字画、书籍等也一起折价卖了。据绍武回忆："记得有一年除夕，我的外婆寻找一个每逢过节都要取出来使用的古瓷碗，但遍寻不到，父亲悄悄对她说：'老太太，别找了，早就拿它换米啦！'"

上海几家戏院老板见梅兰芳的生活日渐窘迫，争相邀请他出来作商业演出，但都被他婉言谢绝。有一天，中国大戏院的经理登门拜访梅兰芳，好心劝说道："我们听到您的经济情况都很关心。上海的观众，等了您好几年，您为什么不出来演一期营业戏？剧团的开支您不用管。唱一期下来，好维持个一年半载，何必卖这卖那地自己受苦呢？"梅兰芳听了说："谢谢你们的好意,我很感激,但我要考虑一下,再回复你们。"这只是他的托词,其实他心中早做了决定。他对朋友坚决地表示:"我不干!一个人活到一百岁总是要死的,饿死就饿死,没有什么大不了!"又解释说:"我不能为这点小利而演出。你要想到,如果我能演营业戏,难道敌伪的庆祝会就不能演吗?"他用手指着自己的胡子说:"我这个挡箭牌好不容易留起来的,如果剃了,去演营业戏,他们能放过我吗?为了眼前的利益,虽然能解决剧团全体成员和自己的生活,但断送了我的气节,这是绝对办不到的。"

梅兰芳青年时代在北平,就曾向王梦白、陈师曾、金拱北、姚茫父、汪蔼士、陈半丁、齐白石等名家学画,中年时代在上海又向汤定之学画。他喜爱画人物、仕女、梅花、苍松和佛像等,有着自己的独特风格。如他笔下的仕女,体态匀称,脸色柔和,美丽动人。他不曾想到,他的画艺竟会成为坚拒为日伪演出后的生活来源。

梅兰芳以前画画只是个人喜好,并借此体验绘画艺术与京剧艺术的相通之处,以不断提高自己的表演水平。如今,他要靠绘画谋生了,不禁有些惶恐起来。他曾自谦地说:"我的画是玩票性质,现在要下海,就非下苦功不可。"为此,他向朋友借来收藏的古人真迹,用心临摹。据梅葆琛回忆:"父亲习惯于晚上安静之时作画,有时要画到天亮后才休息。有一次,父亲的秘书许姬传看他作画,看着看着困了,就睡在书房的沙发上。待他一觉醒来,天将大亮,父亲仍坐在桌前全神贯注地作画,脸上毫无倦容。父亲见许醒来,笑着说:'我当年演戏找到窍门后,戏瘾更大,现在学画有了门径,就有小儿得饼之乐。'"

那时,上海实行灯火管制,晚上时常要停电。梅兰芳为了赶画作,就买了一盏汽油灯,以备停电时挂在墙上照明。有一次,梅兰芳在给汽油灯打气时,一不小心,火冒出来把手烧伤了,还留下了伤疤。梅兰芳庆幸伤痕不大,要是烧得厉害,那日后就上不了台了。

1944年初夏的一天,汤定之、吴湖帆、李拔可等来到梅兰芳书房,看了他近来画的一批画,一致认为梅兰芳的画艺大有长进,遂建议他开个画展。

次年春，梅兰芳、叶玉虎画展成功举办，不到几天，梅兰芳的展品便被抢购一空。

梅兰芳在艰难困苦中，寄情书画，时时盼望抗战胜利的一天。他创作的一幅红梅图题为《春消息》，集中表达了此种心情。他还在一幅《达摩面壁图》上题了双关的跋语："穴居面壁，不畏魑魅，破壁飞去，一苇横江。"梅葆琛深情地说："我父亲就这样辛辛苦苦地用自己的双手维持了生活，用无言的画笔勾画出了一个普通艺人爱国拒敌的高尚情操，一直坚持到日寇的投降。"

抗战胜利　剃须重新登台献艺

梅兰芳尽管蓄须明志，坚拒为日伪演出，但他无论在香港还是在上海，常会关上门窗，自拉自唱，练习嗓音，像保护眼睛似的保护嗓子，还不断地温习自己的剧本，从未间断。他曾对朋友说："总有一天，会叫日本军阀垮台，到那天，我剃了胡子重新登台。"

梅兰芳盼望的这一天终于来到了。1945年8月15日，日本宣布无条件投降。当他听到这盼望已久的消息时，激动得流下了喜悦的泪水。这天，梅兰芳的朋友们欢聚在"梅华诗屋"，欢庆抗战胜利。忽见梅兰芳从楼上轻步走下来，手里的一把折扇遮住了脸的下半部。老友吴震修说："畹

梅兰芳戏照

梅兰芳在寓所指点梅葆玖吊嗓,操琴者为王少卿

华,这回你该找理发师把胡子剃了吧!"话音刚落,梅兰芳突然把扇子往下一撤,这时大家才发现他的胡子已刮光了。他高兴地笑道:"今天听到日本投降的消息,我首先剃干净胡子,从头到脚换上了8年来没有穿过的新衣新鞋,我今天比小孩过新年还要高兴。"

1945年10月,梅兰芳在兰心戏院参加抗战胜利的庆祝会,8年来第一次登台,和程少余演出《刺虎》。这天,梅宅来了许多中外记者,争着采访梅兰芳。梅兰芳化完妆,喜悦之情溢于言表。他谦虚地问大家:"你们看我扮出来像不像?敢情搁了多少年,手里简直没有谱了。"

11月28日,梅兰芳在美琪大戏院首次举行复出公演,演了《刺虎》《断桥》《思凡》《游园惊梦》和《奇双会》5个剧目。那时,临时售票地点就设在马思南路梅宅,弄堂和家中的花园里挤满了人,戏迷们争相购票。为了一睹梅兰芳首次公演,梅家的大门差点被戏迷们挤破。3天的戏票很快就卖完了,有的人为求一票,对售票员央求道:"我们是特地从外地赶来看梅兰芳的,无论如何请卖一张票给我。"

那天晚上,梅兰芳登台一亮相,全场立刻掌声如雷。演出结束后,戏迷们带着崇敬的语气说:"梅先生可真不容易。50多岁的人了,8年没有演出,今天再次登台,功夫仍然不减当年,可真是了不起!"

育儿授徒　向往光明喜迎解放

梅兰芳与福芝芳共生有9个孩子,先后有5个夭折,活下来的4个即葆琛、绍武、葆玥、葆玖,唯独小儿子葆玖1934年3月生于上海。为使梅派艺术后继有人,梅兰芳早在1943年就让梅葆玖正式拜王幼卿为师学戏。那时,福芝芳的师妹李桂芬带着女儿卢燕寄居在梅家,直到1947年母女俩赴美国。李桂芬在梅葆玥课余教她唱老生。梅兰芳非常关心梅葆玥、梅葆玖姐弟学

1948年,梅兰芳在"梅华诗屋"举行陈正薇(前左二)拜师仪式。福芝芳(前右一)、言慧珠(后左三)、顾景梅(后左二)、梅葆玖(后左一)等与他们师徒俩一起合影

艺，谆谆告诫他们一定要按照老师的要求，踏踏实实地去练习。直到梅葆玖开始学演《生死恨》《霸王别姬》这类梅派剧，他才开始给予指导，但仍不忘把梅葆玖的老师王幼卿请来，共同商量着排练。

1946年4月，梅兰芳的长子梅葆琛结束了4年的流浪生活，回到了盼望已久的家。梅夫人见到儿子，悲喜交集地说："你居然能活着回来，真不容易。"此时，除了梅绍武尚在贵州读书外，全家得以团聚，共享天伦之乐。

梅兰芳为了弘扬京剧艺术，一生先后收了109个学生，其中不少是抗战胜利后在上海收的。每一次收学生，梅兰芳总要在家中举行庄重、简朴的拜师仪式。仅1948年，顾景梅、陈正薇、杨荣环、丁至云等先后成为梅兰芳的入室弟子。梅兰芳把学生视同自己的孩子那样关心爱护，悉心传艺，并希望他们"青出于蓝而胜于蓝"。学生杨荣环家境贫寒，梅兰芳不仅免收拜师钱，还让他住在家中，承担他在上海学艺期间的生活费。他曾对长子梅葆琛坦言："我既然收了这么多的徒弟，决不能只图个虚名，而要真正把我艺术上的点滴经验传授给他们，哪怕在一个身段、一个唱腔上，也决不能马虎从事……"

梅兰芳的高风亮节得到了社会各界的尊敬。程潜将军是梅兰芳的房东，却从未向梅家收取一分钱房租，以示敬重。但在抗战胜利后不久，却有一个自称是"专员"的人，神气活现地说自己是重庆回来的房主，要收回这幢楼，并限期梅家搬走。后来那人又派律师来交涉，气势汹汹。经调查，那是冒名来敲诈勒索的，搬家之事被梅夫人严词回绝了。事后梅兰芳愤慨地说："照此下去，国民党的日子不会长了，等着瞧吧！"

抗战期间，梅兰芳在上海虽然与中共地下组织没有直接联系，但地下党通过有关人士一直在设法保护他的安全。抗战刚胜利，梅兰芳就接到过马思南路"周公馆"传来的周恩来的问候。于是，他向周信芳表示想去拜访周恩来，但周恩来出于梅兰芳的安全考虑，予以婉拒。

那时，夏衍、周而复、许涤新等中共人士有的住在梅家的对门，有的住在离梅家不远的弄堂里，彼此常有往来，他们对梅兰芳十分关心。上海执业律师、对京剧颇有研究的周恩来堂弟周恩霆是梅家的一位特殊常客。梅兰芳曾说:"周总理很关心我,经常让周先生(恩霆)来看望我,与我谈论国家大事,日子久了使我在思想上渐渐地对中国共产党有了些微的认识,共产党是领导人民翻身求解放的。"

1949年上海获得新生的那一天清晨,远处隐隐地传来阵阵枪声。梅兰芳一早起来就出门往南走,一路上只见沿街的店铺门前的地上,睡着不少解放军战士。他回家后高兴地告诉家人:"人民解放军的纪律真是好极了,我心里十分佩服他们。"吃过早饭,梅兰芳又与上海市民一起上街参加了庆祝游行活动。

上海解放后,夏衍、于伶和市军管会有关同志经常到马思南路梅家找梅兰芳谈心。6月,梅兰芳应邀进京参加了第一次全国文学艺术界代表大会,直到冬天才返沪。临行之前,周恩来提出希望梅兰芳到北京工作。次年春,梅兰芳举家离沪迁居北京。1959年3月16日,梅兰芳光荣地加入了中国共产党。梅兰芳迁居北京后,每年都有一段时间回上海休息,仍住在马思南路寓所,对上海怀有深厚的感情。

梅兰芳1961年8月7日在京去世,几十年风雨沧桑,他的上海故居早已成了"七十二家房客",当年的梅宅遗迹已难寻觅,花园里也杂草丛生,凌乱不堪。不过,弄堂大门口黑色大理石上镌刻着的"著名京剧表演艺术家梅兰芳抗战期间曾在此居住"的字样,还是会常常唤起人们对梅兰芳蓄须明志、勇斗敌寇的爱国精神的追忆。

上方花园24号：张元济最后十九年

沈飞德

位于上海淮海中路1285弄的上方花园，是沪上公寓式花园里弄洋房的代表之一，现为上海市优秀近代建筑保护单位。张元济故居则在该弄24号。张元济在那里度过了人生最后19载，历经抗日战争、解放战争和新中国三个历史时期，见证了伟大的历史转折。

张元济故居

日伪肆虐　卖屋迁居租界

1939年3月8日，73岁的张元济举家迁居上方花园24号。

张元济原住极司菲尔路（今万航渡路）40号。那是一幢耗费了张元济半世辛劳建造起来的老式大洋房。他在那里编纂了《四部丛刊》和《百衲本二十四史》两部传世巨著，中国近代最大的出版机构商务印书馆的许多大政方针也在此诞生，蔡元培、胡适等文化名人常光顾张宅。那么，张元济为何要卖掉这幢充满依恋的大宅而另觅新居呢？

原来，1937年秋淞沪抗战之后，极司菲尔路、愚园路一带成为日伪军警、特务盘踞的大本营之一，张宅西面就是臭名昭著的"76号"魔窟，许多爱国志士在那里惨遭杀害。1938年4月，沪江大学校长、商务印书馆董事刘湛恩在愚园路寓所附近遭日伪特务暗杀。张元济强烈地感觉到已无法在这种险恶的环境里居住下去了。他的儿子张树年先生回忆说："父亲决定售屋，当然家境窘迫是主要因素，但政治和自然环境更促使他坚下决心。"

张元济将极司菲尔路老宅卖掉后，为寻找新屋颇费周折。恰好浙江兴业银行正在霞飞路（今淮海中路）建造上方花园，其中24号为该行天津分行大主顾张某所购，他暂不南来，愿意出租，但每月租金高达300元。张元济因极司菲尔路老宅3个月的迁居期将到，只好忍痛将24号租下。

上方花园的原址为沙发花园，是犹太人沙发的私人花园，有住宅、草坪和喷水池等，占地面积26 633平方米，建筑面积23 733平方米。1933年浙江兴业银行购下此地，用于建造职员住宅，建成后一部分供职员居住，另一部分则由与银行有业务往来的客户购买。住宅由英商马海洋行设计，为三层砖木结构，有独立式、联列式、行列式等类型的房屋70余幢。据杨嘉祐先生撰文介绍：上方花园的房屋外观体型活泼，大阳台、大玻璃窗，望去明朗、宽敞。大部分为西班牙式，也有现代式；内部进深浅，面宽，室内明亮；每幢房屋院内绿化面积较大，弄内亦有绿化带，环境幽美静谧。

张元济的新居共三层,每层有两间并排朝南的大房间,屋前有一个小花园,为西班牙建筑风格。据张树年先生回忆,底层东侧为客厅,西侧为餐室。张元济将龚鼎孳和孙承泽所书堂幅挂在客厅正中墙上,澹归和尚亲笔屏条挂在右侧。餐室放一长方餐桌、八把椅子,旁侧碗橱两只。近窗放置三只书橱,内藏《四部丛刊》和《百衲本二十四史》。二楼西侧为张元济卧室,东侧是侄孙女祥保的卧室。三楼两间,西间为张树年夫妇住,东间为其女儿张珑卧室。

张元济之孙张人凤先生曾撰《祖父张元济先生40年代家庭生活琐忆》一文,详细记述了祖父的卧室兼工作室:"除了几件简朴而结实的家具,就是大堆大堆的书。房间西北角放着一张黄褐色床架的四尺宽的大床。那是父亲张树年工作以后,将第

张元济(右)与儿子张树年、孙子张人凤在花园中合影

一个月的工资为我祖父母定制的一对较为舒适的木床。床前有一张红木方桌,桌面是白色大理石,四周有四个小抽屉,侧面的红木上用狭铜皮镶嵌成图案。这张桌子是曾祖母的妆奁,现在成了他的工作台,上面放满了书籍、簿本、信纸、信封、铜墨匣、毛笔和一个放大镜。北面靠墙是一个大衣柜,其半边挂着为数不多的几件长袍,另半边上部的小橱里,也被文房四宝所'占领',大橱一侧是一个文件柜,从上到下一列十来个抽屉,其中三个抽屉里塞满了他编著的《成语词典》稿。房间两侧是全室最富生气的地方,那里有一个扶手和靠背都很厚实的大沙发。朝南是四扇玻璃窗,窗外有一个小阳台。窗两侧两条狭长的墙面上,挂着祖父的两幅照片,分别是他40岁时的

肖像和他访欧时穿西装的照片……"

张元济迁居之时，将老宅花园中的罗汉松、红枫、五针松以及白、淡红、紫红三盆杜鹃等较好的花木挖出，移植在新居小花园中。靠东墙有一排竹子，竹丛边有一个用砖搭起来的小台，台面是一块约六七十厘米见方的大方砖。张元济曾在这块大方砖上指导孙女张珑练习书法。他有时在送走客人之后，会到小花园观赏一下花木，吸几口室外的新鲜空气。

鬻字度日　彰显民族气节

张元济蛰居上方花园，始终坚信："只要谨守着我们先民的榜样，保全着我们固有的精神，我中华民族不怕没有复兴的一日！"他以自己的爱国行动，彰显中国知识分子的民族气节。

张元济拒绝与日伪有任何往来。作为商务印书馆的董事长，尽管商务面临困境，但他不向日伪当局注册，更拒绝日伪的"合资""合作"，把商务印书馆这家屡遭日本侵略者致命打击的民族文化企业支撑到抗战胜利。抗战期间，他私蓄用尽，经济拮据，鬻字济贫，却不为一笔不菲的润资收入而替汉奸效力。他与汪精卫兄弟俩私谊不浅，但当汪精卫沦为汉奸后，即与之绝交。汪精卫曾托人将他与陈璧君的诗集相赠，并要求回信，张元济不予理睬。

1942年初的一天，张元济家门口停下一辆汽车，走下一个日本人，递进一张印有"大东亚共荣圈"及三个人名字的名片。当时张元济正伏案写一幅册页，瞥了一眼名片，就明白来者是企图拉文化人下水的文化特务，随手从桌上取了张便条，写了"两国交战，不便接谈"8个字，由儿子张树年下楼交与来访者。结果，三个日本人看了便条，悻悻而去。

那时，商务印书馆已有多年不发股息了，而张元济每得一次董事车马费，仅够买几副大饼油条。儿子张树年虽在新华银行信托部主管证券交易，但薪水收入在上海金融业中只属第三等。而此前张元济治病花去一笔不小

张元济（中）与来访的沈钧儒合影，右为孙子张人凤

的医药费，之后家中只能靠变卖物品度日。1943年初的一天，张元济的表侄、名中医谢砺恒来访，见张家如此窘迫，就建议张元济鬻字济贫。在他看来，当时张元济在科举辈分中已属最高，以其社会声望，完全可以走文人自食其力、清贫自守的光明之道。张元济听了颇觉有理，遂参考当时书家的润例，制定了一份《张菊生太史元济鬻书润例》，除函请京、津、杭等商务分馆分发润例和代收写件，还将作品分发给九华堂、荣宝斋、朵云轩、汲古阁等著名书画店代销。令张元济兴奋不已的是，人们仰慕他这位前清"太史公""壬辰翰林"的名望和气节，一时求书者络绎不绝。他把卖字的第一笔收入，立即请人给小孙儿张人凤买了几次吵着想吃的鸡蛋糕。

对于张元济的鬻字生活，其孙张人凤先生有十分具体而生动的回忆："祖父用一个圆形的大砚台，几年中这个砚台里也不知化掉了多少八角形的大墨锭。一个竹制的大笔筒内插满了大大小小的毛笔。他写得最多的是对联。有时我站在旁边看着他写，有时站在他对面，写完一个字，帮着将纸向前挪动一点。祖父有几本楹联手册，根据求字人的身份、爱好，挑选词句。他挥笔时，我们在旁边是不能说话的……

"祖父替人写扇面是很费劲的。扇面先要夹在潮湿的毛巾中烫平。然后他就坐在房内平日工作的方桌旁，慢慢地写着蝇头小楷。有时光线不好，就叫人将方桌抬到窗口。一幅扇面要写上好半天，小孩子就没有耐心看了。"

另据张树年先生回忆，其父写扇面、册页等小件是在工作室坐着写，而写对联、堂幅、屏条等大件，只好到餐室的大圆桌旁站着写。父亲曾写过几堂寿屏，每堂8幅，一般用泥金或大红洒金纸，画好方格，费时伤目，其艰辛可想而知。但他面对汉奸的重金索字题款，则视如粪土，毫不动心。有一天，他的一位亲戚夏某送来一幅画卷、一封信和一张面额11万元储备券的支票。信中仅要求在画卷上题写引首"箓竹轩联吟图"6字及上款"筑隐先生、箓君夫人"，区区数字，竟然出如此高价。这本是一件一挥即就的易事，可他发现"筑隐"是伪浙江省长傅式说的别号。他知夏某与大汉奸为伍，火冒三丈，怒不可遏，立即写信拒绝所请。他在信中说："是君为浙省长，祸浙甚深，即寒家宗祠亦毁于其所委门徒县长。以是未敢从命，尚祈鉴谅。图卷、支票同时缴上，察收为幸。"可这位亲戚竟不自惭，仍打电话给他，恳求通融，改为只写引首，以求曲成。张元济仍不为所动，复信拒绝，信中说："惟再四思维，业已明知，而佯为不知，于心终觉不安，故仍不愿下笔。"

张元济自己生活颇为艰难，对贫困潦倒的裱画师，却常常给以慷慨相助，雪中送炭。据张树年先生回忆，上海南市有家小裱画店，营业萧条，全家数口濒于绝境，因以前有装裱业务关系，便上门求助。张元济自然也囊中羞涩，无力资助，可他取出所藏的三副自书对联，慷慨相赠，让其装裱后出售，以解燃眉之急。店主感动得流下泪水，竟下跪示谢。

张元济尽管为生计忙碌，但在困境中始终未忘抢救保存民族文化遗产。他和叶揆初等发起创立了合众图书馆（解放后改名为上海历史文献图书馆，后并入上海图书馆），大病初愈就忙于校勘《也是园元明杂剧》。他为商务印书馆的生存和前途操心，在家主持召开商务董事会。

反对内战　大声疾呼和平

抗战胜利，令张元济兴奋不已。然而，当他看到劫收大员们"五子登科"、花天酒地时，深为国民党的腐败堕落悲哀，更为国家、民族的前途忧心。1946年9月30日，他在致商务印书馆总经理王云五的信中说："此间情形，甚为紊乱，号称奉命而来者，不知凡几，任意强占民居，物价比日寇乞降之始昂贵一二倍。凡属新贵，几无不花天酒地。似此情状，甚觉灰心，未知吾兄有所闻否？"

10月22日，亲朋好友以各种方式来祝贺抗战胜利后张元济的第一个生日——80寿辰。可他这天一早起床，却挟了一本书，到合众图书馆"避寿"去了，直至晚上才回到家中。他此时关心的绝非个人的幸福与安乐，而是国家、民族的兴亡盛衰。1947年6月，他为了营救因"反内战、反饥饿、反迫害"而被捕的学生，联络唐文治、张国淦、胡焕、项藻馨、陈叔通等10位知名老人，由他执笔致信上海市市长吴国桢和警备司令宣铁吾，义正词严地要求释放学生。同年，为支持复旦大学因罢教抗议而被解聘的30位教授，他又站出来声明被解聘教授的生活费由商务印书馆按月提供。

1948年初，张元济收到中央研究院代理院长朱家骅签发的《通知当选为本院院士》公函。9月22日，他由儿子张树年陪同赴南京参加于次日召开的第一次中央研究院院士大会。院士中张元济最年长，安排在第一个发言，他发表了以"呼吁和平、停止内战"为主题的讲演。其中说："抗战胜利，我们以为这遭可以和平，可以好好地改造我们国家了。谁知道又发生了不断的内战。这不是外御其侮，竟是兄弟阋于墙……这是多么痛心的事情！"最后他呼吁："我们要保全我们的国家，要和平；我们要复兴我们的民族，要和平；我们为国家为民族要研究种种的学术，更要和平！"

张元济返沪后，把在南京的讲演稿整理成文题名《刍荛之言》，印成小册子。他没想到，由于他大声疾呼要和平，竟引来了国民政府代总统李宗仁的代表甘介侯。

那是1949年1月30日傍晚，曾任外交部常务次长、国民参政会参政员的甘介侯奉李宗仁之命，来到上方花园。张元济每逢冬天脚生冻疮，行走不便，只好请独子张树年在底楼客厅接待来客。甘介侯说了李代总统想请张菊生先生去北方与中共接洽和平谈判之事，希望早日回复，接着递上李宗仁致张元济的信。张树年请甘介侯稍候，持函上楼禀告父亲。

张元济展阅李宗仁来信：

菊生先生勋鉴：

和平为全国人民一致之呼声，政府亦决心以最高之诚意谋取和平之实现，唯前途艰巨，尚待各方努力，始克其济。为民请命，谅荷同情，兹请甘介侯兄代表前来面陈鄙悃，敬希鼎力支助，俾速其成，余情统由甘介侯兄详述不备。专此。祗颂时祺

弟　李宗仁敬启

张元济自感年老体弱，脚生冻疮，不便远行，遂婉言谢绝李宗仁的邀请。第二天，他在复李宗仁的信中述说"辱承谆命，祗得拜辞"的原因："古人有言，国家兴亡，匹夫有责。重以陲诿，敢不勉竭微忱。唯元济年逾八旬，精力衰惫，不克膺此巨任。且连日在报端屡读文告，自揣庸愚，实无涓埃可再为高深之补。"

张元济尽管未能亲身为国共和谈奔走，但他一直关注着时局的变化，以兴奋的心情迎来了祖国的新生与和平的曙光。

十年病榻　不忘祖国统一

上海刚解放不久的1949年6月初，陈毅市长偕周而复就登门拜访了爱国老人张元济。8月，曾在商务印书馆工作多年并由此走上革命道路的陈云同志，拜访了阔别20多年的老前辈张元济。他说刚去过东北，见商务印书馆沈阳、长春分馆营业情况很好，请张菊老放心，并介绍了党在新民主主义时期的经济政策。张元济听了非常高兴。

1949年8月23日，张元济欣得陈叔通来信，得知全国政协会议即将召

1949年，毛泽东邀请张元济（右一）等同游北京天坛公园

开，自己将作为特邀代表出席会议。可他念及年老体弱，担心不堪重任，遂复函陈叔通"请善为我辞政协代表"。后来当陈叔通说此事是由毛主席亲自决定的，他才接受邀请。9月初，上海市军管会周而复、梅达君登门正式通知中央特邀他出席全国政协会议。9月6日，他在儿子张树年的陪侍下，登上了赴北平的列车。

1949年12月25日，张元济应邀出席商务印书馆工会成立大会，在致辞时突发脑血栓，晕倒在讲台上，经全力抢救才转危为安。1950年5月7日，张元济基本痊愈出院回家，但左侧瘫痪已无法恢复，从此开始了他的十年病榻生活。

在他养病的几年中，陈毅市长常来探望。汽车停在上方花园隔壁的新康花园华东局宿舍大院，陈毅带一随员，步入弄堂。张元济虽然病卧在床，但他依然在家人为他特制的一张小桌上，先后为《汪穰卿师友书札》《攀锥文

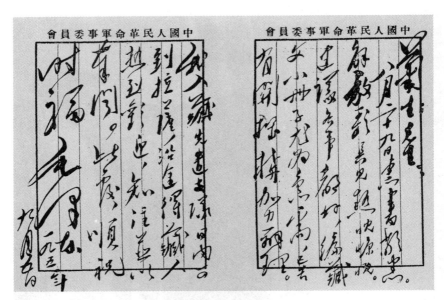

毛泽东写给张元济的亲笔信

集》《粟庐曲谱》等题签，整理《涵芬楼烬余书录》，撰写《追述戊戌政变杂咏》，校勘新发现的宋刻《金石录》等。

1950年10月1日，张元济致书毛泽东，祝贺国庆。10月8日，毛泽东复信说："国庆日辱承函贺，极为感谢。尊恙有起色甚慰。当望善为调护，臻于痊愈。树年兄同此问好。"

同年12月30日，张元济致书毛泽东，附呈《庚寅岁暮告存》七绝二首，其一云："积雪西垂今渐化，怒涛东海讵难平。祈天我欲须臾缓，扶杖来观告武成。"

1951年5月，张元济喜闻西藏和平解放协议在京签订，高兴地撰写长篇古诗《西藏解放歌》，开宗明义即说："从此上下一心，实行自治，修明庶政，巩固边防，完成民族大团结之伟业，赋此志喜。"8月，他收到毛泽东来信说："积雪西垂一诗甚好。由于签订了协定，我们的队伍不久可以到拉萨了。"他读信后兴奋不已，冒着酷暑，将《西藏解放歌》重新润色后，再用正楷誊好寄给毛泽东。这首古诗描述了西藏的人文地理、历史现状和未来的发展前景。

张元济在给毛泽东的信中，还对发展西藏的文化和教育事业提出了四项建议。毛泽东对张元济的来信非常重视，一星期后就复信。全信如下：

菊生先生：

　　八月二十九日惠书敬悉。解放歌具见热忱慷慨。建议各事都好，编藏文小册子尤为急需，已告有关机构加力办理。我入藏先遣支队日内可到拉萨，沿途得藏人热烈欢迎，知注并以奉闻。此复，顺祝时福

毛泽东
一九五一年九月五日

为了让张元济更好地了解西藏和平解放后的有关情况，毛主席连续几年派人把藏文版《人民画报》送到张元济家中，以示对这位爱国老人所提建议的回应。

1952年秋的一天晚上，中央统战部部长李维汉由上海市委统战部部长周而复陪同，特到上方花园拜访张元济。李维汉将不久前政务院决定在全国建立文史研究馆的精神向张元济作了传达，并说上海也要建馆，中央考虑让他出任馆长。1953年初，毛主席签署中央人民政府任命书，任命张元济为华东行政委员会委员；4月，陈毅市长又聘任张元济为上海市文史研究馆首任馆长。

病榻上的张元济，始终不忘与大陆分隔的台湾。他在诗中写过"泉台仍盼好音传""愿为老眼觇新国"，表达了他在有生之年希望完成祖国统一大业的心愿。

1956年春，张元济为了推动台湾和平解放，想到了给蒋介石写劝归信。他把这一想法写信告诉了在北京的老友陈叔通，得到陈叔通的赞赏，来信称他"高年又是半臂，能为此，是为爱国楷模"，还说此事"昨日因在毛主席

1956年10月31日，商务印书馆同仁祝贺张元济九十寿辰时在寓所合影

座谈席上亦提到，云千万代为致念"。关于张元济给蒋介石写劝归信的经过，张树年先生回忆说：1956年春的一天清晨，他上班前去父亲卧室请安时，父亲说："我忽发奇想，要写信给蒋介石，请其效法钱武肃，纳土归顺。"这天傍晚他回家，父亲又向他提给蒋介石写信事，并说要选一个晴朗之日，趁室内光线好、精神也好时提笔，并要儿子为自己准备笔墨纸张。

几天后，张树年特向单位请假，在家侍候父亲完成了他的奇想。张元济致蒋介石的信内容如下：

"介石先生大鉴：庐山把晤，快领教言。光阴迅速，匆匆已二十余年矣。此二十余年中，公所施为受国人之嬉笑怒骂者，可谓无所不至。然弟终不愿以常人待公。今者据有台澎，指挥四方，此固足以自豪。虽然，弟窃有更进于此者，今愿为公言之。公浙人也，弟亦浙中之一老民。千百年来，我浙江有一不可磨灭之人物。伊何人欤？则钱武肃。是钱之事迹，度公亦必耳熟能详。当北宋之世，武肃据有全浙八都，军威著于一时。能默察时势，曾先效顺，而炎宗统治之局，因以底定。当今之世，是以继钱武肃而起者，舍公而外，无第二人。窃于公有厚望焉。"

张元济将此信加封，另致函上海市政府秘书长管易文，请他转呈中央。据张元济之孙张人凤先生说，不久此信就由电台对台广播了。

仁者多寿。1956年10月25日，是张元济90岁生日。前一天中午，上海市委统战部在张元济家设席两桌，为他祝寿，市领导柯庆施、许建国、刘述周出席，徐森玉、江庸、沈尹默、舒新城、陈虞孙、蒋维乔等应邀作陪。张元济自50岁至80岁，四次正寿都外出"避寿"，而此次却坐着轮椅，满面喜色从二楼卧室出来，到东侧的餐室同大家欢聚并致谢。

生日期间，商务印书馆十几位同仁前来祝贺，主人备了两桌面席招待客人。张元济坐在轮椅上，高兴地与同仁一起合影留念。他还赋诗一首，以向祝贺的同仁表示谢意。诗云："正叹年华逐逝波，颁来美意故人多。愧无佳句还相答，聊作琼瑶远拜嘉。"

1957年，张元济病情渐重。起初儿子张树年延医来寓诊治，但到这年夏天张元济因病重住进了上海华东医院，从此再也未能返回寓所。

1959年8月14日，一代文化巨人张元济怀着"昌明教育"的宏愿，含笑离开了人间，享年93岁。

日月楼：丰子恺最后的岁月

沈飞德

一代艺术家丰子恺的大半辈子是处于漂泊之中，直到上海解放后，他才算安定下来。这位被叶圣陶誉为"潇洒风神"的艺术家，喜欢为自己的寓所命名，如浙江上虞白马湖的"小杨柳屋"、上海江湾及后来在其故乡浙江石门镇的"缘缘堂"、遵义南潭巷的"星汉楼"、重庆刘家坟的"沙坪小

日月楼及故居纪念牌

屋"。丰子恺一生最后的寓所是上海陕西南路39弄93号的"日月楼"。丰子恺幼女丰一吟女士忆起日月楼，称其父一生在此居住时间最长，译著字数最多，出门旅游的内容最丰富，生活最幸福，当然也最坎坷（遇上了"文革"）。

日月楼中，留下了丰子恺人生最后岁月的悲欢离合，折射出时代的沧桑变迁。

长乐村里日月楼

1949年4月，52岁的丰子恺为迎接上海解放，兴奋地从香港来到上海。到上海的最初几年中，丰子恺数迁寓所，直到1954年秋才迁居陕西南路。

丰子恺原住福州路671弄7号开明书店老板章锡琛旧宅。1953年4月，赋闲在家的丰子恺被陈毅市长聘为上海市文史研究馆馆务委员，每月发给

20世纪60年代初，丰子恺在长乐村弄堂口留影（背后的尖顶房子就是日月楼，"长乐村"三字为丰子恺所书）

1960年4月，丰子恺在北京出席政协会议期间，受到周总理的亲切接见

100元生活费，再加上他的译著陆续出版，稿酬收入较多，日常开支之外有了些节余。于是丰子恺花了6 000元顶下了陕西南路39弄93号这幢二层楼的西班牙小洋楼的租赁权，还买下前房客所建的附属建筑和家具。

陕西南路39弄又名长乐村，建造于1921—1936年间，是二层楼的西班牙式联体建筑，房产属于沙逊公司。长乐村离繁华的淮海中路只消步行几分钟，是个闹中取静的地方。93号前后两楼两底，一个亭子间，再加上前房客自己搭出来的一个可以住人的三层阁楼。门前有竹篱围起的小花园。

丰子恺有7个儿女，但此时在身边的只有幼女一吟和幼子新枚，一家4人居住一幢小洋房，既宽敞又舒适。

洋房一楼是客厅，放着陈旧的大菜桌、酒柜、长沙发等家具；二楼是丰子恺夫妇和幼女丰一吟的房间，还有一个朝南的室内小阳台，中间有一个梯形的突口，既有南窗，又有东南、西南窗，还有天窗。这个窗明几净的阳台便是丰子恺的书房。主人身居书房，白天可观日出日落，夜间能赏当空皓月。丰子恺向来潇洒浪漫，触景生情，脱口而出："好一座日月楼。"日月楼由此得名。丰子恺又向儿女解释说："这个楼名不仅表示室中可以望见日月，而且有解放后遍地光明、日月普照的含义。"随即诵出"日月楼中日月长"之句，寓意在日月楼中度过悠悠余年，创作出更多的作品来。次年定居杭州

丰子恺儿童漫画《种瓜得瓜》　　丰子恺儿童漫画《爸爸回来了》

的国学大师、浙江省文史研究馆馆长马一浮以这句子为下联，配上一句上联"星河界里星河转"，书赠给丰子恺。丰子恺与马一浮交谊深厚，他把马一浮的对联挂在日月楼中，还自书"日月楼"匾额，朝夕相对，陪伴着他晚年的文学、艺术创作。

作画歌颂新时代

丰子恺追求"最喜小中能见大，还求弦外有余音"的独特漫画风格，以率真的感情，描绘新时代新人新貌，歌颂社会主义革命与建设。1956年起，在"百花齐放，百家争鸣"方针的鼓舞下，丰子恺在海内外报刊陆续发表了不少漫画新作，如1958年"读刘少奇同志报告后作"的《众人拾柴火焰高》，庆祝建国10周年的《庆千秋》图，写新旧社会对比的《互防变成互助》《瓜车的今昔》《老年工人的今昔》等，勉励"勤俭持家"的《新阿大，旧阿二，补阿三》，风景画《船里看春景，春景象画图，临水种桃花，一株当两株》等。老画家在繁忙的创作中，从来没有忘记他的小朋友，他专为儿童们创作了《英雄故事》《妈妈，我也要个红领巾！》《清平乐（儿童节即景）》《婆婆好！阿姨好！》等。这些作品后来大都收藏在1963年由上海人民美术出版社出版的《丰子恺画集》中。丰子恺在这本画册的开头，写了5首七绝以代自序，最后一首为"天地回春万象新，百花齐放百家鸣。此花细小无姿色，也蒙东风雨露恩"，充分表明了他为新社会、新时代作画的真诚心愿。

丰子恺以漫画出名，可他多才多艺，在散文、书法、翻译及音乐、美术理论等方面都有杰出的成就。此时，丰子恺作画之外，在日月楼中又兴致勃勃地写起了随笔。他不仅为人民文学出版社重新编选了他的《缘缘堂随笔》，还不断地从现实生活中觅取题材，写他的"新缘缘堂随笔"。《敬礼》《代画》《呓语》（后改名《随笔漫画》）、《西湖春游》《新年随笔》《阿咪》等佳作相继问世。丰子恺的这些随笔，同他的漫画一样，具有看似平淡无奇却寓意深刻的艺术风格。

翻译日本"红楼梦"

后来，当丰子恺逐渐感到他的那些带有辛辣味的漫画和随笔好像不合时宜、不太受欢迎时，他便把更多的精力倾注于翻译工作上。丰子恺先后译出了《旅宿》《石川啄木小说集》和德富芦花的《不如归》及中野重治的《肺腑之言》。他还与幼女丰一吟合译俄国作家柯罗连科的自传体长篇小说《我的同时代人的故事》。特别值得一提的是，丰子恺从1961年8月起，历时4载，翻译了世界最早的长篇小说、日本古典巨著《源氏物语》。

说起翻译《源氏物语》，那是丰子恺早年的梦想。还是在1921年留学日本时，他就在东京的图书馆里看过《源氏物语》的古文本原著。因古文不易理解，起初看不懂。后来他买了一部日本女诗人与谢野晶子的现代语译本，读后觉得它很像中国的《红楼梦》，爱不释手，希望有朝一日把这部巨著译成中文。可他那时正热衷于美术、音乐，且要为衣食操心，根本没有条件翻译这部巨著。他万万没想到，40年后人民文学出版社会约他翻译《源氏物语》，当时他欣喜的心情从他戏填的一首《浣溪沙》中可见一斑，其中有"彩笔昔曾描浊世，白头今又译《红楼》，时人将谓老风流"之句。"红楼"就是指《源氏物语》。

丰子恺治学谨严，翻译《源氏物语》字斟句酌，反复推敲。他于1961年8月1日开始通读全书，1962年12月12日上午11时开笔，至1965年9月29日译毕。全书共约90万字，从通读到译毕，前后共4年1个月又29天；而从动笔到译完，实际仅2年9个月又18天。然而，译者没能看到《源氏物语》中译本问世，直到他去世5年后的1980年，才得以陆续分册出版。这不能不说是一大憾事。

难忘小楼欢笑声

日月楼前半期（指"文革"前）是丰子恺家庭生活最幸福的时期。每逢节假日，儿女们常带着孩子们来看望父母。如逢丰子恺和老伴的生日，那家中就更热闹了。但对丰子恺来说，一年中最快乐的时刻莫过于农历除夕的晚上。在上海的儿孙们全部到齐后，照例由几个年岁稍长的孙辈协助幼女丰一吟筹备除夕联欢会，节目安排丰富多彩，趣味盎然。首先大家齐唱丰家老幼都会唱的《送别》《毕业歌》《红梅赞》等歌曲作为联欢会的开始，接着便是做"击鼓传花""传话""戴着大头娃娃面具敲脸盆"等游戏。丰子恺总是一边饮酒，一边热心地参加游戏。最后一个节目必定是拿"除夜福物"，也就是交换礼物。"除夜福物"的名称是丰子恺定的。具体规则是每人买一定数额的礼物，偷偷地包好，交给专管此事的人，由他给贴上写有"除夜福物"4字的红标签,并一一编上号码。另设编号的小纸供众人抓阄用。等大家把数十包礼物全部拿完后,才按1、2、3……的次序拆开。这样,每一个人拆包时,大家都能欣赏,发出一阵阵欢叫声。拿到丰子恺礼物的人最开心,因为他常常超过规定的钱数……等到礼物全部拆完,丢在桌子底下的包纸一片狼藉,晚会就此结束,大家兴尽而归。丰子恺每每忆及当时情景,总是十分依恋,难以自已。

恩师遗物赠广洽

丰子恺不顾年事已高,一周工作6天,但就是在他称之为"一日闲"的星期天,他也用来接待来访的新朋旧友或给他的读者回信。

1965年深秋,日月楼来了一位与丰子恺有30多年莫逆之交的远方朋友,给丰子恺带来了无限的欢乐。此人就是原来担任新加坡佛教总会主席的广洽法师。

丰子恺是弘一法师出家前的学生,广洽法师是弘一法师在厦门时的法侣,曾师事弘一法师。他俩于18年前在厦门南普陀一别,一直无缘再相聚。尽管天涯相隔,但传扬恩师的爱国精神和文艺思想却使他俩的心紧紧连在一

1965年,丰子恺在日月楼接待广洽法师(左)

起。丰子恺在日月楼先后写下了《中国话剧首创者李叔同先生》《回忆李叔同先生》《李叔同先生的爱国精神》《李叔同的文艺观》《李叔同先生的教育精神》等文,还编辑出版了《李叔同歌曲集》。广洽法师在海外出版了《弘一大师纪念册》《护生画集》等,还集资协助丰子恺出版了《弘一大师遗墨》和《弘一大师遗墨续集》。

在日月楼,丰子恺把珍藏多年的弘一法师在浙江第一师范教课时所用的一只打簧表,郑重转赠给广洽法师永保遗念。他还陪同广洽法师到苏州、到杭州虎跑后山祭扫弘一法师石塔。离别时,丰子恺希望广洽法师有一天能重来江南,并赋诗《送别广洽上人》相赠。然而,当1978年9月广洽法师重来上海时,日月楼已是"人去楼空"了。或许冥冥中两人心灵相通,广洽法师到上海的那天,恰好是丰子恺逝世3周年的忌日。1994年,广洽法师圆寂。

磨难袭来仍从容

1966年6月,"文革"初起,丰子恺即被扣上"反动学术权威""反革命黑画家"等罪名,备受种种折磨。之后,丰子恺的工资被取消了,每月只有60元生活费。银行冻结了他的存款,连他的幼女丰一吟的存款也被冻结了一段时期,丰子恺只好变卖家里的收音机、唱机、钢琴来度日,还忍痛卖掉了心爱的日文版《世界美术全集》等书。

然而,丰子恺对这一切均能泰然处之。他家的老保姆说:"先生晚上回家,仍是喝一点酒,神态照旧,叫人什么也感觉不出。其实他是怕我们难过。"更令人敬佩的是,丰子恺冒着随时被再度抄家的危险,每天从"牛棚"回家后,竟照旧悄悄地画他的画,写他的文章,译他的书。

养病正好译《物语》

1970年2月初,丰子恺因生了一场大病,得以摆脱"牛棚"生活,病休

丰子恺在日月楼门前与家人合影

丰子恺漫画《城中好高髻》

在家。此时，幼女丰一吟下干校去了，幼子丰新枚三年前在上海结婚后不得不痛别父亲远赴石家庄，只有他和老伴厮守在日月楼。他依然画画、写字，还写了以回忆往事为主的《缘缘堂续笔》等。《红楼杂咏》的诗也是这时候完成的。可他更多的时间还是用于翻译。他一连译出了《竹取物语》《伊势物语》《落洼物语》三部日本著名的古典故事。由于对夏目漱石的《旅宿》特别有兴趣，他又把它重译了一遍，译毕再对照以前自己的译文，认为各有短长。1971年，他还翻译了自己信奉佛教的入门书、日本汤次了荣解释的《大乘起信论新释》。翌年年底，新加坡作家周颖南来访，丰子恺便托他带交广洽法师去新加坡出版。那天，周颖南为丰子恺拍摄了一张他一生中唯一留下的彩照。1973年，他完成了恩师弘一法师嘱托的6册《护生画集》的创作。那时，丰子恺还追忆旧作题材重画了不少画，留给亲朋好友，其中给他的学生胡治均的作品就有70多幅。他称这些画为"敝帚自珍"，后编为《敝帚自珍画集》，他为此写了一篇《敝帚自珍序言》，全文如下：

予少壮时喜为讽刺漫画，写目睹之现状，揭人间之丑相。然亦作古诗新画，以今日之形相，写古诗之情景。今老矣，回思少作，深悔讽刺之徒增口业，而窃喜古诗之美妙天真，可以陶情适性，排遣世虑也。然旧作都已散失。因追忆画题，从新绘制，得七十余帧。虽甚草率，而笔力反胜于昔。因名之曰敝帚自珍，交爱我者藏之。今生画缘尽于此矣！辛亥新秋子恺识。

这篇"序言"，可谓丰子恺在浩劫厄运中为自己的艺术生涯所作的凄凉总结，读来令人感慨良多，而最后一句"今生画缘尽于此矣"，更使人唏嘘再三。

1972年底，丰子恺得到"解放"，但此时死神正一步步向他悄然逼来。

1975年8月初，丰子恺开始发烧卧床。8月15日，重病中的丰子恺得悉杭州的老姐病逝，又深受打击，身体每况愈下。8月29日，丰子恺被送进了大华医院，离开了他居住21年的日月楼。

1975年9月15日，丰子恺在上海华山医院逝世，享年78岁。

丰子恺逝世后3年，幼女丰一吟偕老母亲搬离了长乐村。

附　记

"文革"结束之后，陕西南路39弄（长乐村）已被列为上海优秀近代保护建筑，93号丰子恺故居门口墙上也镶嵌着一块书有"爱国艺术家丰子恺1954年曾在此居住"的牌子。尽管房子周边的环境早已改变，建筑已显陈旧，但外形仍保持着原来风貌。许多海内外人士纷纷慕名前来踏访当年的日月楼，因楼内仍居住着5户人家，人们只得扫兴而归。2003年夏，丰一吟女士致函有关方面建议恢复故居原来结构，再现故居原貌。目前，恢复丰子恺故居日月楼作为纪念地的工作正在悄然进行。

荣宗敬家族百年创业记

宋路霞

渐露真容的"荣宗敬故居"

上海陕西北路靠近南京西路的地方，有一排雕花的石砌矮墙。从墙头伸出的婆娑多姿的樟树枝叶看，可知院子里是个美丽的所在。在过去的半个多世纪里，这儿常年大门紧闭，少有人和车子进出。几块油漆斑驳的民主党派机关的牌子，十分单调地挂在大门口。那堵好看的围墙带着陈年的积尘，孤寂地伸向威海路，与一箭之遥的万头攒动的南京西路形成了鲜明的反差。

荣宗敬先生

近几年，矮墙上那紧闭的大门豁然洞开了，开始是挂出了棠柏饭店的牌子，后来是一家外国电视公司（星空传媒）的牌子。一栋极其豪华而气派的豪宅，"半遮面"似的露出了真容——门楣和窗沿上刻着精美的雕花；门口一棵仰斜的老樟树似是守门的将军；窗户一律是彩色的拼花玻璃，若是在夜间，那里面会闪出奇妙的光彩；钟塔般的楼角似乎是站在树丛里，周围一片绿色；南部是一方碧绿而平整的草地，把豪宅衬托得极其典雅；楼的南侧面楼上楼下都是整齐的立柱，侧门也有漂亮的巨柱和石级……毫无疑问，这是上海滩为数不多的顶级豪宅之一，也是上海滩保存最完好的大花园洋房之一。

2003年11月25日，一群西装笔挺的客人来到这里，举行了一个简短而隆重的典礼，在大门边的墙头上又挂上了一块牌子，金底红字，十分庄

位于上海陕西北路上的荣宗敬故居

严——荣宗敬故居。原来这是现代中国著名的民族实业家荣宗敬的老房子，这天正是他老人家诞辰130周年纪念日！人群中一位身材魁梧的老人显得有些激动，发表了简短而深情的演说。他就是出生在这栋房子里并在此度过了青年时代的荣鸿庆先生，他是荣宗敬先生的三公子，现为台湾上海银行的董事长。他这次重来上海，一是要探讨海峡两岸的上海银行进行合作的可能性，二是来此为父亲的老房子揭牌。上海市委统战部、静安区委统战部、上海市文管会、静安区政协以及民主党派等有关部门的负责人出席了揭牌仪式。

荣宗敬先生当年一肩行李来到上海滩，从一介学徒做起，呕心沥血，艰苦备尝，三落三起，和他的弟弟荣德生一道，共创办了21家棉纺织和面粉企业，是旧中国办企业最多的人之一，赢得了"棉纱大王"和"面粉大王"的崇高声誉，对中国民族工业的发展有着不可替代的贡献。他的故居，记录了中国实业家的风采——那是上海滩乃至中国近现代史上最富传奇的篇章之一，时时能唤起人们对那段风雨岁月的回忆……

荣家老太爷大难不死有后福

荣家的老家在无锡荣巷，位于无锡市西郊。其祖先种稻植桑，以忠厚传家，于明代正统初年从金陵迁来，形成上荣、中荣、下荣三个自然村，直到民国初年才正式建镇。现在的荣巷已经并入市区，但仍保留了一条约400米长的老街，沿街还有150多组青砖黛瓦的老房子。荣宗敬一支的老屋，当年就坐落在"中荣"一带。

到了荣宗敬的祖父荣锡畴（1823—1863）当家时，他开始做点长途贩运的小本生意，经常驾着小船经太湖、吴淞江等河道往来上海，去时满载乡下的土产，回来时带回上海的日用品，一来一去，赚些蝇头小利，贴补家用。尽管他们日子过得仍然很艰苦，传到荣宗敬的父亲荣熙泰手里的财产，只有几间旧屋，但这些原始的商业活动，却为荣家子孙注入了最初的商业细胞。

俗话说:"天有不测风云,人有旦夕祸福。"140多年前,荣家和江南许多家庭一样,在太平军打到苏南的时候,遭到了一场空前的劫难。那时太平天国运动已进入后期,太平军与曾国藩的湘军在常州、无锡、苏州一带遭遇。战乱中,荣熙泰的祖父、祖母、父亲、两位伯父、伯母、堂兄,以及他自己的兄弟,包括才3岁的小弟弟,不幸全部遇难。荣氏家族的男人只剩下了一个,这就是荣宗敬、荣德生的父亲荣熙泰先生(1849—1896)。这似乎是上苍有所不忍,才做出的苦心安排,在太平军攻入无锡的前一个月,荣熙泰经人介绍去上海的一家铁器作坊里当了学徒,幸而躲过了一劫。

太平军撤走后,他于1863年回到家乡时,那悲惨的景象简直把他吓呆了。已是举目无亲的他,不仅从此要独立地面对今后的生活,眼下还必须掩埋好亲友们的尸体,料理好后事。那时家中的财产只有十几亩地、几间旧屋,为料理亲人们的后事,他不得不欠下一身的债,而他那年才14岁,就饱尝了人世间的忧患。安排好家中一切,思之再三,摆在面前的只有一条路,那就是再次收拾行装,远走他乡!

果真是"大难不死,必有后福。"

荣熙泰先是在浙江打工。一次偶然的机会,他听说有一个叫荣俊业的族叔在南方当官,是张佩纶身边的幕僚,于是决定去投奔他。碰巧这位族叔又是位非常热心而擅长交际的人,在张佩纶兵败落职以后,又成了张之洞幕府里的文案,很受张的重用。他曾帮助他的大同乡、苏州人朱仲甫谋到"磨刀口厘金局"(税务局)总办的肥缺,朱仲甫为了报答他,就要求他推荐身边的人来手下办事,这是旧时官场上常有的人际往来。正好荣熙泰这时到了广东,荣俊业就顺手把他交给了朱仲甫,朱仲甫将他安排在厘金局当管事。荣熙泰知道这个机会得来不易,因此极其勤恳,大小事情无不竭尽全力,不久就升任朱仲甫的总账房,从此一干数十年,直到1895年因病告老还乡为止。

荣熙泰没有辜负上苍赋予的一线生机,最好的年头能够月得俸银30两。他省吃俭用,月积岁累,积少成多,为日后荣家的崛起准备了最原始的一笔启动资金。一旦"天降大任于斯人",荣家的机会来临,这笔资金就像一台

荣宗敬（右四）赴各地视察荣氏企业时，常把小儿子荣鸿庆（前排小孩）带在身边

发动机，发出了震耳的轰鸣。

　　荣熙泰的"后福"还不止于此。他在广东奋斗十年后回乡与石氏成亲，日后生下两个儿子、两个女儿。两个儿子就是后来叱咤上海滩、闻名海内外的荣宗敬、荣德生兄弟。

荣宗敬三闯上海滩

　　荣宗敬懂事时家境已大有好转。他7岁入私塾读书，生性好动，凡事敢想敢干，对大人们闲谈中常说起的上海滩充满了向往。他的弟弟荣德生比他小两岁，性格与哥哥不同，有些拘谨内向，胆小木讷，3岁才开口讲话，9岁方入私塾，在街坊邻居眼里是个"二木头"。

　　虽说当时读的是"四书五经"、《幼学琼林》之类，而事实上，他们兄弟同时还在读一本更大的社会大书。这一方面是来自他们的母亲和外婆的教育，另一方面是来自他们的父亲——每年从广东带来的"欧风美雨"式的海外信息。母亲训导他们从小养成忠厚信实、勤俭持家的品行，教他们在课余做些力所能及的家务事和农活儿；老外婆爱跟他们讲一些过去的事情，比如祖辈历经患难的故事。荣德生在他的《乐农自订行年纪事》中记下了那些日子："晚上兄弟同在一起，听外祖母与母亲讲述洪杨逃难时，身经一切，形形色色，听之不倦，至今不忘。"

每当他们的父亲从广东回来，那好比是他们的节日。一只打簧钟、一小袋洋糖、一段海外奇谈，都会令他们兴奋不已，因为那些新鲜玩意儿，正是他们所能接触到的最初的"洋务教材"。人家的孩子大凡有条件继续读书的，都在数年后积极备考科举，走"读书做官"的道路，而他们兄弟则在父亲的影响下，热心经世之学，向往走举办实业、发家致富的道路。尤其是荣宗敬，从小胸怀大志，卓尔不群，浑身总像有使不完的劲儿。在他14岁的时候，跟他父亲当年一样，一个包袱皮卷了全部的行李，跟人乘船到了上海，经朋友介绍，也去一家铁锚工厂当学徒，开始走自己的路。

学徒生涯充满艰辛，起早贪黑，终日劳作，关键性的技术并不容易学到，而力气活则让你干也干不完，诸如生火烧水、开门上锁、端茶待客、扫院抹桌之类杂活，别人不愿做的事都得由学徒工做，一旦生了病，掌柜的是不来负责的。

不幸的是还不到半年时间，荣宗敬竟大病一场，得了伤寒症，卧床不起。其母得知后连忙赶到上海，雇船把他接回家，延医把脉，精心调治。几个月后，总算把病治好了，可是他那一头的乌发不见了，直到第二年才长出稀疏的毛发，梳成的辫子又细又短，邻居们遂呼之为"小辫子"。这场大病严重影响了他的健康，以至于他在发育时个头未能"蹿"得很高，而脑袋却长得比别人大许多。这是他"出师"上海滩的第一次受挫。

第二年3月，当病情稳定之后，他那求胜、进取的欲望又膨胀了起来，在家里实在待不住了，就又回上海，继续他那学徒生涯。

这回他进的是一家钱庄，在上海永安街上的源豫钱庄学生意。好歹忍气吞声地吃完了三年"萝卜干饭",他进入森泰蓉汇划字号(专营汇兑业务的钱庄)当跑街,负责无锡、江阴、宜兴三地的汇兑收解业务。那时的钱庄业有很大势力,因"国产"的银行还未诞生,钱庄就类似小型的银行,存款、贷款、贴现、汇兑、金银买卖等都做,只是管理上都是旧规矩。但如果稍加留心,就能发现钱庄以外的工业市场和商贸流程,这使他对上海这个"遍地是黄金"的城市有了质的了解——原来这个花花世界的"齿轮",全靠金融来"润滑"呀!

在荣宗敬满师的前一年,凭着对钱庄业的了解,他把弟弟荣德生也带了出来,进入通顺钱庄当学徒(满师后到广东其父身边当帮办)。他本人在上海钱庄界渐渐混熟了,已能独当一面,遂于1893年年初回乡娶陈氏为妻,小日子过得慢慢滋润起来。

孰料好景不长,第二年甲午之战爆发,他所在的森泰蓉钱庄因在天津有大批存货,战争中损失颇巨,资金无法回笼,终于在年终宣布倒闭,使荣宗敬陷入失业的困境。那时世面不好,谋事不易,在沪不能久待,只好再回无锡老家。在家里一晃就是一年,整天为找不到好的差事而发愁。若干年后他回想起这段岁月,仍感慨万分。他在《宗敬阅历谭》中曾描述当时的困顿:"人当赋闲无事,守株待兔,日则仰屋兴嗟,书空咄咄,夜则辗床反侧,短叹长吁……"这是他在上海滩的第二次受挫。

俗话说"祸不单行",正当荣宗敬找不到方向的时候,他的父亲和弟弟荣德生也从广东卸职回家来了,原因也与甲午战败后洋务派受挫、商业萧条有关。当初爷仨都在外面做事,不是钱庄就是税务,一家人生气勃勃;转眼间爷仨一起失业在家赋闲,自然是别有一番滋味在心头。他们和朋友合计来合计去,觉得与其给人家打工,还不如自家办个钱庄,反正爷仨都是干过金融的,何况目前已略积有资金,只要精心经营,未必干不过人家。

荣宗敬说干就干,再次来到上海滩。1896年,他集资3 000两银子,自掏1 500两,其父再拉上老上级朱仲甫入股,在上海鸿升码头租了间房,办起了广生钱庄。荣宗敬当经理,荣德生管账。3个月后又在无锡设立了分庄,他们终于勇敢地迈出了创办荣家实业的第一步。

谁知这个艰难的开始也不顺心,广生钱庄才办了半年,脚跟尚未立稳,业绩尚未显出,两兄弟的父亲荣熙泰就病逝了,年仅48岁。这对荣氏兄弟来说,无疑又是一个沉重的打击。第一年结账下来,钱庄并无盈余;第二年也业绩平平,合伙者不高兴了,年终终于撤资而去……那时他们哪里想得到,当老板竟然这么难!

好在功夫不负苦心人,他们本钱虽小,但志气不小;挫折虽多,但永不退缩。荣宗敬就是那种永不服输的人。几年过后,眼前终于出现了新的转机。

从四台石磨到十四家面粉厂

19世纪末的中国,北方的义和团运动已成燎原之势,从朝廷显贵到大小富户都惶惶不可终日。历来的经验证明,越是中国政局不稳定的时候,上海租界里的经济活动就越是活跃,因为富人们在战乱中害怕财产受损失,连人带资金拼命往租界里挤。庚子事变前后,北京和天津的租界也保不住了,被义和团烧的烧,杀的杀,还炮轰了不少洋楼,上海的租界就更吃香了。因上

苏州河边的福新面粉厂

保存在无锡梅园内的荣氏企业早年使用的旧石磨

海的租界有盛宣怀等人搞的"东南互保",与洋人结为共同体,于是成了全中国富人们的"飞地"。上海的钱庄业又进入了一个"黄金阶段",整个行情看好,水涨船高,荣家的广生钱庄也业务量大增,1899年竟盈余7 000余两银子,这给荣氏兄弟带来极大的信心。

　　他们发现,在上海与无锡的往来汇兑中,上海英商增裕面粉厂和寿州孙家的阜丰面粉厂采购小麦的款项占了一大半。细心访之,才知面粉业有巨大的利润可赚。首先,朝廷方面可给免税,据说因为面粉是"洋人的食粮",而进口面粉价高,国产面粉便宜,又亟待发展,所以予以特殊照顾。同时,国人投资机器面粉业者极少,著名者仅寿州孙氏一家,竞争者少,而市场极大,从官方来说,越是兵荒马乱就越需要军粮。这就大大吊起了荣宗敬举办面粉业的"胃口"。

　　同行是冤家,寿州孙家当然不愿透露商业机密,增裕面粉厂也只是象征性地让你观览一下,并不得要领。但荣宗敬是从来不肯示弱的。他仍旧拉住了朱仲甫这个老"冤家"合资起灶,集资十三股,每股3 000元,共集了3.9万元。为了节省资金,托瑞生洋行代买了四台法国石磨,相应地配上英国的

机器，采用60匹马力引擎，开始办厂。考虑到水路交通的方便和靠近小麦原产地较近等因素，先在无锡太保墩办起了荣家的第一家面粉厂——保兴面粉厂（后来改为茂新面粉厂），时在1902年。尽管当时只有30余名职工，每天日夜加班也只能生产300包面粉，而且在当年全国已开工的12家面粉厂中，属规模最小的一家，可是这毕竟是荣家走向现代工业的第一步。

三年后，他们已购置了六台英式钢磨，每天可出粉800包，年终结算，已能赢利白银6.6万两了。到1912年，年盈余可达白银12.8万两。期间虽经历了外国人操纵的"橡皮股票风潮"，但荣家兄弟不仅没被挤垮，反而开始进军棉纱业，与人合资，又在无锡建起了振新纱厂。

第一次世界大战期间，帝国主义国家要应付战争，无暇东顾，暂且放松了对中国的控制，洋面粉的进口量大为减少，中国的民族工业进入一个极其难得的全速发展的时期。荣家兄弟抓住此千载良机，突飞猛进地发展自己，接连在上海办起了一系列的福新面粉厂。从1912年到1921年十年间，他们共经营了14家面粉厂，其中自建的有8家，租办的有6家，租办期满而收买下来的有3家。到1921年止，荣家投资开设的面粉厂竟达12家之多，生产的面粉，占了全国民族资本面粉厂的生产能力的31.4%。即使加上洋人办的面粉厂，所占比例也达到了23.4%。于是，"面粉大王"的桂冠就非荣氏莫属了。

当年为荣家立下汗马功劳、象征着荣家事业起步的四台石磨，后来一直被荣家人细心地收藏着，无锡梅园建成后，就置于豁然洞所在的浒山之巅。1964年，被中国历史博物馆和南京博物馆各征集去一台。留在豁然洞的两台在"文革"中遭到破坏。1985年，有关部门将残存的磨盘拼接成三盘，移至梅园内的乐农别墅，作为荣家创业史的一个见证。这是真正的百年故物了。

棉纱大王碰上了多事之秋

第一次世界大战的爆发对中国民族工业的影响是巨大的，海外大大减少了对中国的商品输入，而大大增加了对中国面粉和棉纱的需求，客观上促进了中国市场的发育和活跃。荣宗敬见棉纱的利润也很大，而且社会需求量日见增长，于是又率领他麾下的哥儿们向棉纱行业大举进军。

他最铁的哥儿们最初是号称三姓六兄弟，即荣宗敬、荣德生兄弟，王尧臣、王禹卿兄弟，浦文渭、浦文汀兄弟。在办面粉厂的时候是如此，办纱厂基本也是如此。后来还有陆羿甫、吴昆生两员大将。

荣宗敬办企业的魄力非常大。1907年的时候还只是跟人家合作办了一家棉纱厂，因那时他们的主要精力用于面粉业。1915年后，他在面粉业的根基已稳，逐渐可以执全国之牛耳了，于是腾出手来办起了自己独立的系列棉纱厂。他们的面粉厂接连办了12个，办纱厂也是一不做二不休，数年里接连创办了9家，这在当时恐怕别人连想都不敢想的。他们甚至把长期无人敢问津的、当年李鸿章时代的老牌纱厂三新纱厂也给"吃掉"了。

这就是荣宗敬的性格——要么不做，要做就必须全国第一。这倒不是因为荣宗敬手里一下子有了多少多少钱，而主要是经营方法、经营理念的超前，做法力求与当时国际上的大公司接轨：建成一家厂子就抵押出去，取得抵押贷款后再办第二家厂；第二家厂建成后再抵押出去，就又取得贷款……如此地"滚雪球"，企业自然就不断地壮大。这样的办法在当时是很先进的，在风调雨顺的社会环境里，肯定是能成功的，所以荣家的事业简直像长了翅膀，在20年中接连办起了21家工厂，而且都是关系国计民生的"吃"与"穿"的企业，产量在全国同行业中拥有绝大的比重。因而荣宗敬曾豪气万丈地说："从衣食上讲，我拥有半个中国。"

可是，弟弟荣德生对哥哥这种"借钱办厂"的做法始终心存疑虑，担心万一出现什么岔子，资金"兜不转"该怎么办？不幸的是这种局面后来真的出现了。

1929年，世界经济危机开始影响中国，各国为谋求出路，纷纷向外倾销剩余产品，外国商品一船一船地运抵上海，对我国民族工业造成极大的压力，过去十多年中民族工业大发展的黄金时代已经不复存在，而国内自北伐成功后，国民党建都南京，外交上采取亲美政策，形势变得更加严峻。棉纱业在外国洋行投机家的操纵下，形成了花（棉花）贵纱贱、越生产就越亏本的局面，荣家拥有那么多厂子，就不可能不出现危机。加上1931年"九一八"事变爆发，失去了东北市场；1932年"一·二八"淞沪之战，申新系统有七家工厂先后被炸而停工，日子一天比一天难过。荣宗敬曾这样描绘当时的情景："……无日不在愁城惨雾之中。花（棉花）贵纱贱，不敷成本；织纱成布，布价亦仅及纱价；销路不动，存货山积。昔日市况不振之际，稍肯牺牲，犹可活动，今则纱布愈多，越无销路，乃至无可牺牲……盖自办纱厂以来，未有如今年之痛苦者也。"

他写信给南京国民政府，请求政府在政策上给予支持，并且提出了一些具体建议，可是犹如石沉大海，不闻半点回音。以往他们碰到难题，还可以向中国银行和上海银行借钱过日子，现在眼看负债太多，市场的复苏和工厂的恢复遥遥无期，到了1934年春天，这两家原先最"铁"的银行也不肯再贷款了，原先有业务来往的16家钱庄也表示不再给予借贷了。风声传出，人心惶恐，债主纷纷行动起来，坐在江西路三新总公司大楼里讨债，通宵不走，真的是"墙倒众人推"的阵势。

在万不得已的情况下，荣宗敬派他的侄子、荣德生的长子荣伟仁连

1929年，荣氏企业30周年大庆时公司同仁合影

夜去无锡，向其父搬救兵。第二天凌晨4点，荣德生父子携大笔有价证券到上海，与中国银行经理宋汉章商量抵押贷款，再加上部分工厂的固定资产，以600万元作担保，方才贷得500万元款子，算是应付了燃眉之急。

宋子文的美梦落了空

在荣家最为困难的时候，以陈公博为部长的国民政府实业部对荣宗敬的申新系统纱厂作了一番调查，提出了一份《申新纺织公司调查报告书》。这份报告书故意贬低申新，将其定为资负倒挂。这就是说，申新实际上已经破产了，需要由债权人接管了，报上甚至出现了"收回国有"的舆论。荣宗敬当然不肯买账："实业部想拿300万元夺取我9 000万元的基业，我拼死也要同他们弄个明白！"

实业部对申新的估价，使实业界都非常寒心，纷纷致电国民政府和实业部、财政部，表示怀疑和抗议。结果孔祥熙再派人来调查，改为资负相抵。

荣氏申新棉纺九厂大门

虽然否定了陈公博,但宋子文又提出,要由债权人即几家银行组成的银团暂时代管申新。尽管荣宗敬一肚子不愿意,也只好暂时咽下这口窝囊气。

谁知宋子文另有打算,竟想趁机把申新"吃掉"。他准备了一份文件,然后拉上上海银行的老总陈光甫到他家开会,要以债权人的身份把申新"整理"掉。而陈光甫是个极其念旧的人,因为荣宗敬是上海银行早期的股东之一,如要乘人之危夺人之厂,他陈光甫下不了这个手。但他也不愿与宋子文正面冲突。开会那天,他叫营业部经理李云侯去参加会议。李云侯开始一言不发,直到最后才说:如果按照文件上的办,上海银行损失太大,担当不起,要不然,就把申新借上行的债务转给中国银行吧,中行反正是发行钞票的,总该有能力承担吧。宋子文一听傻了眼,中国银行毕竟孤掌难鸣,大家只能不欢而散。有了陈光甫的鼎力相助,申新终又渡过了一道难关。

一代实业巨子的最后岁月

人常说"祸不单行",荣家的事业也没能例外。

1932年的"一·二八"淞沪之战,已使荣家的申新企业遭受重创。由于战争爆发,运输不畅,面粉和棉纱均运不出去,企业亏损日深。荣宗敬先生忧心如焚,但他仍积极站在抗日救亡运动的前列。他安排无锡申新三厂向前线捐赠慰劳品,包括香烟、面粉、面包等等,在内部解聘日本技师,招收被日商纱厂辞退的职工进申新工作,同时与黄炎培、史量才、沈钧儒等联名发表《国是主张》,要求抗战到底,对内结束党治,实行民主,并共同发起向社会各界募集救国捐,以支持抗战。

1937年,日寇发动"八一三"事变,上海顿成战场。荣家的众多企业再次遭到重大的损失。除了在租界内的申新二厂和九厂以及福新系统的二、四、七、八厂之外,其余各厂均不同程度地遭到战火之劫,损失巨大,尤其是申新一厂和八厂迭受轰炸,纺机的13万锭几全毁损。更要命的是日寇还通过汉奸胁迫荣宗敬出任伪职,荣先生的处境非常危险。

当荣家事业发展势头最强劲的时候，荣宗敬在租界里置办过两栋豪华的建筑，一栋是江西路上的茂新、福新、申新总公司大楼（亦称三新大厦），另一栋就是陕西北路上的大花园洋房。荣宗敬在陕西北路的花园里生活了十几年。可是到了抗战全面爆发时，他却不得不离开这里，原计划是暂时躲避，谁知一去竟成了永别！

在朋友的帮助下，荣宗敬于1938年1月4日深夜从后门出走，乘上一位英国朋友的轿车疾驰黄浦江边，登上停靠在那儿的一艘加拿大轮船，悄悄遁往香港。

1938年1月，荣宗敬在香港。这是他生前的最后留影

不料荣先生在港期间突患肺炎，初到香港万事不便，加上国事、家事让他心情忧郁，寝食不安，病情一天天加重，致使医药无效，不幸于2月9日在香港养和医院逝世，走完了他艰苦创业的辉煌一生。

临终，荣先生仍以"实业救国"训勉子侄后辈。3月8日，其后人将其灵柩搬上加拿大皇后号轮运回上海，两天后安厝于陕西北路他的住宅里。

是年2月15日，国民党行政院第305次会议通过决议，提请国民政府明令褒扬荣宗敬"提倡实业、苦心经营数十年功绩和不畏日伪威胁、遁迹香港的志节"。当月17日，国民政府的褒扬令颁发了下来，内云："荣宗敬兴办实业，历数十年，功效昭彰，民生利赖。此次日军侵入淞沪，复能不受威胁，避地远引，志节凛然，尤堪嘉赏。兹闻溘逝，悼惜殊深。应予以命令褒扬，用昭激励。"

荣宗敬的灵柩在沪停留了好几年。直到1943年9月1日，荣家后人在家中举行了家祭之后，才于第二天扶柩回乡，9月13日在梅园公祭，14日中午安葬于太湖边上的杨湾。这块墓地是由荣德生为其兄选定的。据他说，墓地"乾山巽向，后枕全山，面临太湖，气概雄浑，为不可多遇之地，与吾兄身份、事业亦相称"。

现在，荣宗敬先生之墓已被列为无锡市文物保护单位。前几年经荣家后人整修，石级层递，松柏常青，更加肃穆庄严。每年清明节，都会有很多市民自发地前来扫墓、献花。设在山下的墓道牌坊边，已自然形成了一个小街市。

造福桑梓的梅园、锦园和千桥会

无锡人民对荣先生的怀念不是没有原因的。荣氏兄弟在上海大红大紫、事业突飞猛进的时候，从未忘记过养育他们的家乡的山山水水，他们总是在想方设法为家乡做好事。现在人们来到无锡，举目可见荣家留下的遗迹——江南大学、公益中学、大公图书馆、茂新面粉厂、荣巷医院、开原路、通惠路、公共汽车公司……如果来到西郊旅游，放眼太湖边的梅园、锦园、小箕山，俯仰之间，更能体会到那开创者的宽阔胸怀。

梅园所在地原是一片荒山，荣家兄弟早在1912年就开始在此规划建设旅游风景区，从买地、设计到施工，逐步扩建，历时20年才建成。山上山下遍植梅花树，到了赏梅季节，花前月下，暗香浮动，宛如一片"香雪海"，是我国著名的四大赏梅区之一。"香雪海"深处，错落有致地布置了天心台、招鹤亭、清芬轩、念劬塔、锡明亭、香海、研泉、留月村、豁然洞等数十个景点，还有如今竖立了荣德生先生铜像的乐农别墅，里面有个规模不大的荣氏兄弟创业事迹展。整座梅园占地数百亩，民国名人题识的山石、横匾随处可见。尤其令人清心涤俗的是，一条小溪从山间潺潺流下，飞珠溅玉，近百年的流淌，把沿途大大小小的山石"搬"到了半山腰，大者如斗屋，小者像鹅卵，形成了一条蜿蜒数里、净可濯足的"泥石流"，流到山下，则围成了一潭春水，水面轻浮着闲适的莲花……

这片依山傍水的人间佳境，荣家当年免费向公众开放，既是陶冶乡人性情、造福民间的善举，也是荣家举行大型活动、招待宾客的首选之地。1932年荣宗敬六十大寿时，寿庆活动就安排在此。那时他的大名早已声震天下，前来祝寿的富商大贾、达官显贵络绎不绝，据说无锡全城的汽车和旅馆全被占满了，是无锡有史以来不曾有过的盛典，让餐饮业的大小店铺和摊贩美美地发了一笔财。而在荣家来说，这实际上是一次空前的大型广告，荣家借此又聚拢了一大批商界朋友。

两年之后轮到荣德生过六十大寿了，他不想再搞大型活动，但已经收到了亲戚朋友们的大笔寿金，于是他就把这些钱用来做好事，自己再加上数万元，在五里湖边修筑了环湖一圈的环湖路，将梅园、充山、鹿顶山、犊山、鼋头渚等风景点都连接了起来，沿途造了大小12座桥，其中横跨五里湖的宝界桥，耗资6万元，有60个桥洞，为当时江南第一大桥，至今仍是无锡市区连接太湖风景区的唯一陆路通道。

与梅园相比，锦园是一处更为亲近太湖的、三面环水的中西式园林。它

无锡锦园中的荷花轩是每年夏天荣氏企业高级职员疗养和聚会的地方

位于无锡西郊小箕山，距梅园二里许，占地200余亩，内中荷花池的面积占了一半。那里原先是一片芦苇滩，1929年被荣宗敬购下，出资建园，节假日作为荣家企业中高级职员疗养休假的场所，平时也向游人开放。据荣德生《乐农自订行年纪事》记载，这处园林的建造工程实际上是由荣德生代其兄主持完成的。其中有一座楠木厅（又名花厅），古色古香，正门上悬"荷花轩"匾额一方，是举行大型活动和宴会的地方；一座茶楼（嘉莲阁），也是古色古香，三层紫绛色的八角楼，浑身雕花，像个巨型的工艺品，竖在湖边的树丛里，又像座望江楼，推窗见水。只有那栋别墅是西班牙式的小洋楼，圆门圆窗，淡黄色调，绿树环绕，依地势而建，整体错落有致，恰到好处地安置了阳台、露天楼梯和平台，极具典雅之风韵。从这里倚窗远眺，是观赏太湖风景的最佳之地，左边是鼋头渚，右边是大箕山，正前方就是太湖中心的三座"仙山"，眼前一无遮挡，只有浩淼湖水……难怪新中国建立以后这儿长期作为国宾馆，接待过很多位国家元首，毛泽东到无锡时也曾落脚这座荣宗敬的别墅。因荣宗敬又名宗锦，故取园名"锦园"。其中堆筑的一条路遂叫"锦堤"，大门口的那座桥就叫"锦带桥"。园中有池塘四方，遍植红白荷花，一到夏季，清香四溢。有一年，居然有一枝花茎上开放了四朵荷苞，世人以为瑞征，纷纷题诗吟咏，以记其盛。申新三厂还绘制了"四莲图"，作为该厂棉纱的商标。

至于"千桥会"（后来叫百桥公司），更是荣家兄弟的大手笔。从1928年到抗战之前，他们通过捐款和集资的方式，在江南水乡倡导建桥铺路，造福乡民，共计建了88座桥梁，其中无锡57座，常州27座，宜兴和丹阳各2座。如今，这些桥大多仍在为乡民们服务。

抗战胜利后最大的绑票案

日寇侵入苏南前夕，荣德生先生正在无锡，他一向主持荣家在无锡一带的企业。日伪鉴于他在当地和实业界的影响，千方百计拉他出来当地方维持会的会长。那时荣家在上海租界以外的企业，大部分已毁于日寇炮火或被日寇强行霸占，荣德生早已义愤填膺，恨不能跟日寇血战一场，岂有听命于日寇之理？但只要他人在无锡，汉奸就不时要来纠缠。那些日子国民党军队节节败退，日军步步进逼苏南，留在无锡极其危险，而武汉还有荣家的企业需要人去打理，那时武汉尚未沦陷。于是三十六计走为上计，在一个夜晚，荣家设计在一家酒店宴客，家里大多数人都去张罗，把人们的视线吸引到酒店，而荣老先生则化了装，由他的六女婿杨通谊开车，星夜逃离了无锡。

荣德生先生

他们乘着杨通谊从美国带回来的一辆旧吉普，只带了简单的行李，先奔安庆，到了长江边再设法找船，直趋武汉。到武汉不久，就接到了日寇占领无锡、荣家茂新面粉公司和申新三厂惨遭日寇烧毁的消息，很快又接到了其

荣德生在上海高安路的故居（今为徐汇区少年宫）

兄荣宗敬病逝香港的噩耗，这对于荣家来说无疑是屋漏偏逢连夜雨。荣德生欲哭无泪，痛不欲生，身心受到沉重的打击，渐渐积郁成疾，右手麻木，难以抬举……几个月后，他从汉口转道香港回到上海。那时，荣家的企业能够维持运转的，只剩下在租界内的申新二厂和申新九厂了。

然而租界里渐渐也不太平了，随着欧战的爆发，日寇在租界内的势力也在增长。1941年7月，住在法租界的申新九厂经理吴昆生和他的儿子吴中一，在睡梦中被日本宪兵司令部的人抓走。荣家设法通门路，花去1 000件（包）棉纱的代价才赎回他们父子二人。

好不容易熬到抗战胜利了，荣家和全国人民一道，欢欣鼓舞，上下一心，摩拳擦掌，准备重振旧业，大干一场。除了要恢复被日寇破坏的各厂，还计划开设天元实业公司，创办天元棉、毛、丝、麻综合纺织厂，并在常州、江阴、沙洲等地围垦大批沙田……荣德生率领他的子弟兵，策划了一个大规模的计划，要把原先的厂子，再翻上一番……

孰料天有不测之风云。抗战胜利后的上海混乱不堪，流氓强盗横行不法，绑票暗杀一时成风，谁有钱谁就有性命之虞。一会儿"钻石大王"被绑，一会儿"五金大王"被绑，而荣家过去是面粉业和棉纱业的双重"大王"，虽然荣宗敬先生已病逝香港，但荣德生的名气还在，结果竟也遭了绑票！

1946年4月25日上午，天气晴好，荣老先生在儿子荣一心、女婿唐熊源的陪同下，笑容满面地从高恩路（今高安路）家中出来，登车去总公司上班。谁知车子刚到弄堂口，迎面蹿出3个绑匪，手持国民党警备司令部的通行证强行拦车，先把荣一心、唐熊源赶下车，再把荣老先生劫持到一辆军车上，飞驰而去。

荣家被这突如其来的变故一下子弄懵了，惊恐不安，不知所措，各处亲戚朋友也纷纷赶来，或探听消息，或出谋划策，社会上更是群情哗然，讹言四起。直到一个星期之后荣家才接到绑匪的电话，索要50万美金，否则就撕票。荣家子弟救父心切，千方百计筹集外汇。当时荣家的资金大都用在恢复企业和扩建新厂上，要拿出50万美金绝非易事，但又怕延误了绑匪会撕票，所以也不敢报告警方，一切都在暗中进行。

33天之后，50万美金付清，荣老先生总算平安回家了。谁知消息传到了蒋介石那里，他勃然大怒，说是刚刚胜利还都，就被那些流氓一会儿绑票，一会儿赎票的，这样下去还有国法吗？于是严令务必破案。又过了月余，特务头子毛森果真破获了此案，抓住案犯15人，枪毙8人，追回了荣家的赎金。然而令荣家惊愕的是，毛森等人比绑匪更胜一筹。他们一方面向社会宣布，此全国第一大案业已侦破，一方面回过头来向荣家索要巨额破案费，还话中暗示荣家人：你们荣家有钱去赎人，难道还没钱付破案费吗？这笔"破案费"最后究竟被他们"敲"去了多少，民间各有说法。据笔者所知，仅被军统的二老板王新衡拿去的，就有15万美金，外加一栋小洋楼，就是现在常熟路上靠近延庆路口的那栋。

岂知事情还没有完，报刊上说荣家收回的赎金高达50万美金，无形中暴露了荣家的家底，不少慈善机关、学校和社会团体纷纷要求荣家捐助，仅仅上海一地就有50多个团体伸手要钱，外地则更多。一些个人也来信求助，有的甚至出言不逊，点名要荣德生出来接见，大有恐吓勒索之势……荣老先生被弄得身心交瘁，心灰意冷，只好仰天长叹："呜呼，天下无公道久矣！"

荣鸿元不买"皇太子"的账

一波未平一波又起。荣德生绑票案过去还不到3年，荣家又遭遇了一起大案——"荣鸿元私套外汇案"。

荣鸿元是荣宗敬的大儿子。其父逝世后，荣鸿元继任申新纺织公司总经理，抗战胜利后正组织荣家全力恢复旧业。1948年9月4日，国民党警察局局长把荣鸿元"请进"了局长办公室。警察局长第一句话是"今天怠慢了"，第二句话是"我是奉命办事"。接着就看见蒋经国神情严肃地走来走去，

荣宗敬长子荣鸿元

并不问话。等了许久，竟把陪同来的人打发走了，将荣鸿元扣了下来，第二天把他带到提篮桥特种刑事法庭讯办，收押在该庭的杨树浦看守所。差不多同时被捕的还有好几个人，都是上海滩有头有脸的人物，一个是杜月笙的三儿子杜维屏，另一个是造纸大王詹沛霖，还有烟业巨头黄以聪等。这个案子，在上海滩再次掀起轩然大波。

原来荣鸿元冒犯的不是别人，正是蒋经国！

1948年的上海，是蒋家王朝在大陆下最后赌注的赌场。5月份以后，由于物价飞涨，投机横行，法币已宣告总崩溃，抗战胜利后全国欢欣鼓舞的大好形势，早已被国民党的"五子登科"弄得一败涂地，而北方的军事形势正逆转而下，辽沈战役迫在眉睫。蒋介石预感到末日将近，急于把金融盘子稳住，乃孤注一掷，作最后的挣扎，于8月19日实行全国经济管制。这是个老上海们至今记忆犹新的日子，国民党颁布了《财政经济紧急处分令》，在全国强行推行金圆券，要求老百姓将手中的金银、外汇全部上缴，兑换成金圆券，同时在全国实施物资限价政策，冻结工资……

这无疑是对民间财富的空前的掠夺。为了保证这最后一招的实施，老蒋还派"皇太子"蒋经国前来上海"打老虎"，摆出一副毫不手软、大义灭亲的样子，企图保住老蒋的最后的地盘。而在此同时，以蒋家、孔家为首的私人财团，却在大肆囤积，私套外汇，不受管制，这就必然形成法不服众的局面。正是在这样的背景之下，荣鸿元成了敢跟蒋经国唱对台戏的人。

蒋经国开始抓了几个中等的"私套外汇"者，如华侨资本家王春哲、大通纱厂经理胡国梁，但还觉得压不住，于是就动手抓大块头，杀鸡给猴看。结果抓到了荣鸿元和杜维屏等的头上。荣鸿元在"经济管制"前就签订了合同，进口了一批印度棉花，必须要付外汇。不付外汇就不合国际惯例，生意无法做。其实，在这之前荣鸿元已多次"犯上"了。他曾对《大公报》的记者慷慨陈辞，指责国民党政府此招是倒行逆施，"剥夺民营事业的生产竞争权、营业自主权"，"这不是经济戡乱而是经济造乱了！"这就让蒋经国抓住了把柄。荣鸿元被关进杨树浦看守所整整77天，让荣家人受够了惊吓，不得不拿出大把的钞票去通那些司法界的"路子"。

可笑的是蒋经国等并非治理经济的人才，想用军事管制的手段管经济只能是竹篮打水一场空。打了"老虎"却并没使得蒋家的金融盘子好转，反使人心更加逆反：越限价黑市越是猖獗，反蒋的浪潮也就越高。最后，孔家扬子公司的事情一揭露出来，金圆券随之崩溃，小蒋只得灰溜溜地下场了。11月1日，国民党政府不得不宣布取消限价，同时取消禁止人民持有金银和外币的法令，但国民党通过金圆券所搜刮的金银和外币已堆积成山了。荣鸿元无形中成了这场闹剧的牺牲品。

77天后，荣鸿元经"特种刑庭"审讯，以"违反汇兑区域限制命令罪"，判处有期徒刑6个月，缓刑2年。判毕，荣鸿元提出申请交保的要求。因庭上庭下的官员都拿了荣家的巨额好处（据说约合50万美元），只得宣布准予保释出狱了。

经此打击，荣鸿元心灰意冷，开始将资金和财产转往香港，不久就离开了上海，后来到了巴西，从此再也没回来。

荣德生先生在1948年的《乐农行年纪事》中写道："十月下旬，大侄荣鸿元忽因私套外汇、囤积居奇名义被捕，在狱中花费不赀，精神、名誉、物资大受损失。侄之不慎，法之不法，可悲亦复可恨！天下之乱，从此始矣！"

从富家子弟到红色资本家

1949年，随着国民党在大陆的彻底垮台，上海滩上大大小小的富户、款爷们都面临着一个走与留的选择问题。对于民族资本家来说，那的的确确是道前所未遇的难题。跟国民党走吧，国民党兵败如山倒，腐败成风，早已失去了人心，何况那时台湾几近荒蛮之岛，香港更是弹丸之地，一下子蜂拥过去那么多人，市场有限，还不是等着让地头蛇"宰"？不走吧，说不定哪一天财产都要充了公……思来想去,许多人家都采取了兵分两路的办法,走一半,留一半。有的是把孩子们先送出去,安排好,年纪大的则留下,"留守"那些搬不走的固定资产。荣家基本也采取了这种做法,少部分留在大陆,大多数人远走他乡。

荣德生先生坚持留下。他的儿子荣毅仁后来回忆说:"我的父亲坚决不走的原因很多。第一,他从未出过国;第二,他不愿抛开他亲手创办的事业;第三,抗战胜利后他被绑过票,知道国民党的人在搞他;第四,他对国民党在抗战胜利后的一些措施,感到不满。"作为儿子之一的荣毅仁先生,以及他的部分姐弟,也随父留在了大陆。他成了荣家第二代人中留在大陆的最为传奇的人物。

荣毅仁从一个富家子弟、少东家、总经理,历史性地成为新中国的上海市副市长、国家纺织工业部部长、中信公司老板和国家副主席。他在很短的时间里,就已适应了新的社会生活,与共产党的干部成了好朋友,于是在社

1956年,荣毅仁(左一)、胡厥文(左二)、盛丕华(左三)并肩步入中苏友好大厦申请公私合营大会会场

会主义改造运动中,率先把荣家在大陆的企业带入了一个新的时代,在全国的工商业者中竖起了一面旗帜。这时荣家的一举一动,可绝对不是荣家一家的事情,而是牵一家动万家、甚至动全国的事。荣毅仁可谓为新中国立下了大功。

但很少有人知道,他的这个过程并不顺利,在"三反""五反"的时候,他也经历了一场艰苦的"洗礼"。那时一些企业中的工人,像土地改革中斗地主一样斗争工厂主。上海是全国最大的工商业城市,老板们很多都是统战对象,且不说他们手里有大量资金,他们几十年间累积起来的商业经营经验,无疑也是一笔巨大的财富。可是运动一旦搞过火,老板们就要成群地往香港跑了,好不容易做出来的"统战"功夫就白费了。但运动又是不能不搞的,怎么办呢?

精明的陈毅市长与市里其他领导商量了好几天后,采取了一个高明的办法——从全市的老板中选出303个最大的、最有影响的老板,每天集中到外滩的沙逊大厦(解放初是华东局财政委员会办公处)的五楼,与本厂的工人"背对背"地搞运动;而把那些中小企业的老板,放给基层的工人,让他们面对面地"运动"去。这就是有名的"303组织"。

荣毅仁无可逃脱地成了303个当中的头号成员,一来因为荣家树大招风,二来其他荣家子弟都走了,只剩他在,不找他找谁呢?还有刘靖基、经叔平、郭棣活等人,连续一年,天天去沙逊大厦五楼学习,这在当时也算是苦心照顾了。工人们在工厂里搞揭发,写成纸条交给工作组;工作组的人员手捏纸条来到沙逊大厦"卖关子",叫老板们"自觉交代",还要互相揭发,互相教育帮助。不自觉交代的话,空气就紧张了,标语口号就掀过来了。有两个老板是带了自杀的安眠药去会场的。荣毅仁经过这样长达一年的"洗礼",头脑还能不清醒吗?

当他与刘靖基等人第一批被宣布为"基本守法户"的时候,303个老板都激动地欢呼起来了。据说后来毛泽东又对荣家特别另眼相看,说是不要那么小器嘛,给人家个"完全守法户"嘛!

公私合营完成时,荣毅仁被誉为"红色资本家"。

永远替别人着想的荣大姐

在北京、上海两地,对于做妇女工作的前辈,大家习惯于尊称其为大姐,如邓颖超是邓大姐,康克清是康大姐,蔡畅是蔡大姐……而上海有个大家倍觉亲切的荣大姐——荣德生先生的六小姐荣漱仁女士。

凡是与荣大姐有过交往的人都深有体会,她是位极其慈祥、善察人意、永远替别人着想的人。她像她的父亲,面如其心,一生做了无数的好事,总在竭尽所能地为社会出力,尤其是对妇女和儿童教育事业,她倾注了毕生的心血。20世纪50年代,她就自己出资或自筹资金,一口气办了四个幼儿园,收纳了近千名儿童入园。"文革"后形势稍一好转,她又办起了三个幼儿园,并且亲自为之配备电视机、电冰箱、桌椅板凳等家具,培训幼教人员。长期以来,她每年都捐赠千元给普陀区妇联(那时普通职工的月工资只有36元),作为儿童福利事业的经费,还曾向无锡市儿童乐园和中国少年儿童活动基金会出资捐款。

荣漱仁、杨通谊夫妇和他们的孩子们

改革开放之初，国家急需引进先进技术，她就积极支持三儿子杨世纯，为上海引进生产电子表的技术和设备，生产金雀牌电子表，成为上海最早的补偿贸易项目。她的女儿回上海探亲时，她又支持女婿三次到交通大学讲学，与国内的专家学者交流学术。在她的积极推动下，她的四子杨世绶为帮助武汉市引进技术，代表华侨巨商捐献了一座塑料化工厂。

荣大姐还和丈夫杨通谊先生一起，先后四次自费去美国交涉，费尽周折，奔走联系，终于把杨家姑妈杨令茀生前决定捐给北京故宫博物院的珍贵玉器和字画，全部带回了祖国。杨令茀在清末是紫禁城里的画家，临摹过大量宫廷里的藏画。她还当过袁世凯的孩子们的家庭美术教师。她1978年在美国去世后，后事就由荣大姐夫妇处理。他们把文物带回后，其中玉器捐给了北京故宫，字画捐给了家乡无锡市，完成了老人的遗愿。他们还用姑妈留下的10万元美金遗产，建立了杨令茀文教基金会，以促进祖国的文教事业。

荣大姐热心参与社会活动，她的头衔不知有多少，诸如全国政协委员、民建中央委员、全国侨联委员、上海市工商联顾问、上海基督教女青年会会长、上海面粉厂副厂长、普陀区政协副主席等，可她从来不摆名人的架子，时时关怀着自己身边的普通群众，即使在年逾古稀、身体渐衰的时候也是如此。国际饭店14楼的老职工至今还记得荣大姐请客时的习惯——宴毕总要带40块马拉糕回去，给家里的保姆、佣人和司机品尝。

三年困难时期，原先在她家的鸿丰面粉厂任经理的顾祥德、周巧琴夫妇去了香港，当时因种种原因，他们只能带走两个最小的孩子，两个稍大的孩子留在了上海。荣大姐知道后，每到周末就把两个孩子接来家中吃饭，有时还亲自去石门路的大中里看望她们，带去的东西有时是困难时期外间不易看到的佳肴，有时竟是一黄鱼车的西瓜……原先在她家出任银行经理的周先生因病去世后，其夫人尹鸿珍身患多种疾病，荣大姐就每年接济她一笔生活费。荣大姐1987年去世后，其丈夫杨通谊先生照旧接济，一直到杨通谊先生也去世为止。

荣大姐夫妇在去美国办理杨令莆遗产时，曾到洛杉矶看望已分别了33年的妹妹、荣家七小姐荣辑芙，送给她一幅程十发先生画的《文姬归汉图》，希望她回乡看看。她们两姐妹从小感情最好，少年时同在中西女中读书，一直互相照顾，寒暑假一起回无锡度假。荣漱仁性格比较开放，荣辑芙则显得内向些。她们之间还有一段不无伤感的小故事。

荣漱仁成年后，经在美国读书的哥哥的介绍，与留美学生杨通谊谈朋友；而七小姐不知为什么，在她还没出生时，大人就已替她指腹为婚，"法定"要嫁给同乡号称"蜜蜂大王"的华家。这使她感到深深的遗憾。她没有违抗父命，但她毕竟有自己的情感。

当两姐妹都还是青春年少、如花似玉的时候，有一次回乡参加哥哥的婚礼。正式的仪式结束后，少男少女们玩起了西方青年爱玩的"摸彩找伴

荣漱仁杨通谊结婚留影

侣"的游戏。巧的是七小姐所摸到的"彩"竟是杨通谊，而当时荣漱仁还在上海参加学校里的一个活动，未能及时赶回，杨通谊误把七小姐当成六小姐了。杨通谊望着年轻的七小姐，情不自禁地说："难道这是上帝的安排吗？"七小姐感动极了，心想：假如这个"彩"真能实现该多好！可那毕竟是场游戏，杨通谊最后还是与六小姐结婚了。那时的新潮青年也爱玩新花样，什么"招"都能想出来。人家结婚新郎都是西装革履，而杨通谊偏偏一身戎装，表情严肃，像个临战前的司令。人家的婚礼都是张灯结彩，他们的婚礼大门口却架着两挺重机枪，简直像个刑场。然而前来参加婚礼的青年们还是且唱且舞地闹了半宿。只有杨通谊看得出来，七小姐不开心。

后来七小姐如约与华氏结婚，终归感情不和，后来在香港离了婚。之后她去了美国，在美与一名号称"豆腐大王"的华侨商人结婚，可是好景不长又分手了。最后赴台，嫁给了魏道明，曾随夫赴日当了一段"大使"夫人，又在魏道明出任台湾"外长"时，以贵妇人身份周旋于社交场合。然而魏道明毕竟年迈多病，十余年后去世，荣辑芙又处于形影孤单之中，在太平洋西海岸闭门谢客，再也不问窗外之事。直到白发苍苍的晚年，才与来访的六姐见上了一面。

当年荣辑芙离开上海去香港的时候，曾把一本写满情诗的日记本交给姐姐和姐夫，她说她人虽将离去，但心还是留在上海的。荣漱仁夫妇非常同情妹妹，十分珍视这本诗集，一直保存在身边。可惜"文革"中造反派把它抄走了，落实政策、发还抄家物资时，也没见发还。

打造"金山"的能手荣鸿庆

荣鸿庆是荣宗敬先生的小儿子，从小爱跟父亲到厂里转悠。那时其父每周日总要下厂视察，了解基层的生产情况，每年还要到外地去巡视荣家的企业，荣鸿庆总是跟在一边。父亲曾对他说："人家礼拜天去跑电影院、跳舞场，你跟我去跑工厂，现在苦一点，将来你就明白了，这对你是有好处的。"

果然，时间长了，耳濡目染，荣鸿庆对现代企业管理产生了浓厚兴趣，而父亲的谈吐仪表、用人方法及工作方式，也都给他留下了深刻的印象。1946年，他从上海沪江大学工商管理系毕业时，父亲已经去世，他便在长兄荣鸿元和二哥荣鸿三的带领下，开始了子承父业的奋斗历程。

虽说荣鸿庆是小儿子，但在事业心方面一点儿也不比两个哥哥逊色。他大学毕业后，先在申新一厂和申新六厂参加实践，1947年即大学毕业的第二年，就独当一面地到香港开拓市场，仅仅一年时间就办起了香港的第一家纺织厂——南洋纱厂。这个厂全部采用美国的先进设备，拥有25 000纱锭（当时国内最大的纺织厂也不过3万余纱锭），从上海请去了专业技术人员，生产"金山牌"和"银山牌"棉布，产品销往南洋一带，很快就打开了局面。

创业之初，荣鸿庆连广东话都听不懂，更谈不上说了，与人交流要靠翻译，被当地人取笑为"上海佬"。当时的香港绝非今日局面，机器制造业等于零，现代棉纺织业刚刚起步，纺织机器的零部件都要从上海采买，而上海人初来乍到，"地头蛇"们就要欺负你，因那时的香港还远不是江浙沪人士的天下。荣鸿庆只有硬着头皮跟他们干到底，以先进的技术和管理强过他们，赢得了市场，才能从根本上站稳脚跟。荣鸿庆既有家族企业的实际经验，又有现代经济管理的理论知识，做事风格相当扎实稳健，不搞投机冒险，他的成功就不难理解了。

1948年，荣鸿庆当选为香港棉织业同业工会首任主席，同时在金融、社会慈善事业上也大有建树。1964年，他进入了与荣氏家族有着40多年渊源、后迁往台湾的上海商业储蓄银行，担任董事，1983年当选该行副董事长，1991年又当选为该行的董事长和中国旅行社董事长。他打破了过去上海银行求稳怕乱的作风，大力拓展新的业务领域，在各地广设分行，在银行内部实行员工认股的制度，从而极大地调动了员工的积极性，把台湾上海银行带入一个空前大发展的全盛时期。

在荣鸿庆初任副董事长时，台湾上海银行只有5个营业单位，十年后竟发展为59个营业单位（分行），总资产额翻了将近10倍，外汇储备也直线上升，这无疑为上海银行重新打造了一座"金山"。接着他又作出了更长远的规划。

1991年，荣鸿庆亲赴上海，与上海原申新九厂（解放后公私合营，改为国棉22厂）合作开办申南纺织有限公司，从瑞士和德国引进了先进的生产线，生产"金山牌"牛仔布。他不愧是位善于打造"金山"的能手，仅仅花了一年多的时间就建成投产了，"金山牌"牛仔布在全国一炮打响，1995年申南的人均创利在全国棉纺业名列第一，公司利润总额占纺织系统第五名。

接着荣鸿庆又在家乡无锡投资建纺织厂，亦是年年获利。在这期间，他和他的家人还多次向上海、无锡的地方慈善、福利事业捐款，从来都是大手笔。别人问他有何经验，为什么总是无往而不胜。他说可以概括为十六个字，即"设备先进，管理严密，以人为本，质量取胜"。这大概不仅仅是申南的经验吧，他办银行，也处处体现了"以人为本""质量取胜"的原则。

走遍天涯也忘不了根

临近1949年全国解放的时候，荣氏家族的人十有八九去了海外，资金大多也流向了海外。据统计，仅申新系统转到海外的资金就达1 000万元以上。这在当时是个很大的数字，1 000万元是好几个工厂的代价，如纬纶纱厂、南洋纱厂、九龙纱厂。

几十年后，大陆改革开放了，荣家人在大陆再现了实业家的风采，在引进外资、投资实业、活跃市场、促进海内外交流方面，做了大量的努力，并且不断有人捐款捐物，设立基金会，使人不能不感慨荣氏家族这个中国实业第一家的"内核"的强劲。

1979年，荣毅仁的中国国际信托投资公司创立，在北京建国门外耸起了20多层高的现代大厦，这是向全世界发出一个重要的信号——大陆在改革开放方面"动真格"了。从这以后，荣氏家族在海外的人员与大陆的距离一下子缩短了不少。

1983年10月,阔别家乡34年的荣宗敬先生的二儿子荣鸿三先生,踏上了回国之路。他和夫人孙凤蕙女士,把他们原先在虹桥路上的一栋有30亩地的花园别墅捐献给上海市科技协会,上海市科协将在此处建筑一座国际科技交流中心。在交接仪式上,荣鸿三先生发表了热情洋溢的讲话。

在这前后,荣宗敬先生的大儿子、远在巴西的荣鸿元先生,向他的母校上海交通大学捐款100万元,用于在该校建造一栋教师活动中心。该中心造得外观优雅,十分别致,是上海高校中第一栋专供教师活动的多功能生活娱乐场所,对于推动全社会尊师重教、科技兴邦有着非常现实的意义。

接着,荣氏家族成员不断有人来到上海做好事。荣鸿三、荣鸿庆兄弟分别向上棉22厂(当年的申新九厂)和无锡第一棉纺厂捐款100万元,用于改善厂区的文化福利设施和职工宿舍。荣鸿三、孙凤惠夫妇继上次捐献花园洋房后,又向上棉22厂捐献20万元,用于改善职工生活。其时荣鸿三先生已去世,他的家属代他完成了这个遗愿。他的儿女荣智江、荣智蕙、荣智宁也向该厂幼儿园捐款捐物,除了资金外,还赠送了钢琴、电子琴、手风琴、录音机、电冰箱、电视机、自行车、儿童益智玩具等。荣智宁还请来了美国保育专家,向该厂幼儿园传授经验。他们决心帮助该园建成全国第一流的儿童乐园。荣鸿庆先生的儿子荣智权自从1995年回过故乡后,每年都提供一笔赞助费,供家乡的江南大学奖励优秀学生。

几个月后,他们捐赠给上海玉佛寺的荣氏宝鼎落户该寺。该宝鼎由上海交通大学新成立的青铜实业公司制作,由著名青铜艺术家朱复勘先生设计、铭文,古雅浑厚,象征了一种不可征服的意志和力量。这不仅在宗教界引起轰动,而且把交大的青铜公司也推向了国际市场,随后来订货的日本、香港、伊拉克等地的订单源源不断。

荣智蕙、荣智宁还积极设法让国内的企业或文艺团体走向世界,先后穿针引线,促成了中国芭蕾舞团赴美公演,把上海的永久牌自行车"推"出了国门……

1986年6月18日,一次更大的活动把早已走向世界各地的荣家人会聚到了一起——邓小平在北京人民大会堂，会见了来自海内外的荣家亲属200多人。其中，年纪最大的是荣德生的二儿子、79岁的荣尔仁先生，最小的是荣家的玄外孙、才一岁零两个月的尹兆光。

邓小平那次历史性的谈话，让世人更加感受到了荣家作为中国实业第一家的"分量"——"从历史上讲，你们荣家在发展我国的民族工业上是有功的，对中华民族作出了贡献。民族工业的发展是推动历史前进的，人民不会忘记！"

从那以后，荣氏家族回大陆访问和投资的就更多了。

1992年，荣鸿庆先生作为台湾金融代表团的副团长，率团来到北京，受到江泽民同志的接见。1994年，他又率团到内地参观考察，除了北京、上海，还去了武汉、大连、青岛等地，为台湾同胞投资大陆的各项企业，起到了很好的穿针引线的作用。

2004年，荣鸿庆先生又向位于无锡的江南大学赞助100万元奖学金，以表达他对故乡的一片永久的热忱。

…………

荣氏家族创业、爱国的精神代代相传，如同一座丰碑，耸立在中国民族工业发展的历史征途上，时刻激励着后人奋发向前，不断超越。

日本女学生笔下的梓园

陈祖恩

位于上海老城厢乔家路上的梓园,原名宜园,是一座清代康熙年间建造的中式园林,大约在清末民初时被"海上奇人"、慈善家、书画家王一亭买下,成为他在上海的居所,一直住到1938年。王一亭入住梓园后,除1922年因爱因斯坦的到来热闹了一番外,当年很少有人能睹其全貌,且王一亭的家人和亲友也没有留下有关梓园的文字资料,因此王一亭的居家生活始终蒙着一层神秘的面纱。所幸的是,1927年12月4日,梓园向上海日本高等女学校的四年级女生开放了一回。女生们参观后,每人写了一篇"参观记",生

1927年12月4日,日本女学生参观梓园。图中穿长衫马褂者为王传薰

动细致地描绘了从会客室、画室、佛堂、庭院到起居室、寝室的每个角落，将当时王宅内外的装饰布置真实地记录了下来。细读这些文字，仿佛又回到了80年前梓园的生活氛围中。

1923年9月日本关东大地震后，王一亭为赈灾之事四处奔走，那些得到他帮助的日本人民铭感于心，尊其为"王菩萨"。因此，高等女学校组织参观梓园，也是表达对"王菩萨"的敬仰之意吧。

雅室生清凉　佛堂建石上

那天，在日本居留民团的伊藤君陪同下，日本高等女学校校长带领四年级的学生来到梓园参观。恰巧王一亭有事外出，接待他们的是其长子王传薰（孟南）。

他们先来到第一会客厅。学生藤原正子是这样描绘的："这里是纯中国风的会客室。宽敞的房间里放着中国特有的紫檀桌椅，背靠着两侧的墙壁。在这两排椅子的对面又各自放着两排椅子，椅子和椅子中间还放着桌子，都摆放得非常宽松。一眼就能看出，这些摆设和中国的气质非常吻合。

"客厅正面挂着立德堂的大匾和上乘的条幅，下方的桌子上摆放着中国特有的装饰品。室内左右两旁的墙壁上挂满了主人王一亭六十大寿时收到的各种红底或白底的写着祝寿诗的卷轴。不愧是书法大家，客厅里到处充满了别样的情趣。"

对于第二会客厅，石川丝子在文章中是这样描绘的："这个客厅在风雅的庭院前面，一看就让人产生非常清爽的感觉，会情不自禁地联想起夏夜里的清凉是如何的让人心旷神怡的。

周围飘溢着线香的香味，给人一种非常安静的感觉。正面挂着的画是清朝中叶擅长画人物画的黄应瓢的作品。室内所有的立柱上都刻着王一亭本人的字。我们所有的人都为之感动，一起仔细地观看。

打开右边的门，是一间小房间，里面放着王一亭和他母亲的照片。校长先生向我们介绍了照片里的王一亭是如何的和蔼可亲,而且告诉我们,一个人的容貌虽然是父母给的,但后天的因素亦可对之产生影响,即所谓'相由心生'。"

奥村季子则描述了庭院的景物及园中的佛堂:"离开第一会客厅后到了宽敞的庭院里。小池塘边是天然的岩石,古树茂密,池塘中央一座亭子浮在水面上,旁边是水鸟嬉戏的身影。建在岩石上的佛堂,仿佛是中国的古典建筑。

穿过树丛攀上岩石之后,看到佛堂,顿时产生了一种非常神圣的感觉。屋顶表现出中国的风格,技术高超,窗户也是精工细作,一看就知道非常适合供放灵位。打开窗,早晚祭拜时焚香的香气飘散出来,让外面的人情不自禁地边行注目礼边进入。

中央的佛坛上,佛像金碧辉煌,两侧是做工精美的鲜花造型的烛台,这在一般家庭里是看不到的。其他的佛坛上供放着表情柔和的慈母像,香烟袅袅。往旁边看去,是一尊奇特的佛像,这是六朝的古物珍宝。佛坛前置有坐席,这是王一亭每天早晨祈祷的地方。王一亭是一个非常虔诚的佛教徒。"

画作挂满墙 古梓立园中

"起居室和寝室连着,可以自由出入和进行谈话",田岛贞子对此作了详细的描述:"寝室的一侧靠墙放着一张带帐子的木床,木头上雕有精美的雕刻。上方挂着各种各样的照片,看上去非常美。特别是木床的两侧悬挂着两只小笼子,非常有趣。

起居室的两侧都开有窗,光线非常好。屋内放着早晚必需的镜子和其他生活必需品。屋子的中央放着一张方形小桌子,四边排放着中国士兵的列队玩偶。仔细一看,各个玩偶都有所不同,让人觉得十分有趣。其中有的玩偶没有了头部,有的则没有了腿,细想一下,原来这不仅仅是摆设而已,还是儿童教育用的教具。屋子的另一侧放着一张小木床。

梓园楼房里的大厅

周围的墙壁上挂满了名家的绘画作品。其中有一幅是飞翔着的蝙蝠，悬额上写着'福自天来'，显然是出自于严父（注：指王一亭）之手。蝙蝠在日本并不是什么吉祥之物，但在中国，因为蝙蝠的'蝠'字和'福'字音相同，所以被看作是吉祥物摆设起来。还有一个稀奇物。我们原本以为是沙发，揭开盖子一看，里面放着一台留声机。

家庭内部的寝室、房间，对一般中国人而言是轻易不让旁人参观的，但是主人为我们全部开放了，我们对此表示深深的谢意。"

长泽千世子则记录了王一亭的画室布置："因为很早就听说是一流画家的画室，所以推门进去的时候心里'嘣嘣'乱跳。除了尽头的窗以外，三面的墙壁上都挂满了画，让我们感到非常吃惊。中央的大吊灯下放着一张大紫檀桌，上面放满了笔、墨、洗笔盆、调色盘等各种工具。调色盘里有一点调配好的红色，有点像日本画的颜色。墨是有名的胡开文制作的，有一定的分量。听说写书法和画画的人在买墨上不惜千金，王一亭的墨确实非同一般。校长介绍说，这砚台产于广东肇庆的端溪，和日本的赤间石一样，是一种非常高级的砚台。进门左边的墙壁上挂着八大山人的画，由于某种原因，马头特别的大，看上去有些怪。旁边挂的也是名画，是兰花盆栽的水墨画。所有的画看上去都有很长历史了。

对着窗的墙壁上挂着早晨主人在我们到达前新作的四五幅画。画的颜色非常鲜明，画了一些在池塘中游弋玩耍的家鸭和仙鹤等，南画特有的笔法在白纸上自由地行走着。

天花板的四周装着小电灯，中央是一盏大灯，或许是为了去除阴影，另一方的墙壁全部开成了窗。所有的一切都让人想到这是一间真正的艺术家的画室。

不巧的是王一亭本人不在，我们就看了他的照片。在看他高高地堆放在边上的画作时，围在桌边看画的我们不时地发出一阵阵的赞叹。靠近左边墙壁的架子上放着样子奇怪的玩偶，还有据说是从土中挖出的古代军队酒甕的瓦片。我们在王一亭的公子孟南的热情详细的介绍和说明中结束了对画室的参观。我们怀着期盼今后还能有机会看到从这间画室里创作出来的作品的心情离开了画室。"

来到室外，小田切美知子满怀欢喜地描绘起庭院中的一草一木："庭院虽然不是很大，但是非常精致。正中间有一个池塘，十几只家鸭围成一团在水中嬉戏。池塘边有很多没有棱角但有很多小孔的石头。这些石头据说来自山中，常年在河岸边受到扬子江水的冲击，石头中容易被水溶解的物质都随河水而去，从而形成很多那样的小洞。同时，由于水的力量，石头的棱角也被磨平。这些石头中，小的一些用水泥砌成了一堵墙，还有的被堆砌成一座小山。

佛堂的前面有许多茂盛的树木，从这里往下看，可以看到一个兰亭。从兰亭里往右看佛堂，有一只金属做的仙鹤孤零零地站着。在它的左面，是一棵据说已有三百年历史的大梓树。孟南说，一到春天，它就会开满白色美丽的花朵，非常漂亮。

自然的美丽和巧夺天工的技法让庭院变得更美更令人赏心悦目了。"

主人情意真　合影永难忘

参观结束后，王传薰招待女学生们在第一会客厅用茶点，菊池缘同学的笔下记录了当时的情形："中式的桌子上摆放着还冒着热气的中国点心，点心的名称是豆沙团。上面撒有粉一样的东西，圆圆的。点心非常好吃，我们一边喝茶一边品尝点心，吃得非常多。深深感谢特意邀请我们到家做客，还招待我们品尝到那么好吃的点心的王一亭全家。"

吃过热乎乎的点心后，日本女学生们穿上了外套，准备告辞。正在这

王一亭与友人在梓园的凉亭里

时，只听见有人兴奋地说："主人回家了！"学生们循声望去，王一亭正微笑着向她们走来。他和校长交谈了几句话后，便说要送几幅作品给学生。几分钟后，王一亭拿来装在匾额里的书法作品《是谓元德》和四册书帖，上面都署名"白龙山人"。然后他又与学生们合影留念。

告别的时候，王一亭一直把她们送到门口。涉谷富子回忆说："我们都在心底里对王一亭说谢谢。"松岗龙子则心怀崇敬地写道："最后拍的照片里，王一亭的难以言表的高贵气质，实在让人不得不敬佩。我们为和中国的绅士、又是有名的南画大家的结缘感到高兴，也为日中交流的日益深入感到由衷的喜悦。今后，希望有机会和中国的品德高尚的人多交往，实现日中亲善。"

风云激荡说张园

熊月之

在晚清上海,张园是市民最大的公共活动场所。张园赏花,张园看戏,张园评妓,张园照相,张园宴客,吃茶,纳凉,集会,展览,购物……张园之名,日日见诸报刊;张园之事,人人喜闻乐见。张园,成了上海人生活中不可或缺的部分。

什么服饰最流行?到张园去看。哪位妓女最走红?到张园去看。有什么时髦展览、新奇焰火、惊险运动,乃至革命党演说,到张园去看、去听、去参与!张园,是最能体现上海时尚的地方,最能反映上海人气质、听到上海人声音的地方。

张叔和购地建张园

张园地处静安寺路(今南京西路)之南、同孚路(今石门一路)之西,旧址在今泰兴路南端。此处原为农田。自1872年至1878年,英商和记洋行经理格龙先后向农户曹增荣、徐上卿等租得土地20.25亩,辟为花园住宅。格龙本以经营园圃为业,故布置颇具丘壑,有洋房一所,池沼一汪,种植荷花。四围沙路曲折,树木葱茏,旷场一片,细草平软。1879年,此地转租给英商丰泰洋行。丰泰洋行于同年及翌年先后添租华人徐炳春、顾顺坤土地两块,于1881年复将此地转给和记洋行。1882年8月16日,寓沪富商张叔和自和记洋行购得此地,计面积21.82亩,价银一万数千两,命名"张氏味莼园",简称张园。

张氏味莼园的出典,源于晋代张翰的故事。据《晋书·张翰传》,张翰乃

张园

吴县人，才华横溢而纵任不拘，时人称为"江东步兵"，被齐王辟为大司马东曹掾。他在仕途顺畅时，忽萌退意，托词一日见秋风起，思故乡菰菜、莼羹、鲈鱼脍，说是"人生贵得适志，何能羁官数千里以要名爵乎！"遂辞官归里。结果，恋于官位的同僚多在政争中丧生，他却因此而得以保全。此事成为历史上不恋官位、退隐山林的著名典故。张叔和与张翰同姓，同是吴人，所以，用"味莼"既隐寓"张"字，也有不恋官位的含意。张园大门题"烟波小筑"四字，取唐代诗人张志和（号"烟波钓徒"）浮家泛宅之意，亦嵌一"张"字。

张叔和（1850—1919），名鸿禄，字叔和，无锡东门含锡桥人。他大概于19世纪80年代来到上海，与李鸿章关系甚好，其才干颇受李氏赏识。1880年，以广东候选道的身份，到轮船招商局帮办事务。1881年春，经唐廷枢、徐润禀请，被正式委为帮办。从1882年至1885年，他是招商局四个主要负责人之一，另三人为唐廷枢、徐润与郑观应。他起先经营海运、漕米，后专管漕米事务。1885年9月，因招商局亏款问题，他与徐润同被革职。1887年1月20日，因经营大陆与台湾间的商务，所乘万年青号轮船被

外国马戏团在张园演出时搭建的"过山车"

张园门口候客马车排成长队

英国一船撞沉，船上有83人罹难。他因没有随众弃船逃命，而是攀上桅杆，得以幸存。此后，他似乎再未参与招商局事务，不知是否因大难不死而改变了此后的人生路向。他主要致力于实业，除了经营张园，还在《新闻报》、华盛纺织厂等企业中拥有股份，1915年任振新纱厂经理，并投资6万元，帮助荣氏兄弟在上海创办申新一厂。

张叔和是个颇善经营的儒商。他一改江南园林小巧而不开阔、重悦目而不重卫生的特点，仿照西洋园林风格，以洋楼、草坪、鲜花、绿树、池水为筑园要素。从1882年至1894年，他在原园之西，先后向农户夏成章、李锦山、吴敦利、顾裕龙等，购得农田39.71亩，辟为园区。全园面积最大时达61.52亩，为当时上海私家园林之最。他在园内建筑"海天胜处"等洋房，置亭台，设花圃，栽名树。他疏浚外水，让活水潆洄环绕，置亭台于水中，如同海上三山，跨之以桥数座，皆请海上名人题名，有纳履、卧柳、龙钓、知星、三影等名。他在园内设茶室、戏台，并设一题诗壁，供文人雅士舞文弄墨。到19世纪80年代后期，张园已被视作以西为主、中西合璧的新式花园，是最合于卫生之道的地方。

1892年，张叔和在张园新建一高大洋房。此楼由有恒洋行英国工程师景斯美、庵景生二人设计，由浙西名匠何祖安承建，1892年9月12日动工，历时一年，1893年10月初竣工。景斯美以英文Arcadia Hall名其楼，意为世外桃源，与"味莼园"意思相通，中文名取其谐音"安垲第"。园内楼台亭阁，亦各以英文命名，有高览台、佛兰台、朴处阁等名目。安垲第楼分上下两层，开会可容千人，它又是当时上海最高建筑，登高东望，申城景色尽收眼底。

上海滩最大游乐场

自1885年对外开放以后的20多年中，张园一直是上海最大的公共活动场所。

这里有弹子房、抛球场、脚踏车，有书场、滩簧、髦儿戏，有茶楼、饭

张园内的西洋建筑安垲第

馆,可吃、可喝、可看、可听、可玩、可锻炼。1903年张叔和花园公司成立以后,这里时常举行各种体育竞赛。比如,1903年秋举行了脚踏车大赛,华人赛程是一英里,设有贵重奖赏,参加者不限资格,只要交费五角即可,进场学习、练习者不取分文。同时,举行斗力新法竞赛,延请西国拳师毕君与菊君比赛拳术。1909年12月和1910年4月,著名拳师霍元甲在此设擂,先后与赵东海、张某比赛,并拟与美国拳师奥皮音比试,后因奥氏失约而取消。

  这里是赏花看景的最好处所。张园绿化之好,草坪之佳,风景之幽,为沪上之冠。时人形容:"上海张园一带栽着许多树木,夏天在边上走,不见天日,可以算他东京帝国城。"园内专门雇佣花匠,栽培了许多名花佳草,春兰秋菊,夏荷冬梅,每多名种。张叔和是有心人,他欢迎寓沪西人在园中举行花展。上海开埠以后,西人常于春秋两季举行花会,各家以所培植的盆花参赛,评定等第,给予奖励。赛花场所,多在徐家汇空旷之地。张园开放以后,张叔和便邀西人将花会设在园中。比如,1891年西人在此举行花会。园中高挂各国彩旗,参赛之花的种类,数以百计,姹紫嫣红,满园芬芳。参观之人,摩肩接踵。对西人来说,一是省去临时搭棚的麻烦,二是离市区近,观众多。张叔和自己也在张园举办花会。他从世界各地引进上品奇异菊花数十种,在园内辟地种植,栽培点缀,获得极大的成功。其花身之茂,高逾丈外,每株放蕊多至百余,大若巨盆,娇艳夺目。他更不惜重资,聘请日本莳花名手,扎就各种人物走兽、西式玩器,玲珑活泼,栩栩如生。据说"似此花样之奇,东篱之妙,不但中国从来未有,即合地球五大洲,将亦推为独一无双"。1897年10月,他以此为基础,举办花会,仕女云集,盛况空前。《游戏报》主人李伯元这样描述自己的观感:

礼拜日天气清和,爰乘马车而往。抵园后,倩园中友人为之先导,得以纵观。其中品类不一,最奇者有黄色一种,瓣后有芒刺。更一白色一种,瓣阔约二指许,洵为不可多见之品。其余粉白金黄,姹红嫣紫,皆有名目可纪。每棵开花自四五十朵至七八十朵不等,花大于碗,根肥壮,约有酒杯口粗,其最高者与人相等,各用篾竹扎就方圆三角以及脚踏车、外国桌椅一切器具式样,使花朵朵向上。又有一棵扎作两人相对形,另加头颅手足。更有一人手执摺扇,尤堪发噱。间有一棵开有黄白红紫四色,细阅枝干,颇似预为接就,又无相接痕,是诚竭秋圃之奇观矣。园中更杂以雁来红、芙蓉等

安垲第露台上的茶客

卉，斗丽呈妍，与春花无异。当时欣赏者久之，徘徊不忍去。

上海以洋气闻名全国，张园是展示洋气的地方。许多没有推广的洋东西，均先在张园出现。1886年10月6日，张园最早试燃电灯。张园开放以后，张叔和还把时髦的照相引入张园。在当时照相是新奇事，不光妓女，其他游人也爱拍，尽管很贵，拍的人还是不少。郑孝胥1898年4月2日便在此拍照。张元济、夏曾佑、伍光建亦曾在此合影留念。

这里还是演放焰火的地方。1885年以后，演放焰火是张园一大项目，几乎无年无之，有时一年不止一次。著名的潮州焰火、东莞焰火、高易焰火、安徽焰火，以及东洋焰火，都在这里演放。比如，1886年8月14日、15日，高易筹赈公所在张园演放焰火，筹款助赈，门票3角。1894年4月29日，放东洋焰火，门票2角。1896年9月，放潮州焰火，有汾阳执笛、大蟹横行、满天珠露、火树银花、四夷电转、鲤鱼逐浪、花鹿奔驰、招财进宝、珠灯献瑞、宝塔玲珑等名目。1897年10月，放东莞焰火，"焰火灵变奇巧，色色翻新，五色迷离，观者无不目迷心醉"。每放焰火，张园必人山人海。《申报》曾描述过1886年5月1日张园放焰火的盛况：

才出大马路而西，即见灯火之光，接连数里不断，望之整齐璀璨，若军行之有纪律，长蛇卷地，阵法宛然，而且往者过、来者续，无一息之停，辚辚辘辘之声，不绝于耳，东洋车之行，亦复踊跃直前，与马车直可齐驱并驾，斯已极一时之大观矣。俄而遥见空中如金蛇飞舞，车马塞途，不可复进，乃命停骖，而下步至门前，则人山人海，拥挤殊甚，阍者照票揖之入。园中花木阴翳，皆悬灯于其上。循径渐入，衣香鬓影，乌帽青衫，裙屐纷纷，履舄交错……至新园，中西客俱攒簇立于暗陬，千头尽仰，众目争观，嗤嗤之声，荧荧之影，几于目迷五色，不可方物。

这里还是展览、购物、祝寿的好地方。登上安垲第眺望上海全景，又是来沪游客都想一偿的心愿。

革命党演说大舞台

张园一度还是上海各界集会、演说的最重要的场所。

1897年12月6日,中外妇女122人在安垲第讨论设立上海女学问题,上海道台蔡钧夫人等均到会。这是带有官方性质的集会,也是张园第一次百人以上的大型集会。

1900年以后,集会、演说成为张园一大特色。1901年3月15日,汪康年等二百余人在此集会,反对清政府与沙俄签订卖国条约,以保危局,汪允中发表《告中国文》,汪康年、温宗尧、蒋智由、薛仙舟等发表演说。这是第一次反对帝国主义的集会。3月24日,吴趼人等近千人集会拒俄,孙宝瑄、吴趼人、何春台、蒋智由、温宗尧、陈澜生、方守六、李惟奎、孙季刚、黄宗仰、周雪樵、魏少塘、汪康年、薛锦琴、钱维骐等十余人演说,有数十名外国人旁听,一位朝鲜人宗晚洙发表了书面讲话。

此后,张园演说成为上海人生活中习以为常的事。每遇大事,诸如边疆危机、学界风潮、地方自治、庆祝大典,不用说,张园准有集会。

有些集会,动辄上千人。有不少人并不是专门前去参加的,而是正好身在园中,顺便听听。1903年4月25日,郑孝胥与汤寿潜同在张园闲游,碰到吴稚晖等人在演说,便去听听,印象是"颇动听"。郑、汤的主张显然与吴稚晖、蔡元培不一样,但他们也到会了。1901年3月24日的拒俄集会,孙宝瑄第一个演说。据他自己所说,这并非事先安排,而是临时推定的。报纸称他是这次集会主席,他便专门要报社刊文更正,说明事实并非如此。许多人演说都是即席发挥的。中国教育会在张园举行的演说,演说者时常互相争执甚至吵骂,这正是演说开放性的一种表现。张园是游人如织的地方,所以在此举行的集会,常能一呼百应,耸动视听。据马叙伦回忆,张园演说他总是去参加的,那气氛十分热烈:

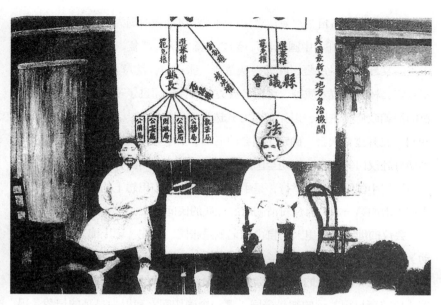

1916年7月17日，孙中山在张园演讲《地方自治》（左为黄兴，右为孙中山）

张园开会照例有章炳麟、吴敬恒、蔡元培的演说，年青的只有马君武、沈步洲也夹在里面说说。遇到章炳麟先生的演说，总是大声疾呼革命革命。除了听见对他的鼓掌声音以外，一到散会的时候，就有许多人像蚂蚁附着盐鱼一样，向他致敬致亲，象征了当时对革命的欢迎，正像现在对民主一样。

可能由于张园的名气太大了，后人在回忆晚清一些集会活动时，常会将发生在其他花园的事也说成是张园。最典型的是关于中国国会的描述。

1913年4月13日，国民党上海执行部在张园举行追悼宋教仁大会

1900年7月26日，严复、容闳、唐才常以挽救时局为名，约集上海维新人士80余人，召开"中国国会"，到会人除容闳、严复、唐才常外，还有章太炎、文廷式、吴彦复、叶瀚、狄楚青、张通典、沈荩、龙泽厚、马相伯、毕永年、林圭、唐才质等，可谓名流荟萃。会议通过了不承认以慈禧太后为首的清朝政府等主题，以无记名方式选举容闳为会长，严复为副会长。7月29日，又开过一次会，确定了国会的书记、干事等人选。会议以后，唐才常等便分赴汉口等地发动震动全国的自立军起义，所用名称便是"中国国会自立军"。"中国国会"的举行，是中国近代政治史和思想上的一件大事，是发生在上海的第一次具有反对清朝政府性质的民间集会。

　　会议的地点在哪里？冯自由的记载是张园，他在《记上海志士与革命运动》中，有一节《张园之国会》，专记此事。张篁溪的《自立会始末记》记载的是张园。唐才质的《自立会庚子革命记》记载的也是张园。但是，孙宝瑄《日益斋日记》记的却是愚园。哪一个确切呢？我以为是孙的记载。冯、张均非当时人，所述亦非当时所录。唐虽为当事人之一，但所述为多年以后的回忆。孙宝瑄不但是当时人，且日记为当时所记，具体扎实：

　　七月一日（7月26日）是日上海同志八十余人，大会于愚园之南新厅，群以次列坐北向。浩吾权充主席，宣读今日联会之意……令大众以为然者举手，举手者过半，议遂定。乃投票公举正副会长，令人各以小纸自书心中所欲举之正副姓名，交书记者。书记收齐点数，凡举正会长以举容纯甫为最多，计四十二人；举副会长以严又陵为最多，计十五人。于是容、严二公入座。容公向大众宣讲宗旨，声如洪钟。在会人意气奋发，鼓掌雷动。

　　对于7月29日的会议，孙宝瑄也有详细记载，他是被推选的十名干事之一。张园后渐废圮，仅存旧影。

闲话"汪公馆"

吴健熙

长宁区少年宫坐落在愚园路1136弄31号（原为愚园路310号），那是一幢豪华的花园洋房。汪精卫投敌后，这里曾被充作他在上海的"行宫"，故称"汪公馆"。沪上"老克拉"作家树棻先生儿时就住在"汪公馆"附近，

汪公馆（今长宁区少年宫）外景

他曾亲见当年公馆门前的戒备森严。其实"汪公馆"原称"王公馆",原主人是战前任国民政府交通部长兼上海大夏大学校长的王伯群。抗战胜利后该公馆曾数易其主,今被列为上海近现代优秀保护建筑。

校长部长集一身

王伯群,原名文选,字荫泰,1885年生于贵州省兴义县景家屯。其父王起元以办团练而闻名乡里。1905年得舅父刘显世资助,他东渡日本留学,5年后毕业于日本中央大学政治经济系,其间加入同盟会。辛亥革命爆发后,王伯群回到家乡,与其弟王文华、妹夫何应钦以黔系头面人物身份折冲于各系军阀之间。

1924年夏,厦门大学发生学潮,200多名学生失学,部分教授为学生鸣不平而辞职来到上海。王伯群时在上海当寓公,便捐款2 000元与这些教授办起了大夏大学。初任校董会主席,两年后马君武辞校长职,王伯群继任。"四一二"反革命政变后,他因有何应钦背景,于1928年出任交通部长兼招商局监督。

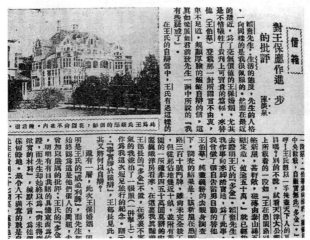

《生活周刊》发表的揭露王伯群受贿的文章

平心而论，王伯群在部长任上还是有所作为的：如免去法国人铁士兰担任的邮政总办，接收英国在烟台、青岛等地的水线收发处，取消外国人开办的电信局，另设国际电讯局、邮政储金汇业局及位于上海近郊的真如国际电台，由交通部统管全国无线电台，又与美商合办中国航空公司，与德商合办欧亚航空公司，恢复吴淞商船专科学校，创设航政局，颁布诸如航空、电信、邮政等项条例，使交通部工作渐上轨道。

老夫少妻结良缘

王伯群出任交通部长后，仍兼大夏大学校长一职。在一次学校庆典活动上，时有"校花"之称的保志宁上台向他献花，这位早过不惑之年的部长兼校长竟对这朵整整小他26岁的"校花"一见钟情，从此苦苦追求。保志宁是前清满族后裔，家住南通，人长得眉清目秀，且善辞令。原就读沪江大学，因"才貌双全，男同学之追求者多而切，不胜其扰，乃转学大夏"，

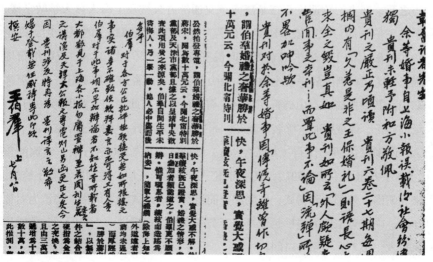

发表在报上的王伯群致邹韬奋的辩解信

1930年毕业。其父在南京政府供职，且年少王伯群6岁；其叔保君健曾任上海市教育局长。王伯群原有一妻二妾，妻子去世后，一位姨太太先遭遗弃，另一位在他与保志宁谈论婚嫁时亦遭"编遣"。

王伯群与保志宁的婚礼于1931年6月18日在上海徐园举行，证婚人为国民党元老许世英、张群。因王伯群职掌交通，故许氏的贺词特以交通为喻，将婚礼比作"如新造巨轮之行下水礼，又如邮政局寄第一次包裹，举行开包礼，又如电报局开幕之行开基礼"。总之，"希望王部长以后以发展交通事业之精神，同时努力施诸保女士云云"。

假公济私造豪宅

据说王、保两人当初议及婚嫁时，保志宁曾提出三个条件：一，赠其嫁妆10万元；二，婚后供其出洋留学；三，为其购置一幢花园别墅。王伯群的反应是"允许俟结婚生子后再往留学"，作为承诺，另存15万元作留学准备金，有人戏称是"爱情保险费"。至于保志宁提出的购置花园别墅一项，巧之至，辛丰记营造厂正在承建南京交通部办公楼及上海大夏大学教学楼，于是王伯群便一并交该承建商"代劳"了。选定愚园路上的屋址后，即于1930年破土动工。辛丰记老板为取悦王部长，可谓不惜工本，夜以继日地施工，所用材料不外乎硬木地板、金山石、马赛克瓷砖、牛皮石灰等，堪称高档。其中瓷砖由泰山砖瓦厂定制，有人估算，仅此一项花费即逾50万元。至次年王、保成婚时，除装修及花园布置尚未完成外，主楼已告竣工。

该别墅由协隆洋行（A. J. Yaron）设计，占地7 200平方米，建筑面积2 588平方米。主楼为四层，其中地下一层、地上三层，系钢筋混凝土结构，坐北朝南，外形为哥特式，但局部立面带有西班牙式建筑风格。建筑为对称布局，中央有室外大楼梯越过半地下室的底层，直接进入一楼门厅。整幢建筑有大、小2厅，房间32间。

客厅采用东方传统艺术装饰，梁柱平顶饰以彩绘，配以壁画。地坪采用柚木镶嵌成芦蔗纹图案，踏步栏杆也用柚木制成，室内扶梯花纹则用紫铜仿古铸造。起居室呈西班牙古典装饰，书房、卧室则采用不同的摩登风格，还专群有女主人闺中会客室，用以款待女眷，于豪华中显示高雅。主楼南侧是一片开阔的草地，遍植花木，亭台假山、小桥流水点缀其间，尽显幽雅。四周围墙筑成城堡式，墙壁塑有梅花图案，就连门窗拉手也全用紫铜开模，镂空铸成松花图案，其风格与主楼一脉相承。

《生活》痛击丢官职

当时舆论界对这位"老"校长娶"小校花"本有微词，如今又冒出来这幢美轮美奂的"金屋"，自然是群起而攻之，有人讥讽王伯群是"位尊多金"。为避舆论指责，王伯群诡称造屋所费不足20万元，还标榜自己"素尚俭约，虽备员中央数载，自顾实无此'多金'"。其实，这幢豪宅不计装修，光地皮及造价两项，时价总在50万元以上。于是，王伯群的诡辩遭到邹韬奋主编的《生活》周刊的迎头痛击。

在1931年8月15日出版的《生活》"信箱"栏目上，发表了署名陈淡泉的《对王保应作进一步的批评》一文，并配有该刊记者亲往实地拍摄的照片5幅。邹韬奋在"编者的话"中一针见血地指出："在民穷财尽的中国，一人的衣食住行四种需要中之一种而且一处，已达四五十万，我们不知'多金'果作何解？'俭约'又作何解？"结论是：王伯群"个人的穷奢纵欲，实为国民的罪人"。

邹韬奋的这些话是有所指的。据说早在文章及照片发表前，王伯群曾派人给邹韬奋送来10万元重礼，劝其不要刊登。来人还许诺让他担任一个挂名官职，薪水不薄，且无须干活。邹韬奋听罢气愤异常，当即一口拒绝，并不无讽刺地说："王校长既然如此慷慨，不如让他送礼给同仁堂，救救几百万嗷嗷待哺的灾民吧，何奈关心我一人之生活！"来人只得悻悻而去。于是，邹韬奋在"编者的话"后附评道："在做贼心虚而自已丧尽人格者，诚有以为只须出几个臭钱,便可无人不入其彀中,以为天下都是要钱不要脸的没骨气的人,但是钱的效用亦有时而穷。"不指名地将王伯群痛斥一番。

王伯群此举实属过分,于是就有监察委员提出弹劾案,1931年底他被迫辞职。但又因有何应钦做靠山,仍保留国府委员、国民党中央委员头衔。时人戏称王伯群是"娶了一个美女,造了一幢豪宅,丢了一个官职"。

汪逆卖身成新主

1939年5月6日,大汉奸汪精卫和陈璧君在日本特务影佐祯昭陪同下,乘"北光丸"抵沪。尽管汪在上海的福履理路(今建国西路)570号及愚园路738弄内都有公馆,但日寇出于安全考虑,还是让他暂住东体育会路7号的重光堂,那里是出名的日本特务"土肥原机关"所在地。同住的还有周佛海、梅思平等人。后又搬至西江湾路上的日军原西尾中将寓所居住,由日本宪兵保护,连汪的贴身卫士都不许随便出入。

这样一来,汪精卫们都成了瓮中之鳖,连活动都受到限制,遑论开展"和平运动"。于是,土肥原与影佐决定将愚园路上的王伯群公馆拨给汪精卫使用。因1136弄内另有十几幢洋房,且只有愚园路一个出口,便于安全警卫,又将周佛海、褚民谊、梅思平、陈春圃、罗君强等大汉奸一并迁往那里居住,安全由"76号"特工负责。于是丁默邨、李士群下令,将弄内住户全部赶走,接着在墙垣上高筑电网,四角设置瞭望亭,门窗装上铁门、铁栅。弄堂内外除"76号"特务大队长张鲁率100余人日夜把守外,日本宪兵也派出一支便衣小队在弄口盘查行人,出入须持特别通行证。

一切安排停当,汪精卫就在他的寓所里召集大、小汉奸们开起了伪国民党"六届一中全会",自任"主席"。7月9日晚,他还在公馆楼前发表《我对于中日关系之根本观念及前进目标》广播讲话,日本摄影师为之拍摄新闻纪录片。直至次年3月30日,汪伪政府在南京成立,汪精卫才迁往南京颐和路公馆居住,但愚园路上的"王公馆"仍是他在上海的"行宫",这样的"行宫"在上海多达六七处,他与陈璧君每次来上海行踪都飘忽不定,狡兔三窟,一日多变,后因夫妻不合,陈璧君独住福履理路公馆。汪精卫病死后,陈公博、周佛海又先后占用过"王公馆"。

劫后新生变乐园

抗战爆发后,王伯群、保志宁夫妇随大夏大学迁校贵阳,"王公馆"委托保君健代管。1944年12月王伯群病逝重庆。抗战胜利之初,"王公馆"作为敌产被国民党军统接收,充作招待所。据说地下室曾被用作囚房与刑堂。不久保志宁回沪,见自家别墅被"充公",便央求何应钦出面说项,始得收回。

因保志宁眷口不多,加上经济实力已今非昔比,再也无法支撑这豪门开销,便将一、二楼层租予英国驻华使馆新闻处使用,自己仅住三楼。在这个新闻处里曾秘密住过一位美国谍报人员,

阳台内景

他的任务就是每天将上海的气象情报发往华盛顿。1948年末,保志宁出走美国,定居纽约。新中国成立后,"王公馆"初由部队机关使用,后用作中共长宁区委办公楼。1960年元旦,长宁区少年宫在此成立,从此这里成了孩子们的乐园。

上海大亨杜月笙公馆逸事

吴基民

桂生姐出借石库门

杜月笙曾是上海滩呼风唤雨的人物。他老家在浦东高桥，出身贫寒。从少年时代起杜月笙便到十六铺水果摊学生意，扦得一手好生梨，赢得了一个"扦梨月笙"的美名。在20世纪初叶上海滩风起云涌的工潮之中，杜月笙也跻身其间，倘若有人指引，也许会走上一条革命道路。可惜应了一句老话"囡是好囡，轧了坏道"，结果杜月笙投靠了黄金荣，成了他的门生。他是黄金荣最有出息的一个门生，做成了许多笔大生意，尤其是鸦片买卖，几乎离不开他。黄金荣的太太桂生姐见他岁数不小也要成家立业了，就说动黄金荣将八仙桥同孚里8幢石库门中的一幢借给了他，于是这一幢中式石库门房子便成了最早的杜公馆。如今

东湖路上的杜公馆（今东湖宾馆的一部分）

站在八仙桥兰生广场金钟大厦顶上向下俯瞰,但见八仙桥一带尚未拆迁的一条条窄窄的小弄堂,谁能想到那是20世纪这些海上闻人呼风唤雨的地方。

杜月笙白赚大公馆

杜月笙和黄金荣、金廷荪合伙开了家三鑫公司,专事鸦片买卖,以后张啸林插了进来,生意越发兴旺,逢年过节时,说其日进斗金也不为过。同孚里与他身价不相称了,于是黄金荣送了他一块在华格臬路(今宁海西路)上的地皮。张啸林也插上一脚,在这块地皮上造了两幢一模一样的公馆,一幢留给自己,一幢给了杜月笙。杜月笙不费一个铜板,不花一点心思,白赚了一幢公馆。

坐落在华格臬路216号(今宁海西路182号)的杜公馆,是杜月笙居住时间最长的一处公馆。这幢楼不中不西、亦中亦西,在建筑史上属于另类。前半部是一幢两层楼的中式住房,客厅很大,左面是大账房,右面是字画间,放着他收藏的心爱的字画。但他有些什么名贵的字画谁也说不清了,现在提起杜公馆的客厅,人们记住的倒是一副由总统黎元洪的秘书长撰写的对联:"春申门下三千客,小杜城南尺五天。"杜月笙对这副将他比作春申君、孟尝君之类侠义之士的对联是非常满意的。与这幢中式二层楼相连的是一幢西式三层楼建筑,分别安顿着他的各房妻小。在20世纪30年代杜月笙势力最大的时候,杜公馆里有9辆自备车,他的每房妻室都有五六个佣人服侍,正可谓"日日笙歌,夜夜欢宴"。但有两件事是人们所不齿的:一是1927年"四一二"反革命政变的前夜,杜月笙借口替某房姨太太过生日,将他青帮中的同道兄弟、中共党员、当时担任上海总工会委员长的汪寿华,骗到了杜公馆,打昏以后塞进麻袋运到枫林桥活埋了。欺祖灭宗、残害同门兄弟是帮派中人最为人不齿的,但杜月笙却毫不犹豫地做了,使得工人们失去了一位优秀领导人。1950年,周恩来通过秘密渠道邀请杜月笙返回上海,困居香港的杜月笙怦然心动。但他看到报上刊登的因杀害汪寿华而被人民政府镇压的芮庆荣、叶焯山的消息时，吓破了胆，最终魂断香江也没有回到自己的故乡。二是他的某位姨太太与其表兄通奸，结果他让手下将其表兄弄到郊外轧断双腿，把接送他们往来的司机弄瞎双眼赶出杜公馆，而这位姨太太则被关进了杜公馆的三楼亭子间，一关就是十多年。进去时她还是一头青丝，出来时已是满头白发了……

金廷荪孝敬大洋房

杜月笙在上海最后的一幢公馆坐落于绿树成荫的东湖路上，是一幢浅灰色的小楼。

20世纪30年代初叶，杜月笙的同道兄弟金廷荪倚仗着杜月笙的势力，承包沪上航空彩票的销售，发了一笔大财。他拿出了30万美元的巨款，在杜美路（今东湖路）上造了这幢小楼送给杜月笙。这幢楼造型别致，从外面看好像是西式花园洋房，但从里面看还是中式住宅的格局。一进门是一个很

1947年9月，杜月笙（前排左三）与梅兰芳（前排右三）、马连良（前排右二）、谭小培（前排右一）等著名演员在寓所合影

大的客厅，依照杜月笙的意思要摆得下50张圆台面。东面的厢房是账房间，西面厢房是大餐间，专供杜月笙和他的妻妾儿女们平时进餐使用。整个大厅的装饰却是西式的，很大的玻璃窗，阳光一直可以晒进房子中间；天花板雕着天使，绘着鲜花，别有新意；客厅中央的水晶大吊灯在当时的上海滩是数一数二的。

沿着铺设柚木地板的楼梯款步走上二楼，中间一个很大的边廊，现在已改建成客房，但细细一看还辨得出中式建筑一客堂二厢房的格局。按照杜月笙的安排，二楼是给他二太太陈帼英居住的。陈帼英生有3个儿子，平时深得杜月笙的宠爱。三楼则是他原配夫人沈月英的住所。沈月英自己没有生育，但领了一个独生子叫杜维潘。自从领养了这个小名叫林宝的孩子后，杜月笙的事业欣欣向荣日见发达，杜月笙对他也非常喜欢。

在主楼的东西两侧各有一幢小洋房，东边的那幢原来打算给三太太孙佩芬居住，西边的那一幢是给杜月笙最喜欢的四太太姚玉兰准备的。在主楼前边，亭台楼阁以及太湖石堆砌的假山一应俱全，完全是中式庭园的布置。

杜氏祠堂

可惜绿草如茵的大草坪现在大部分改作宾馆进出的车道，只剩下很小的一块了。

正当杜美路公馆装饰一新、杜月笙兴高采烈准备搬家时，抗日战争爆发了。杜月笙孤身一人跟随蒋介石跑到重庆，这是他始终高明于黄金荣、张啸林的地方。在抗战最危难的时候，他还几次奉命乘飞机奔波于重庆与香港之间，气喘病为此加剧。抗战胜利后，杜月笙回到上海，他的好友戴笠向他借房子，他慨然应诺将杜美路公馆借给戴笠。后来他又以45万美金的价格把杜美路公馆卖给了美国人，先作为美国文化处，后又作美国总领馆，自己却搬到了峻岭公寓（现锦江饭店南楼）当寓公，一直到他1949年离开上海去香港。

现在杜美路上的公馆成为东湖宾馆的一部分，华格臬路上的公馆在世纪之交上海大规模的绿化建设中被拆除，建成了"市民林"，展现在人们面前的是鸟语花香，一片苍翠，一代枭雄杜月笙和他的杜公馆已被永远封存在历史里。

从汉奸豪宅到市长官邸

吴健熙　马　军

据"老克拉"作家树棻先生回忆:"1947年至1948年间,我常会骑车经过潘氏夫妇在巨泼来斯路(今安福路)上的那幢旧宅,那里的大门旁钉着块两尺来长的木牌,上刻'市长官邸'四个隶书,又不止一次看到有一部黑色道奇牌轿车从大门里开出来,后座中坐着个戴眼镜的微胖男子,那是当时的上海市市长吴国桢。"这段回忆中的"潘氏夫妇",即指有"小杜月笙"之称

吴国桢官邸

的经济汉奸潘三省与他的交际花妻子王吉。敌伪时期他们的豪宅位于今安福路201号。

开总会 买豪宅 "落水"锒铛入狱

潘三省,字西崖,1896年生,世籍上海。早年毕业于天津北洋大学,抗战前他在上海华商纱布交易所做投机生意,1933年当选市商会候补理事。其间曾去北平混事,因行为不正,被当地政府抓起来游街,3天后驱逐出境。上海沦陷之初,他便投靠伪上海市市长傅筱庵,在"维新"市政府里当了一名小科长。

可惜好景不长,随着梁鸿志的"前汉"政权被汪记"后汉"吞并,潘三省的高官梦落空了。后获日本兴亚院华中联络部经济局少佐佐木康五郎和汪伪沪西警察局长潘达特许,他在白利南路(今长宁路)上开了家赌场。1939年夏,又买下开纳路(今武定西路)上一幢大花园洋房,在"名媛"夫人王吉襄助下,办起了臭名昭著的"兆丰总会"。这是个集烟赌娼于一身的销金窟,为的是联络各方"诸侯"感情。总会开张不满两年,潘三省就买下了巨泼来斯路201号洋房,作为他与王吉的私宅。据30年代出版的《字林西报行名录》记载,抗战前这里住着位名叫姆索(F. P. Musso)的外国人。房屋易主后,女主人经常在此举办舞会,日军头面人物和一些"天"字号汉奸则是这里的舞客。

有了日伪铁杆人物,尤其是经济局中佐冈田酉次撑腰,潘三省一身兼数家公司董事长,特别是担任了金业交易公司理事长和上海轮船公司董事长,着实令他财大气粗起来。他出任联易商业储蓄银行董事长兼总经理、民生商业储蓄银行常务董事等职,主顾当然是日伪当局。1943年,潘三省又拼凑了一个"三省体育会",自任会长,名为专办足球"义赛",将门票收入"拨充助贷学金,嘉惠清寒子弟",实则是变着名目捞钱。据说这个"三省会"每星期举办两三场"义赛",每场门票收入数万元,潘三省每月即可进账数十万元。1940年汪伪政府刚成立时,他还只是个任人差遣的小汉奸,至胜利前夕,俨然以"小杜月笙"自居了。

1946年9月19日,潘三省以汉奸罪被判处有期徒刑7年,没收全部财产,其中包括兆丰总会和巨泼来斯路房产。胜利之初,巨泼来斯路私宅由中国航空建设协会上海市分会使用。1949年全国解放前夕国民党大赦汉奸,潘三省出狱后逃往香港,20世纪50年代中期去世。至于交际花夫人王吉,亦于解放前夕随初恋情人严某出走香港,20世纪60年代末潦倒而终。

充官邸　改格局　迭现中西合璧

战后上海第一任市长是蒋介石的亲信钱大钧。这位"劫收"大员上任后,大搞"五子登科"中饱私囊,弄得民怨沸腾,得了个"钓大钱"的恶名。1946年5月,国民党最高当局不得不改派素有"廉洁"清誉的吴国桢来收拾残局,官邸就设在潘三省私宅内。据上海市档案馆馆藏档案记载:1946年6月17日,上海市政府将航空建设协会上海分会会所收回,改作市长官邸,"内部家具什物亦于同月27日点交完毕"。

这原是幢典型的英国式乡间别墅,建造年代及设计营造商不详。吴国桢入住后,对房屋和花园格局作了大幅度改建,才形成了如今中西合璧式的建筑风格。官邸占地面积约2447平方米,建筑面积1177平方米。房屋主体是砖木结构的假三层西式楼房,四坡顶屋面,红瓦盖顶,中间一扇老虎天窗,立面为拉毛水泥墙,木质门窗。入口门廊为一对多利安柱式,廊前平台台阶左右竖着一对维纳斯塑像,向来访者显示着原主人的洋气。入内地坪是蜡克地板,柳桉木门,墙壁贴护壁板,平顶石膏雕花线脚,大理石卫生间。但一排三开间的布局,让人不由得联想到中国传统住宅里的客堂东西两厢房。其中底层东大间曾是吴国桢母亲的经堂,其母吃素念佛,想当年该房应是终日香烟缭绕。

在通向花园的平台台阶旁,蹲着一对石雕卧狮,庭院西边竖着一座牌坊式门柱，门柱连着弯弯曲曲的长廊，一直通到花园深处。东边有一荷花池、回廊，池边竖着矮矮的云水纹石柱，凸显着典型的中式庭院风格。在主楼东侧，建有音乐台与舞池，左右分列两尊希腊女神石雕，专供小乐队伴奏用。这又是典型的西洋花园风格。

挽颓势　搞心战　反共一事无成

吴国桢，字峙之，又字维周，1903年生于湖北省建始县凉水埠。幼年随父亲吴经明旅居北京，1914年入天津南开中学，与周恩来同窗，且关系密切。1921年从清华学校毕业后，赴美国攻读政治学，1926年获普林斯顿大学哲学博士学位。回国后不久，便跻身政坛，1928年出任湖北省财政厅长等职。

据说新厅长上任时，曾召各县长训话。其时吴经明正任湖北某县长，与同僚一起递手本，听厅长儿子训话。此举在当地褒贬不一，但有一点看法相同，那就是吴国桢天生是个当官的料，今后一定会青云直上。就在这时，吴国桢认识了汉阳铁工厂技师长黄金涛的长女黄卓群，一位小他9岁、毕业于上海

花园里的中国古典式建筑

晏摩氏女校的大美人。经过3年苦苦追求，终于1931年春在汉口喜结良缘，婚后生有两女两子。次年初，吴国桢充任蒋介石私人秘书。蒋介石对这位年轻练达的留美博士印象至深，很快就任命他为汉口市长，那年他才29岁。

吴国桢任上海市市长伊始，就在中外记者招待会上声称，要改革弊政，实行开明政治。吴市长确实精力过人。每天早晨7点起床，漱洗完毕后，便坐上树棻先生开头提到的那辆道

花园里的女神雕像

奇牌轿车，8点30分准时到达位于汉口路上的市长办公室。有位美国记者目睹了当年情景："只听得他鞋跟声踢踏踢踏，身穿黑色制服的警卫向他敬礼。吴国桢通过电话处理一个又一个危机。房内总共有7台电话机，于是一台分机连在他的桌子上，便于统一接听。他忙活得像是在上演一部卡通片，一直要忙到深夜。"

但同时作为一名反共老手，吴国桢从未放弃过破获中共地下组织的努力，有时这种努力还颇具独创性。1955年他在《夜来临》一书中写道："差不多我一就职，就开始阅读有关被捕共党的全部警务档案。我不相信由警察单独审讯那些地下人员的效果。无论何时，只要有时间，我就亲自个别召见

吴国桢与家人的合影

他们。对某些重要分子,我甚至将他们带到家里来,有时喝着茶,神聊上几个小时。我随便向他们提问,表面看来只是对他们的家庭背景、教育培训、社会经历和思维方式特感兴趣,实际上我是用尽各种迂回曲折,想让他们谈谈其党组织。总之,我以这种方式一定召见过半数以上被我们逮捕的共党地下人员,但还是没有得到我想要的东西。"

走台湾　去美国　暮年客死他乡

据当时《大公报》报道,1948年11月8日晚9点左右,保甲人员上市长家查户口,一帮新闻记者随后跟进。只见吴国桢笑容可掬地走下楼来,手里拿着一大沓身份证让有关人员查验,并当场付清新身份证工本费。经查,

"市长一家二十一口,除市长、夫人及四位男女公子,及市长的老太爷、老太太,还有十三个仆人"。

据说吴国桢对于麻将、沙蟹之类的赌博是门外汉,除了偶尔看看电影外,唯一的消遣就是节假日在官邸草坪上与家人一起打槌球。届时,太太黄卓群会将这十几位仆人召集起来组成一队,与吴国桢率领的"子女队"对阵,她自己在旁临场指导。只有这时吴市长才会感到轻松快乐。1949年4月,吴国桢因病辞职,离沪赴台,后一度出任"台湾省政府主席"。因他所迷恋的"民主政治"与蒋氏父子的特务统治冲突日甚,终于在1953年与台湾当局决裂,出走美国,其后以著述教学为生。1984年6月6日,吴国桢在美国佐治亚州萨凡纳寓所病逝,享年81岁。2002年黄卓群去世。

1957年,上海戏剧学院实验话剧团成立,团址即设在安福路201号内。1963年改为上海青年话剧团团部办公处,原来花园内的音乐台与舞厅则改作剧团的排练厅。斗转星移,昔日的汉奸豪宅、市长官邸,如今已成为某公司的办公地了。

法国总会：一座宫廷式建筑

晓 颂

原是德侨乡村俱乐部

位于茂名南路58号的花园饭店，是一幢在法国宫殿式老房子的基础上建造起来的五星级宾馆。这幢老房子，就是老上海们所说的"法国总会"，又叫"法国俱乐部""法商球场总会"，是旧上海法国人办的规模最大、层次最高的会员制俱乐部，与英国人办的"上海总会"（后为外滩东风饭店，现华尔道夫酒店）和美国花旗总会（现上海市高级人民法院和中级人民法院）鼎足而三，被称作"旧上海的三大总会"。

法国总会

法国总会侧影

最初,法国总会设在华龙路(今雁荡路),后迁至南昌路(即20世纪20年代为法租界公董局学校和法人学院,解放后为科学会堂)。当时总会内设法式和英式的弹子房、餐厅、酒吧间、击剑室、舞厅、女宾室和更衣室,室外有一大网球场和一个精致的滚木球场。那时侨居上海的法国人不过三四千人,却已拥有了如此设备齐全的休闲场所。1926年2月,法国总会再次"扩张",迁到了现在的茂名南路(当时叫迈尔西爱路)58号。

茂名南路淮海路的这块地段,原先建造的是一家德国乡村俱乐部。因为当时市区地皮紧张,大面积的体育活动场所只能在西部郊区建造。于是由德侨中颇有名望的冯·都林和莱墨斯等人发起,于1903年购下了这块地皮,并于1904年建成了这座德国乡村俱乐部。这个俱乐部占地33亩,球场很多,而建筑仅是一幢二层楼的德式小洋房,草地上陆续建成十多个网球场、槌球场和草地滚球场,1906年又增建了上海第一个露天溜冰场。可是好景不长,1914年第一次世界大战爆发,在沪的德侨绝大多数返回了德国,俱乐部自然冷落了。1917年消息传来，德国战败，法租界公董局就趁机宣布这座德国乡村俱乐部为敌产，并予以没收。其时中国政府也宣布没收，中法之间还闹了一场官司。同年6月，法租界公董局将其改名为凡尔登花园（凡尔登为"一战"中法德两军激战之地，故用其名），对外开放。后来，又将此33亩地一分为二，西部的一块（约两公顷）卖给房地产商，房地产商在上面造起了二层法国式花园里弄住宅，约100幢，仍称之为凡尔登花园，现为长乐村；而东部靠茂名南路淮海路的这一片，就成了法国总会的新会址，并于1926年建成了一座法国古典主义风格的新厦，即现在花园饭店"裙边"上宫殿般的豪华建筑。

一座法国宫廷式建筑

现在这座横卧在绿草地上的庞然大物，是法国人遗留在上海的最宏伟的建筑。人们只要远远一望，马上就会被它那特有的法国宫廷建筑的气韵所吸引。无论是庄重的色彩、对称的线条、精美的雕饰、豪华的转门，还是那排气宇轩昂的罗马式廊柱，以及那点缀于花园中的亭台和花圃，都体现了19世纪末、20世纪上半期欧洲古典主义的建筑风格。这种建筑风格形成于17世纪中叶的法国，后来影响到了欧洲乃至世界各地，其特点是遵从并运用古希腊古罗马建筑的古典巨柱式，以此为构图框架的基础，强调轴线和对称，注重比例，并常用穹顶来统率整幢建筑，给人以主次有序、完整统一的壮美感。这种风格的典型代表，在法国为著名的巴黎卢浮宫和凡尔赛宫，在上海，除了法国总会之外，还有著名的外滩汇丰银行大楼（现为浦东发展银行总部驻地）。不过，汇丰银行大楼的风格较之法国总会大厦已有变化，被称为新古典主义样式。

任百尊精心护浮雕

这幢大厦的建筑面积为6 000平方米，内设游泳池、弹子房、舞厅等。

现在人们所能看到的最具古典主义建筑特色的，是这幢房子的东部和南部。从茂名南路的东侧转门而入，映入眼帘的首先是一个用金色马赛克精心嵌成的大厅，大厅的墙上凿有壁龛，现在里面陈列的是古色古香的中国牡丹花瓶，而当年则是巨型人体雕塑屹立的地方。抚摸着那条从法国定制的精美的弧形楼梯栏杆，拾级而上，抬头一望，即可望见那组闻名遐迩的浮雕了。那是一群站在高高的廊柱顶头的法国裸女，悠闲而典雅，像是在采集野果，又像是在沐浴。这是历经了数次"大革命"后，被人们巧妙地保护下来的、目前上海仅存的一组裸女浮雕。

花园饭店外景

20世纪50年代后期，这里已成为市政府掌管的高级俱乐部。当时，极左思潮泛滥，上级曾下令毁掉这群裸女浮雕。时任锦江饭店经理的任百尊早年曾是复旦大学土木工程系的学生，深知这群裸女浮雕的艺术价值。因此他实在不忍心亲手毁掉这些浮雕，于是让工人师傅们用薄薄的木板，将这些裸女浮雕一一遮盖起来，然后在木板外面涂上涂料，在木板的连接处小心地弥合，使之与整个廊柱浑然一体。这组裸女浮雕从20世纪50年代起整整被"禁闭"了40多年，直到1993年，中日合作开办花园饭店时，才重见天日。

毛泽东下榻"小锦江"

第二次世界大战爆发后，由于当时的法国政府与希特勒采取了妥协，在上海的法国侨民处境要好于英美侨民，尤其是太平洋战争爆发后，日军占领了上海租界，留在上海的英美侨民，统统被关进了集中营，而法租界却悬挂着贝当政府（维希政府）的旗帜，法国侨民基本无碍。此时的法国总会，却开始允许少数中国人入内了。抗战中，法国总会曾一度被日军征用，抗战胜利后法国人将其改名为上海体育总会，同时开始招收中国会员。

新中国建立后，法国总会由上海市人民政府接管，作为市文化俱乐部。1960年划归上海锦江饭店管理，定名为"58号俱乐部"，又称"小锦江"。毛泽东来沪视察时还曾在此下榻。

"文革"期间，"四人帮"一伙也看中此处，常到这里密谋策划，企图篡党夺权。二楼东侧有一鹅蛋形的弹簧舞厅，当年号称东亚第一流的豪华舞厅，可容纳数百人翩翩起舞，尤其是舞厅顶部的彩色玻璃嵌成的彩灯，极具法国风格，毛泽东也在此跳过舞。

"文革"初期，姚文元常骑一辆自行车来此会见"客人"江青，炮制出一篇篇反革命文章，为江青一伙篡党夺权摇旗呐喊。而江青在此飞扬跋扈、颐指气使的丑态，也深深地留在许多宾馆老人的记忆中。

加固修复法国总会老楼

改革开放之后，法国总会老屋的身后，耸起了一幢气势非凡的高层建筑。日本野村·中国投资株式会社与锦江集团有限公司，合作建造了花园饭店，于1990年3月正式营业，使这幢老式宫殿焕发了青春。

当时日方派出建筑专家对这幢老房子进行诊断时，人们发现她确实已经"老"了，因为整体建筑沉降和倾斜已很严重，地梁也已断裂，部分楼板混凝土剥落，钢筋裸露，锈迹斑斑……建筑设计单位日本大林组对投资者野村集团建议：这幢老房子不能用了，必须推倒重建。

然而，这一建议却遭到中方的反对。这幢楼所具有的法国风格且不论，仅凭毛泽东曾经住过这一条，当时谁也不会同意"推倒重来"。在中方的一再坚持下，决定请华东建筑设计院上马，以保存老楼为前提，对老房子进行加固和修复。结果，修复获得了成功，而且与背后的新厦艺术地衔接起来。

到2001年，花园饭店已开业11个年头了，接待了国际友人160余万人次，包括许多国家的首脑人物，如美国前总统布什、德国总统赫尔佐克夫妇、加拿大总理克雷蒂夫妇、荷兰首相科克、联合国秘书长安南及夫人……尤其是法国总统希拉克，每次到上海，必定要住花园饭店，或许他是来此重温当年法国人遗留下来的旧梦吧。

逸村里的西班牙小楼

晓 颂

一组西班牙式的小楼

在淮海中路上的上海图书馆对面，有一组精致的淡黄色的小洋楼。这组小楼均坐北朝南，高三层，在宽宽的弄堂东西两侧依次排列，共有8幢。它们是20世纪40年代上海滩上非常时髦的西班牙式建筑，弄堂口的水泥柱上有两个醒目的红字：逸村。

逸村

这组小楼非但外观优美，线条流畅，于整洁、大方中透出一股沉稳和雍容，而且每一幢小楼都带一方典雅的小花园，里面遍植香樟、黄杨、水杉、龙柏和广玉兰，四时花卉红绿相间，透过墨绿色的栅栏而香溢四邻。尤其到了夏天，大街上溽暑难耐时，小园里高高的树木就会投下巨大的树荫，像一把把绿伞，几乎遮掩了半条弄堂，为这里的居民驱除阵阵酷暑。

出资造这条弄堂的老板叫潘志衡。当时处于汪伪统治时期，由于战争的影响，上海租界里涌进了大量外来人口，住房空前紧张起来，这给房地产商带来了很有利的商机。上海市区西北角的愚园路，当初还是很偏僻的，后来突然"发"起来，很快成了一条以中高级住宅为主的街道，其原因正在于此。愚园路两边的房子造满了，人们便继续往西发展，瞄准了霞飞路西段。潘志衡即在此时看中了英商牛奶棚对面的空地，斥资买下地皮，请大包作头乔雨云承包建造，然后高价出售，每幢房子卖112万老法币。潘志衡在这块地皮上赚了钱后，又掉头返回市中心，将静安寺路（今南京西路）上的夏林匹克电影院买了下来，改为大华电影院（新中国成立后改为新华电影院），专映美国片。1949年后潘志衡去了香港，后来即在香港去世。他的太太姓张，现居美国，亦是当年阔太太中的有名人物。

蒋经国在2号"打虎"失败

蒋经国和蒋纬国兄弟俩曾在这儿居住。蒋经国在大陆的最后日子就是在这儿度过的，住的是弄堂口临街的东侧一幢（逸村2号）。这幢楼原是一个证券公司总务处长章叔纯的寓所，他的太太是东北人，人称阚四小姐。章与汉奸钱大槐是连襟，抗战胜利后被判汉奸罪，这房子遂被国民党政府作为敌产没收。1948年7月蒋经国来上海"打老虎"的时候，就被安排住此，和他一起住的还有妻子蒋方良，儿女蒋孝文、蒋孝章。逸村2号的底层是客厅，墙上悬挂着其父蒋介石的照片，沿墙四周安放了几只半新不旧的沙发和圆凳，客厅东侧是随从人员的办公室。二楼是蒋经国夫妇的卧室和书房，西侧一间是办公室,有关"打老虎"的诸多号令就是从这儿发出的。可是他在这儿过得并不开心,"打老虎"的失败,使他在这里度过了一生中最窝囊、最晦气的时光。

当时,国民党政权风雨飘摇,经济崩溃。当年6月,上海的米价已突破了每担800万元的大关,半年中上涨30倍,引起市民极大的恐慌;由于油价飞涨,中国航空公司和中央航空公司的京沪航班不得不停开;大小投机商人趁机囤积商品,哄抬物价,操纵黑市,牟取暴利。由于物价失控,国民党中央银行干脆发行大面额的关金券,分四种:1万元、2.5万元、5万元、25万元,谁知消息一传出,各种物价更加扶摇直上,像脱了缰的烈马,大米竟冲破每担4 000万元大关,一块肥皂由40万元再涨到60万元……面对这种情况,国民党当局作出了对策:用行政手段把物价压下来。政府于8月19日发行金圆券,并通令全国限价,各业物价均要以8月19日金圆券发行时的物价为标准。而推行这项经济政策的负责人正是蒋经国。

蒋经国作为钦差大臣(上海区经济管制督导副专员),确也尽心尽力,想尽一切办法欲挽救国民党政权的颓势。无奈奸商和贪官勾结,从中作梗,使其无从实行。他派出军警逮捕了收熔金银的老庆云银楼老板;检查全市银行仓库堆栈,封了纱布9 000余包;在各区设服务站,接受举报,调查贪官奸商;封存了永安等10余家纱厂的存纱;逮捕了荣鸿元;枪毙了警备司令部大队长戚再玉和警备司令部经济科长张亚民;枪毙了"扰乱金融"的林壬公司老板王春哲;并且下令逮捕了杜月笙的儿子杜维屏。

杜维屏是杜月笙的三公子,是上海证券交易所的经纪人。他依仗父亲的势力,不把蒋经国放在眼里,在交易所之外抛售了永安纱厂的股票2 800股,不料被蒋经国的"眼线"发现了,遂以"连续在交易所买进卖出,进行投机倒把"的罪名抓了起来。杜月笙立即反击,当众把孔令侃的扬子公司囤积货物走私逃税的丑行揭露出来,想要看蒋经国怎么处置孔令侃。没想到蒋经国一怒之下,竟然派出亲信陈子靖带人前去把扬子公司(位于长乐路茂名路,现为迪生百货公司大楼)给查封了。

这下可捅了马蜂窝,孔令侃奔到南京向姨妈宋美龄求援,宋美龄立即飞到北平把蒋介石请回来处理这桩麻烦的"家务事"。结果在蒋介石的干预下,蒋经国一败涂地。蒋经国木然地枯坐逸村家中,苦思冥想,最后不得不仰天长叹:"幕后有人,鬼中有鬼!""我在上海两个多月,深深体验了任劳任怨和老奸巨猾两词的含义。"并对他的亲信说:"上海是个奸商和流氓的社会!他们有后台!"

在这个过程中,逸村的弄堂口很是热闹了一阵。原来,杜维屏被抓之后,杜月笙非常着急,曾亲自驱车到逸村2号要求面见蒋经国。蒋经国拒而不见。杜无奈,只得愤愤而归。但蒋经国毕竟心里有些发毛:杜月笙在上海喽啰极多,会不会唆使人来暗害他?防人之心不可无,逸村的弄堂口顿时增加了许多警卫,常熟路公安分局的局长、副局长亲自坐镇,轮流昼夜值班,直到事态平息蒋经国败下阵来为止。

这幢房子在上海解放后由国家接管,初为中国大百科全书出版社上海分社的职工家属宿舍,改革开放以后,卖给了一位台商。现在此小楼被装饰一新,然基本保持了建筑的原貌,门窗的边框都饰以绞丝花纹,室内天花板上有精美的雕饰和吊灯,只是小花园的场景变了,那座乳白色的小凉亭不见了,几乎半人高的灌木丛也没有了。

逸村7号原是汉奸豪宅

这条弄堂的7号是又一个大亨的房子,此人就是2号楼章叔纯的连襟钱大槐。钱大槐原是金城银行大连分行的经理,据说银行经营不善,亏空20万元,周作民原本要炒他鱿鱼的,结果他投了伪政权,与周佛海搞在一起,成了汪伪中央储备银行的副总裁,这下周作民不仅不要他赔钱,还反过来拍他的马屁了。

钱大槐在大连时与阚家的关系极深。阚家的老太爷是张作霖时代的东北地方军阀,很有势力。阚家无子,却有四个"千金",都嫁给了金融界人士。

章叔纯留美归来娶的是四小姐，属金融界扬镇帮的人。胡笔江欣赏他，抗战胜利后他逃到香港，曾任中南银行香港分行的经理。阚家四个小姐在汪伪时都是靠钱大槐这个后台的，钱大槐到了上海，她们也都南下上海。此外，钱大槐在愚园路江苏路路口还有一幢更大的豪宅，现在已成为一家饭店和长宁区工商联的办公楼。

阚四小姐与章叔纯离开逸村2号后，不久她便死在香港。章叔纯又讨了一个更有名气的女人，即曾是末代皇帝溥仪的弟媳妇、溥杰的前妻唐石霞。当时唐与溥杰已离婚，带了几十只箱子的金银细软和古董到上海，先是与卢永祥的儿子卢小嘉在永嘉路一处房子里同居，最后嫁给了章叔纯。

现在，整条弄堂除了2号整修一新外，其余7幢尚住有不少人家。这几幢楼前的花园，大都已面目全非，唯有8号楼风采依旧，平整的草地上，还矗立着一座假山，假山周围的木椅上，常有几位白发苍苍的老人坐在上面，说着逸村的如烟往事。

神秘的马立斯花园

晓 颂 小 马

坐落在瑞金二路西侧的瑞金宾馆,在过去的数十年间,一直是个神秘的地方。这里高墙耸立,门卫森严,墙头上拉着电网,终日大门紧闭,偶尔有漂亮的轿车进出,只见大门呼啦一开,车子一进去,大门随即关上。瑞金宾馆占地约80亩,它东起瑞金二路,西至茂名南路,南自永嘉路,北到复兴中路,占了整整一片街区。多少年来,不少好奇的人纷纷猜测,在那深褐色的高墙后面,究竟住过一些什么样的人物,发生过一些什么动人的故事?

瑞金宾馆(马立斯花园)1号楼

随着1979年瑞金宾馆的对外开放，它终于撩起了神秘的面纱，让人们饱览了高墙内的一园秀色。原来，内中不仅有着4万平方米的树林和草地，还散置着四幢风格迥异的西洋小楼，绿毯似的大草坪周围，还有紫藤架、葡萄架、小桥流水，一个雪白的小天使正在珠玉飞溅的喷泉上翩翩起舞……

老马立斯跑马赌博发横财

小马立斯

20世纪20年代初，这里是英籍冒险家、跑马总会的董事老马立斯的儿子小马立斯（Maurice Benjamin）的花园。

老马立斯在19世纪中期只身来到中国，在当时开在湖北路北海路的跑马总会任职，靠跑马发了横财，后来成为该总会的主要董事之一。1854年跑马场西迁，他又当上了跑马总会的总董。发财后，老马立斯广置房地产，先后在外滩及跑马厅（现人民广场）西侧大量吃进地皮，建造楼房。后来这些地方很快都成了寸金之地，于是他又在现在的黄陂北路、重庆北路、大沽路一带建造了许多里弄住宅，并且都用"马"字头命名，如马德里、新马德里、西马德里、马乐里、马安里、马吉里、马立斯新村等，共计490余幢房屋，以至于人们后来就把那一带的地名统称为"马立斯"了，其间还有一家"马立斯菜场"。

现在外滩17号的友邦大厦，过去曾是英文报纸《字林西报》的报馆。后来马立斯娶了该报老板的女儿为妻，就从其岳母手里接办了《字林西报》，于是他竟摇身一变，从一个跑马的暴发户变成了《字林西报》的董事长。

1905年以后,老马立斯因年迈体弱,把地产和报业交给了儿子经营,他本人则携巨资回国度晚年,于1919年去世。

小马立斯春风得意建花园

小马立斯1883年4月28日生在上海,幼年在西童公学就读,师从乔治·兰能先生,1896年离沪环游全球,于1906年回沪,继承家业,很快成为一个颇为精明的地产家和金融家。他在1920年和1921年还担任过工部局总董,与此同时,他在金神父路(今瑞金二路)构建了这座属于自己的大花园。现在的1号楼就是当时建造精美的主楼。小楼的建筑面积达1 335平方米,楼内饰有柚木地板、大理石地坪和大理石廊柱,红砖外墙的转角处还用水泥作加厚处理,使得整幢建筑于典雅之中透出古朴之气。小楼的东部和北部布置了喷泉、大理石雕塑和花坛,极尽豪奢。

瑞金宾馆(马立斯花园)3号楼

与众不同的是，这个花园中还有一组马棚和狗棚。因小马立斯的嗜好酷似乃父，不仅喜欢跑马，更嗜跑狗，他的马和狗都是花重金买来的"名牌货"。1928年逸园跑狗场建立的时候，万国储蓄会的董事长法国人司比尔门与黄金荣、杜月笙等集资60万元，马立斯则以100多亩土地折价入股，结果逸园跑狗场就建在他的住宅西侧（现为文化广场），到了赛狗的时候，他一出后门即可进入赛场。有资料记载，逸园到了抗战前夕资本积累360万元，马立斯自然又发了一大笔财。现在作为瑞金宾馆医务室的几排平房，就是当年的狗棚，而马棚则改建成了现在的瑞金宾馆2号楼。

不知从何年何月起，马立斯住到花园最深处的房子里去了，即现在的3号楼，而1号楼和4号楼成了三井洋行的房产，所以在很长一段时间内，老上海又称这儿为"三井花园"。据1949年5月28日（上海解放的第二天）进驻该花园的龚庆祥同志（曾任东湖集团财务部副经理）说，当年他们进驻时，只见满园都是樱花树，从大门口一直到楼前，一片灿然，可知三井洋行在这儿也有了不少年月。

盛老三变花园为鸦片窝

1941年太平洋战争爆发，日军侵入租界，英美人士都被关入集中营，小马立斯也被赶出了花园。

当时日军在上海推行毒化政策，设立了一个名为慈善机构的"宏济善堂"，宣扬什么"善堂卖土"，声称将以贩卖鸦片筹集资金来救济灾民，而实际上是为日本军方筹集军费。具体办理"宏济善堂"的大汉奸叫盛文颐，人称盛老三，是盛宣怀的侄子，而他竟恬不知耻地自称是盛宣怀的儿子；那时恰好盛宣怀的三儿子盛同颐英年早逝，他就钻了这个空子。盛老三依仗日本主子做后台，大发烟毒之财，他把江南一带的鸦片经销权，又分包给他的同伙和幕僚蓝苞荪、严春堂等人，专销上海、南京、苏州、杭州等地，不仅成了上海滩的"烟毒霸"，而且与军警勾结，雇流氓为打手，垄断了江

3号楼别致的圆窗　　　　　　　彩色玻璃

南和长江沿岸的烟毒市场。而盛老三的贩毒大本营，正是设在这座美丽的花园里。

　　盛老三还是臭名昭著的"裕华盐公司"的头子，这个公司"统筹"了整个沦陷区的食盐买卖，亦是个日进万金的垄断性生意。鸦片与食盐，一黑一白，全抓在盛老三手上，故他又有"黑白大王"之称。盛老三发财发得过了火，还自以为得意，却不知物极必反的道理。他把家眷都搬进了花园，过着纸醉金迷的糜烂生活，居高临下不可一世，连汪伪的财政部长周佛海也曾专程来此看过他两次。他表面上也不愿跟周闹翻，在现在的1号楼宴请过周，还送过周两支上好的古墨，说是可以治疗鼻疾，因为周佛海一疲劳上火就容易出鼻血。

　　抗战期间常常停电，一停电整个市区一片漆黑，而盛老三的花园里却有自备的发电机。有一年他过生日，街面上黑咕隆咚，而他的园子里却大放光明。听到过他豪宅的人说，他家的痰盂都是金子做的。近几年通过访问孙曜东先生才得知，那痰盂是金的固然不假，但不是放在走廊上的，而是放在抽大烟榻子上，专供贵客们抽烟时用的。他太太手上那足有28克拉的钻戒也极引人注目。

陈公博"除三害"挤走盛老三

盛老三暴发不义之财，引起了日伪内部的勾心斗角，同时伪上海市市长陈公博为稳定社会秩序，对盛老三的做法也大为不满，三番五次地向日本军部提出取消"宏济善堂"，主张改由南京行政院另设禁烟机构来管理烟毒市场。而日本军方的楠本司令是"宏济善堂"的最大受惠者，为保住自身利益，就以"这是商人的机关，军部无权干涉"为由，一再推托。其实盛老三运烟土的汽车和船只正是向日本军部借用的，因此才能够一路绿灯，通行无阻。如此厚利，岂能松手？陈公博一看上层路线行不通，于是，就使出了"除三害"的一招。他指使林柏生聚集了数千名学生，组成所谓的"青少年团"，一起走上街头，举行"除三害"（即烟、赌、舞）示威游行。

对"三害"的危害性，社会早有公认，所以"除三害"一时颇得人心。1943年12月27日，6 000名青少年来到伪市府请愿"除三害"，陈公博装作如梦初醒的样子出来接见，当众答应了3个月之内禁绝烟赌舞，并表示要向日方交涉，收回鸦片公卖之权。他醉翁之意不在酒，意在利用学生向日军楠本司令施压，赶走盛老三。

接着青年学生们又兵分两路。一路开到南市区，冲入"西园""绿宝"等大赌场，敲敲打打，杀气腾腾，赌客们纷纷狼狈而逃；另一路开到南京路，捣毁了"爵禄""大沪"等舞厅，吓得全市舞厅全部停止营业。最后两路人马集合一处，把收缴来的烟具和赌具当众烧毁，在全市造成了巨大的声势，弄得盛老三惶惶不可终日。与此同时，日方内部也有出来揭发盛老三

4号楼侧影

的,并涉及海军用军舰贩运鸦片之隐情。如此折腾到1944年,盛老三终于支撑不住而被赶下了台。

不久,日本投降,国民党接管了这座花园,作为国民党中统机关励志社的社部。盛老三当然被投入监狱,他曾从狱中送了一封信给老友金雄白律师,信上只有5个字:"老兄快救我!"可是那时金雄白也已自顾不暇了。盛老三的太太被国民党赶出花园后,无处可去,因他们当年的趾高气扬已把亲戚朋友得罪光了,只好寄居在一个老佣人家的阁楼上,靠卖卖当当过日子。那只28克拉的大钻戒也只好卖了,市场上曾为之轰动过一阵子,报纸还登过消息,最后她还是潦倒而终。新中国建立后,盛老三仍然在押,最后瘐死。

花园东北部的4号楼在抗战胜利后曾作过国民党三青团的团部机关,那时叫中正南二路114号。1946年2月,三青团举办党团联合扩大纪念周活动时,蒋介石还亲临此处训过话。

邓小平陈老总住过1号楼

1949年5月25日,渡江总前委的领导及华东局、华东军区的领导开始从丹阳乘火车向上海进发。他们先到南翔,再转乘汽车入城,因那时船还在敌人手里。进城后的第一站是圣约翰大学(现为华东政法大学),第二站即是刚从励志社手中夺下来的三井花园。

当年担任华东局(华东军区)秘书长魏文伯同志警卫员的许文彪(原东湖集团兴国宾馆总经理)回忆说,上海战役打响的那天,陈老总一大早就大声喊道:"今天弄点好的吃吃,吃完听大炮!"还对身边的同志说:"我们一炮也没有把上海打坏,你们进去不要把上海搞坏哟!"

5月28日,华东局、华东军区的首长及机关各部陆续到达了三井花园,邓小平、陈毅、张鼎丞、饶漱石、刘瑞龙等领导同志都住在现在的1号楼,魏文伯、舒同等住2号楼(那时是简易的房子),机关干部住现在2号楼餐厅的位置(那时还是马厩)。

当天晚上,1号楼大厅里挤满了人,有穿军装的,有穿西装的,也有穿便服的,一见面大家彼此热烈拥抱,有的人激动得流下了眼泪。这是上海地下党负责同志与解放上海的部队首长的会师大会,陈毅等领导同志发表了激动人心的讲话。第二天,按照陈毅同志的指示,各路大军开始了接管大上海的艰苦工作。

当时主管华东局机关伙食采购的龚庆祥同志还告诉笔者,那时敌情很复杂,三井花园四周国民党留下了许多特务,就连两个看大门的人也是特务。南墙外靠永嘉路那儿有个庙,里面也混入了许多特务。4号楼那时还留下个国民党三青团的幼儿园,上海解放好几个月后他们才搬走。为了保证首长的饮食安全,炊事班在水池里养了一条小鱼,只要鱼活着就说明此水可用,这个方法炊事班用了许多年。那时首长们极其忙碌,而生活水平跟基层差不多,一星期只吃一次鱼,每人一个鸡蛋,每星期只有一次大米饭,其余全是小米。1号楼里国民党留下了许多酒。尽管生活清苦,谁也没有去品尝。为了买好菜，龚庆祥每天从三井花园步行到十六铺码头，买好后再从十六铺挑回来，然后做给首长们吃。

尼赫鲁总理下榻3号楼

解放初期，这儿的3号楼仍是马立斯的房产，由他的代理人在管理，与1、2号楼之间用一道墙隔开。1953年，他把房子连同花园交给了上海市政府，以抵充多年拖欠下来的地价税。从此，马立斯花园完全归国家所有。

1954年，印度总理尼赫鲁访华时到上海访问期间，就下榻在3号楼。之后，这里又接待过甘地夫人、苏哈托、金日成、胡志明等国家元首和政府首脑。在尼赫鲁到来之前，市委招待处曾花巨资把整幢3号楼整修了一番。其间，他们发现这幢小楼除了建筑造型极为华美外，还有一组罕见的巨大吊灯，灯串全是用细钢丝串起来的，仅拿下来拆洗一次就花了100元（约合现在的两三千元）。

至于花园南部的1号楼，在解放初期被作为干部宿舍。1954年成为市委招待处的招待所，刘少奇来上海视察时曾住过，后来也成为国宾馆。20世纪70年代柬埔寨战火频仍，西哈努克亲王在这幢楼里住过不少日子。临走时，仅骆驼绒他就买了几十捆。

苏兆征、张锡瑗的棺材曾停放在1号楼

1960年春天，《毛泽东选集》第4卷即将出版，中共上海市委宣传部组织了一个学习室，召来一群"秀才"定期学习和研究，以便在群众学习时进行辅导。当时，学习室就设在瑞金路上的市委招待所。这群"秀才"中有后来成为著名社会学家的邓伟志同志。

那时，"秀才"们还年轻，工作之余喜欢打打乒乓球。有一次邓伟志在捡乒乓球时，无意中撞开了一扇小门，里面黑乎乎的好像是个储藏室，仔细

一看才看清里面有两副棺材，颇觉惊奇，而且棺材上面还有姓名，一个是苏兆征，一个是张锡瑗。对于苏兆征，他还是熟悉的，是老一代的革命家，而对张锡瑗就一无所知了。

有一天，学习室主任庞际云同志叫邓伟志帮他查一本波格丹诺夫的书，他查到了一段对庞际云的写作极有用的论述。庞际云一高兴，就跟邓伟志说古道今起来。有心的邓伟志趁机问他："张锡瑗是不是苏兆征的爱人？"庞际云立即回答说："不是。"沉思片刻后，他才神色严肃地低声说："是邓小平同志以前的爱人，不要到外面去讲！"几十年后，邓小平的女儿毛毛在《我的父亲邓小平》一书中已讲到这位早年去世的张妈妈，邓伟志也就把这件往事给"抖"出来了。

不知是何原因，这两口棺材居然在这座花园里停放了20多年。"文革"中造反派冲进小楼，以棺材中可能藏有武器为由，非要开棺，后来在招待所工作人员的一再坚持下，他们才没能得逞。直到"文革"后期，才在市民政局一些老同志的安排下，将这两副棺材迁往龙华烈士陵园安葬。

上海旅游的特色景点

改革开放以来，瑞金宾馆开始接待中外宾客，同时餐饮业也向社会开放。目前，瑞金宾馆同西郊宾馆、虹桥迎宾馆、兴国宾馆、东湖宾馆一道，隶属于东湖集团。瑞金宾馆4号楼成为中外合资的印度餐厅，1号楼的底层南部开设了风味独特的咖啡吧。到了周末，咖啡吧前的大草坪则成了青年们婚纱摄影的首选之地。最近，宾馆又推出了以劳模龚阿姨为品牌的200种点心，名扬四方，境内外不少媒体相继报道。境外旅行社还把瑞金宾馆作为上海旅游的一个特色景点，更增加了它的知名度。一个原先依赖国家财政补贴的招待所，如今也成了创利大户。这座栉风沐雨的神秘花园，以重新焕发的勃勃生机昂首跨入了新世纪。

诞生《辞海》的"何东住宅"

薛理勇

总算找到了 Hotung Home

20世纪90年代中，时任中国国际旅行社上海分社总经理办公室主任的周明德来找我，说他们社里接到一份通过香港分社转过来的美国订单——几十位曾经在上海工作和生活过、而今已在美国定居的菲律宾老人将自行组织重返上海旅行。这些老人从小生活在上海的西班牙社区里，有的是酒吧乐

何东住宅（现为上海辞书出版社）

何东爵士

手,有的是西班牙人家中仆佣,均是天主教信徒,且都不懂中文,只会讲一些简单的上海话。他们用英文开列出一批他们要求"重游"的地名、机构名称,希望由上海方面找到其今日的地址,了解其保存情况后,再决定来上海的行程。

国际旅行社上海分社十分重视这件事,他们希望通过此次特殊的服务打开美国的旅游市场,但是拿到菲律宾人用英文开出来的50余年前的上海地名和机构名称后,他们就束手无策了。周明德来找我,就是希望我将其译成对应的中文名,并指出它们的今日地址。

"何东住宅"南侧

这份名单中有一个地方叫"Hotung Home"。Home自然是"家",但这位Hotung究竟是谁,是中国人还是外国人,就不得而知了。

我在陈玉堂编著的《中国近现代人物名号大辞典》中找到了一个叫"何东"的人名:

何东(1862—1956),广东宝安人(生于香港)。原名启东,字晓生,西名罗拨(Robert),亦署Robert Hotung,园名晓觉园(1938年筑于香港山顶道,俗称何东花园)。毕业于香港中央书院(今皇仁书院)。任英商怡和洋行副买办、买办……

根据此小传,何东似乎定居香港,他的大部分事业和他所任职的地方大多在香港。上海的Hotung Home是不是这位Robert Hotung的家呢?

随后,我又在民国十九年(1930)上海文明书局编印的《海上名人传》中找到了"何东先生小传"。"小传"的文字较长,有相当一部分的记录与《中国近现代人物名号大辞典》相近,初步可以确定,这两位"何东"是同一个人。但《海上名人传》中讲"何东爵士,广东台山人",与《中国近现代人物名号大辞典》有出入。《海上名人传》还附有何东先生的照片,一看就知道,这位何东不是黄种人,而是一位有着欧洲人特征的"老外"。原来何东不是中国人。

不过,《海上名人传·何东先生小传》的文末有这样一段记录:"近治第于海上之西摩路,时来小驻,江浙人士咸愿一瞻丰采焉。"顺此线索,我又在1937年上海英商字林洋行出版的 *Hong List of China*(中国行名录)的 *Shanghai Street Directory* 中查到,当时上海公共租界Seymour Road 457(西摩路457号,即今陕西北路457号)的户主就是Sir Robert & Lady Hotung。毫无疑问,Hotung Home就是今天陕西北路457号的上海辞书出版社。后来,当那些菲律宾老人重返上海时,他们一眼就认出今日的上海辞书出版社就是当年的Hotung Home,我的努力也总算有了结果。

有着中国血统的英国爵士

何东有一个孙子,是香港著名的实业家何鸿章先生(Eric Hotung)。他也是中国古玩的爱好者和收藏家。当年上海博物馆迁址人民广场兴建新馆时,他出资建博物馆的贵宾厅。1966年,他以150万港元的价格从香港拍卖行里买下一只流失海外的精美绝伦的吴王夫差盉,并将它无偿捐赠给上海博物馆(该盉陈列于上海博物馆青铜器展馆),上海博物馆为此举办了隆重的捐赠仪式。当时一位记者发现了这位身高马大、蓝眼珠高鼻梁的"老外",却能操一口连今天的上海人也讲不像的上海本地话,大为好奇,于是就想着法子采访了何鸿章先生。这位记者是这样写的:

何东家族于20世纪30年代的合影

何鸿章在祖父何东像前

何鸿章先生并非中国人,而是一位典型的英国绅士。他的英文名叫埃里克·何东(Eric Hotung),不过,他能讲一口道地的上海方言,如仅闻其声不谋其面,是断然不会猜出他是一位外国人的。

而何鸿章对自己的祖辈及与上海的缘分是这样讲的:

我的曾祖父是英国人,曾祖母是离上海不远的苏州人士,他们在香港生了我的祖父罗伯特·何东(Robert Hotung),中文名字叫何晓生。曾祖母热爱中国,她的谆谆教诲,影响了祖父的一生。祖父后来娶了我的祖母,她也是中国天津人氏。由此,我们的家族就开始有了中国的血统。

大概在1843年上海开埠后不久,何东的父亲就从英国来到了上海,并娶了一位苏州籍太太，以后他们又去了香港，1862年生了何东。虽然何东有一半的中国血统，但是他的外表更像他的父亲，看上去是一个英国人。他的父亲给他取了一个中国名字——何晓生，以后又将他送进了一家中国的私塾念书。他们的家境当时还不富裕，据说在念书期间，他母亲每天给他的饭钱还不够吃一顿饱饭，而正是这种境遇使他养就了刻苦耐劳、勤奋节俭的品格，对他以后的成长和发展很有帮助。

12岁时，何东进了香港中央书院，17岁时就进了广州海关，做了两年的职员，不久被怡和洋行看中而任华行副经理。他在怡和洋行的成绩很出色，于是又被广东保险公司聘为经理。这件事遭到何东的哥哥何福的反对，但是何东认为进保险公司任经理前途更好，他还是跳槽了，到广东保险公司干了6年。后由于健康原因，他辞职了，并推荐长兄何福接任经理的位子。

以后何东直接经商，并成为香港的首富。他是汇丰银行和上海黄浦船坞公司的大股东，投资和担任董事的企业有数十家之多，其中包括香港电器公司、电车公司、地产公司、垦业公司、广澳汽船公司、怡和轮船公司、广州火险公司等。何东还热心公益和慈善事业，在香港设立儿童幸福会、儿童工艺学校、东英学圃、何东官立工业女子学校、九龙英文学校、香港大学工学院何东机械实习厂等。1914年欧洲爆发第一次世界大战，他分几次捐给英国政府的钱款达百余万元。1915年英国皇家授予他爵士称号，中国的北洋政府也向他颁发勋章。省港海员大罢工期间，何东被推举为劳资双方的调停人。由于劳资双方谈判条件相差悬殊，难以达成妥协，最后何东决定自己拿出资方欠劳方工资的半数来填补，才妥善平息了这次工潮。

新版《辞海》在这幢英国式住宅中诞生

第一次世界大战期间，上海的民族工业发展飞快，何东又增加了对上海的投资。他是上海多家公司的主要股东，同时还是上海房地产巨商，今被称为"北外滩"的大名路、塘沽路、南浔路、峨嵋路一带的房地产，几乎全部是何东的产业。

随着在上海投资的增加,何东又派他的儿子何世俭(英文名爱德华·何东)到上海打理生意。1926年,何东即购进西摩路爱文义路(今陕西北路北京西路)地块,兴建自己的住宅——Hotung Home(何东住宅)。

何鸿章是何世俭的儿子,1926年6月8日出生于香港。当何世俭将上海西摩路新宅安排停当后,就将家眷接到上海。这一年是1928年,何鸿章仅3岁。何东住宅所在的西摩路一带是当时西班牙人居住最集中的地区,也许正是这个原因,上海的不少天主教教会学校均得到何东家族的慷慨资助,何世俭也担任了多家天主教教会学校的校董。何鸿章就读的中学是坐落在虹口的圣芳济中学(今北虹中学),他在上海一直生活到1947年赴美国留学,所以他会讲一口流利的上海话,而且是绝对地道的60年前的上海方言。

1949年后,何东家族举家迁回香港,何东住宅由上海房地产部门接收。1957年,毛泽东主席倡议

横梁立柱上的雕刻

西洋风格的壁龛

重新修订《辞海》，并建议由上海来完成此事。第二年，何东住宅就成了中华书局辞海编辑所，上海的许多文化精英集中在这里办公。以后，这个编辑所改组为上海辞书出版社，并于1979年正式出版了新版《辞海》。

何东住宅占地约17亩，东墙沿陕西北路，北墙沿北京西路，早年四周是用上海常见的竹篱笆相围，透过篱笆的空隙可以看到花园和住宅。主建筑设计在园子的中间，是一幢假三层砖木石混合的英国式住宅，以南立面为主立面，设计为高大柱子支撑的门厅，里面是大客厅；东立面是次立面，通常由这里进入室内，内装修颇为豪华典雅。上海辞书出版社是中国最大的专业辞书出版社，业务量很大，由于房子不够使用，于是在原来的花园里又增建了不少新建筑。在越来越多的现代楼宇的环绕下，这幢早期的英国式建筑似乎已经不那么显眼了，但只要你走近它，仍可感受到一种与众不同的气韵。

上海也有一幢"白公馆"

宋路霞

重庆有幢"白公馆",它曾因关押许多共产党人而闻名遐迩;其实,上海也有一幢"白公馆",是因白崇禧、白先勇父子住过而名噪海上。上海的"白公馆"坐落在上海西区最富诗意的马路之一——汾阳路上。汾阳路树高枝繁,环境幽雅,不仅许多大树已有近百年的树龄,而且路边的小洋楼,大多都很有来历,仅目前挂了"文物保护建筑"牌子的就有好几处,如法租界总董官邸、犹太人俱乐部、丁贵堂旧居、潘澄波旧居等。当你不经意地踩响这儿的落叶时,耳边还会响起一股流水般的钢琴或小提琴声;而在浓郁的梧桐树后的一座座幽静的花园里,一幢幢风格迥异、各呈奇姿的小洋楼正若隐若现……

"白公馆"就是其中一幢。

所谓"白公馆",是指汾阳路150号那幢气势非凡的灰白色洋楼。

其实,白崇禧、白先勇父子在这儿住的时间并不长,而在他们入住之前的数十年间,这幢洋楼早就发生过许多传奇故事了。也许是因为白氏父子名声太大,所以,人们习惯上就把这栋洋房称为"白公馆"。

冒险家司比尔门的乐园

这处豪宅建成于1920年,是法籍冒险家司比尔门(M. Speelman)的私家花园,具有法国文艺复兴时期的建筑风格。如今大门依然是老样子,堡垒式的门房前,一条宽敞的柏油马路通向树林深处。林子里有粗壮高大的香樟树和拔地而起的龙柏,树林的中心有一方喷水池,长年游动着各类观赏鱼。

"白公馆"

那幢灰白色的、神态威严的洋楼，就在喷水池北侧的草地上安然而卧。登上"白公馆"二楼宽大的阳台，可一览满园绿色。东侧半圆形的耳房，全是用法国凸凹形玻璃镶成，宛如一个巨大的玻璃花瓶；楼内的大客厅、小客厅，处处可见精美的雕饰；尤其是那条盘旋而上的扶梯，令人恍如置身于宫廷之中。

司比尔门曾是法租界的第一富豪。从1921年起，他担任了万国储蓄会的董事长后，利用一般市民渴望中奖发财的侥幸心理，在中国首开有奖储蓄的先河，吸收了成千上万的中外人士的资金。至1927年，他以这种欺诈的手段，吸纳存款达2.5亿元。那时银元和纸币同时流通，而中国银行和交通银行所发行的纸币总数，才不过1.3亿元，上海其他30多家重要的银行存款总数，也不过5 000万元左右。到后来，凡是上海西部著名的大楼，如戤司康大楼（今淮海公寓）、毕卡第公寓（今衡山宾馆）、巴黎公寓、万宜坊等，都成了他的资产。

早年的"白公馆"（油画）

司比尔门原先只是一个穷光蛋。他原本是荷兰人，在帝俄时代取得了俄国籍，到上海来闯荡时还只是个华俄道胜银行的小职员，后来因亏空公款，溜之大吉。不久，风头过后，他又加入了法国籍，并且到上海接替了万国储蓄会的创办人盘滕的董事长职务，摇身一变成了大富翁。他在上海过着纸醉金迷的生活，曾娶一歌女为妻，同样也以挥金如土而出名。据说这位歌女仅皮鞋就放满了两间屋子。后来两人闹翻了，那歌女"敲"了他50万元的竹杠，然后另觅高枝。

1941年日军侵入租界时，司比尔门被赶出了这个花园，关进了集中营。

大汉奸梁鸿志的藏宝之窟

司比尔门被赶出后不久，大汉奸梁鸿志捷足先登住进了这幢洋楼。

梁鸿志是1937年"八一三"淞沪抗战后，日军占领上海（租界除外）

司比尔门

时的第一号大汉奸。他当上了维新政府的头子,办公地点在四川路上的新亚饭店,直至汪伪政府登台。

梁鸿志是清末巨儒梁章钜之子,从小诵读经史,擅长诗文。北洋政府时期他曾任国府秘书长,同时利用北京故都的特殊条件,搜奇览胜,竭力访求古代珍籍秘集。他的藏品中最为难得的是有33封宋朝人的书信,其中甚至有苏东坡和辛弃疾的亲笔信,所以他把自己的书斋命名为"三十三宋斋"。

梁鸿志住进这处花园后,更加忘乎所以了,夜间常常举办豪宴,招引各路"豪杰",尤其是日本主子,前来畅饮、打牌。每到酒酣耳热之际,他就

楼外扶梯旁的"金杯"雕塑

楼内造型别致的楼梯

拿出他的藏品向人炫耀。可他万万没有想到,这批藏品很快就易主了。

抗战胜利之后,梁鸿志被投入牢狱。为了保命,他不惜忍痛割爱,把"三十三宋"拿出来托人送给了戴笠,以求减免刑罚。可是,到头来他还是被送上刑场,受到了应有的惩罚!

白崇禧入住"白公馆"

梁鸿志被捕之后,国民党的接收大员接收了这处房子,再后来,国民党桂系首脑之一的白崇禧入住其中。白崇禧是广西桂林人,早年毕业于保定军官学校,北伐战争时任国民革命军总司令部副参谋长、东路军前敌总指挥,参与了蒋介石发动的"四一二"反革命政变。1928年,桂系军阀与蒋介石闹翻,并在蒋桂战争中失利,白崇禧和李宗仁只好回到广西老家,直到抗战爆发,才再度北上。

白崇禧再次来上海已是解放战争时期,他先后担任了国民党政府的国防部长、华中军政长官等职。在此期间,他把家安在了上海这幢花园洋房里。

幼年白先勇与父亲白崇禧

"白公馆"侧影

不料好景不长,淮海战役之后,白崇禧这个国防部长已变得有名无实。眼见大势已去,他便于1948年年底安排家眷南撤广西,1950年到了台湾。

"德国啤酒餐厅""仙炙轩"迎来八方宾客

新中国建立之后,上海市人民政府接收了这幢花园洋房,并先后作为上海画院和上海越剧院的院址。改革开放以后,上海越剧院迁往淮海中路,这儿成了越剧院与梅龙镇酒家合办的越友酒家。越友酒家的开头几年生意挺好,天天客满,可是没几年,生意就淡下去了。于是只得把宅院旁边的越剧院练功房租给台湾宝莱纳餐饮有限公司开设德国啤酒餐厅。后来,越友酒家的生意更清淡了,而德国啤酒餐厅却越来越"火"。一到夜间,灯红酒绿,鼓乐铿锵,菲律宾乐团的热情演出,把三层楼面的近千名食客们鼓动得心旌摇荡……最后,宝莱纳把越友酒家也"吃"掉了。

现在，这幢花园豪宅成了宝莱纳推出的"仙炙轩"极品烧肉餐厅。餐厅保留了楼内原有的建筑特色及装潢，又重新作了规划整建。"仙炙轩"奉行"品质至上"的服务特色，每天迎来大批海内外的食客。昔日的将军故居，今日依旧名流汇集。

马勒别墅:一座童话般的迷宫

竺安向红

马勒别墅,这幢建成于1936年的豪宅,历经风雨,几番兴衰,主人迭变,直至2002年全面整修,改由衡山集团经营,仍屹立在陕西南路30号,默默领受着路人的注目和岁月的变迁。

尽管从世界范围来看,马勒别墅尚配不上伟大建筑的称号,但它却是建筑中的另类。它的离奇经历和神秘色彩,它那无法解释的建筑构造,使每个对它发生兴趣的人,都想找到它建造之初所要表达的真实意味。

花园中那匹象征奇迹的青铜马

据说,至今没有人找到马勒别墅当年落成时的照片。或许,别墅花园中的青铜马能够让我们看到当年的一些印迹。在高高的用进口耐火砖砌成、以中国黄绿琉璃瓦压顶的围墙内,是占地面积达2 000余平方米的花园。花园中央是一块春意盎然的大草坪,同样以进口耐火砖铺成的步行小径,曲径通幽般地围绕着草坪。随意走去,会看到散布在路径树荫里的石狮、石鼓、石狗以及大小不一的陨石,尤其珍贵的,是正门路边的那块有着上亿年历史的杏树木化石。如果说这些摆设是主人身份和情趣的点缀,那么令人奇怪的是,草坪之上却放着一匹青铜铸就的健马。从其占据的位置来看,其如君王俯瞰,那四周的摆设,则似诸侯朝觐。难道这匹青铜马有着显贵无比的身份吗?

是的,爱立克·马勒最初闯荡上海滩的历史,就是由这匹马用它的四蹄书写的。上海开埠不久,其父赍赐·马勒于1859年从大不列颠来到上海。

修缮一新的马勒别墅

这位由挪威国籍转入英国国籍的船员出身的商人,创办了赉赐洋行,主营货品拍卖兼营航运代理业。时间匆匆流逝,1895年,行过成人之礼的爱立克·马勒也来到了上海,帮助父亲打理事务。

不久,爱立克·马勒在上海娶了某外商公司经理的眷属伊莎贝尔·勃来顿为妻,这桩婚姻对他的事业发展颇有帮助。

爱立克·马勒是个冒险家。他购买彩票,参加跑狗赛马,据说还购得一匹良种赛马。这是否让他发了大财,因无据可查而难以确认,但这些冒险活动,对他以后的经商肯定是有益处的。

他又子承父业,接管了赉赐洋行,出任了第一经纪人。把原来的业务扩展到海上保险和船舶代理,其中船舶代理业务是他攫取巨额利润的主要来源。20世纪初期,航运业正处于"兴奋期"。船舶要连续航运,就必须经常维修保养。爱立克·马勒起先接到维修订单后,即把任务转包给华泰机器厂及和丰船厂。以后,为了不让肥水外流他人田,他便于1928年在复兴岛建立了英商机械造船厂,自营船舶修理业务。不久,又在浦东开办了马勒机器有限公司（沪东造船厂前身），职工多达2 000多人。接着，他又买了一艘客轮做起航运生意，往返于上海、镇江等地，同时还兼营房地产。据估算，20世纪20年代，爱立克·马勒拥有大小海船17艘，总吨位约5.3万吨，成为上海引人注目的私营航运企业。

可能是出于教徒式的感恩，也可能是为了炫耀自己神奇发迹的经历，爱立克·马勒在建造别墅时，在本该放置其家族要员雕像的地方，却特地放置了他的宝马铜像。据说，铜像基座下方埋葬着他所喜爱的那匹赛马的遗骸，而宝马铜像是按1∶1的比例铸就的。令人多少有些遗憾的是，这匹铜马的马鞍，已经在"文革"中流失，至今不知下落。

像城堡像邮船像童话的马勒别墅

乍一看到马勒别墅，人们都会被这幢3个楼层、面积达2 417平方米的建筑的外立面所吸引。它是一幢旧时北欧城堡式风格的建筑。

主楼门前是整幢建筑的向阳面，也是四个立面中最华美的一面。站在门前举目上眺，建筑外观凹凸多变，造型华丽。屋顶上有两座四面锥形的尖塔，傲然指向蓝天。住宅屋顶陡峭，四周是向上的尖形山面，形成外观最突出的特征。东侧的尖塔高近20米，上面有圆形凸窗，尖顶和凸窗的上部均有雕塑装饰物。西侧的尖塔高近25米，其形状陡直，双塔均采用特殊金属青铅瓦覆面，具有典型的挪威哥特式建筑风格，是整幢建筑外观中最亮眼的所在。南侧有三个双坡屋顶和四个尖顶凸窗，中间双坡顶的木构件清晰外露，构件之间抹白灰缝条，则又是北欧斯堪的那维亚的乡村建筑风格。主楼的外墙面均采用进口彩釉耐火砖垒砌铺贴而成，突出的墙体顶端矗立着一个个充满童趣的绿色圆柱和球体，气窗和窗户上部均做成半圆形拱券，连不起眼的烟囱上也开了好几扇拱形窗，在华美庄严中透露出几分生动活泼的风韵。大门上方的雨篷，犹如堆砌的积木，十分有趣。整个主楼和辅楼均属砖木与钢砼混合结构，且相互通连。

据说，造这幢别墅与爱立克·马勒的女儿有关。20世纪初，爱立克·马勒举家搬迁到此后，一个北风凛冽的寒夜，他的多病的小女儿在温暖的壁炉前，向他讲述了一个美妙的梦境：那天，她来到了安徒生描绘的童话中，走进坐落在高高云端里的城堡，突然，城堡像船一样地游动起来，在一望无垠的海洋中驶向北欧的挪威故乡……尽管这种传说未可当真，但爱立克·马勒在设计建造这幢豪宅时，的确融入了童话里的意境。从1927年5月开始，图纸设计整整花了两年。1929年破土动工，其间停顿过数次，据说是因为资金短缺。直至1936年，这幢豪宅才完工。

花园中的铜马

这幢外表像城堡的花园洋楼，其实也像是一艘正在航行中的邮轮。整个花园就像绿色的海洋，草坪边的一座镂空石塔，仿佛是航标灯塔。走进主楼高大华贵的主门，首先映入眼帘的，是木吊顶上彩绘的罗盘、驾驶舵，也许这就是马勒女儿眼中的船头。里面是一个宽敞明亮的大客厅，迎面木照壁上，原本雕刻着金陵十二钗的故事，由于

石雕灯塔

时间久远，雕塑损坏严重，2002年装修时，全部拆除换成木护壁。厅中的大理石圆柱，木制圆拱主门套和半圆形的窗户，拼花柚木地板，处处显示出主人千金一掷的豪奢气派。主楼梯呈十字形，连接各楼层平台。整幢建筑内的楼梯极多，且都为仿制邮轮楼梯，拐弯抹角，忽上忽下，四通八达，即使是同一楼面的房间，有的也必须通过楼梯才能贯通，初入其间极易迷失方向。事实上，这些楼梯是有规律的，同层楼梯大小一致，但越往上走，楼梯越窄。如此设计让每一位访问者仿佛置身于童话的迷宫中，令人浮想联翩，流连忘返。

从主楼梯曲折向上，登上屋顶尖塔向外眺望，围墙外的马路和高架道上车水马龙的繁忙景象，就像是另一个世界正在发生的故事，更衬托了这幢洋楼的幽雅宁静。

主楼的楼梯扶手、栏杆均雕刻着精美无比的花纹。大小不同的房间风格迥异，过道、走廊等处的墙面均装有护墙板，并以彩色木板镶拼成颇似船用构件且精致至极的方棱形图案。楼内随处可见用金粉着色的花饰，60多年后的今天仍保持着鲜艳的色彩，仿船舱过道的木制平顶更是精雕细刻并加以彩绘。每层楼梯口均设有非功能性的圆形窗，仿佛是海船的密封窗。在通往法式套房的门口上端，仿照轮船机房，设计了一圈椭圆形的围栏，围栏上空，是装有彩色玻璃的室内穹顶。在晴朗的白天，阳光透过玻璃在室内洒下一片金黄，呈现出斑斓柔和的迷人色彩，让人联想到地中海的沙滩。洋楼的尾部，有一舵状之物，象征正在劈风斩浪的船舱。

尤其令人意想不到的是，一幢洋人的西洋豪宅，却在很多地方融入了中式建筑的特点。主楼的大门两端，是一对石狮。尽管专家认为，这对石狮口中没有石珠，是对洋狮，但这样的摆设却是典型的中式造型。而原本大大小小106间房间里的雕饰，大多雕刻着海浪、日出甚至是向日葵图案，让人联想到清朝官员朝服上的江牙红日海水图。另外还有那许多的中式琉璃、花纹，还有毫不协调莫名其妙地镶嵌在"侧舱"墙壁中的一块汉白玉"孔雀登枝"图案等。也许，这种设计和构思，最符合爱立克·马勒这样的冒险家的口味。

童话般的别墅历尽了人间沧桑

1941年,爱立克·马勒为了躲避日寇的暴行,离开了上海。之后,他再也没有重返上海。

太平洋战争爆发后,日寇强占了这幢别墅,塔尖下飘动的太阳旗,沾满了中国人民的鲜血。

抗战胜利后,马勒别墅又成为国民党中统特务机关和三青团的所在地。1949年新中国成立后,马勒别墅成为共青团上海市委的办公楼。

从那以后的几十年间,有多少青年曾登上塔楼,极目远眺,在蓝天白云下畅谈着人生的理想;而在那绿茸茸的大草坪上,又有多少青年随着青年圆舞曲的优美旋律跳起欢快的舞蹈;当然人们也不会忘记,在这里也曾有过"疯狂年代"的疯狂行为……

岁月的磨洗,使得马勒别墅变得苍老起来。1980年,上海市房管局出资,对它进行了首次修缮。1993年至1994年,市房管局与团市委分别出资,再次对它进行了修缮。2001年,上海市衡山(集团)公司出资对马勒别墅进行了全面修缮,改建为接待贵宾的小型精品宾馆。

修缮改建工程并不简单。主楼的底层80%的地板都被白蚁侵蚀了,只能全部拆掉重铺,因为找不到与原来拼木地板相似的材质,就在"修旧如

(左)仿游船舱房的门厅、扶梯和走道,(右)轮舵图案

造型典雅的楼梯

旧"上下功夫,终于使底层的地板回复到原样。

改建前,主楼有两个室内阳台采光不好,而且明显与整个建筑风格不协调,是个不得不动手术的地方。但是60多年尽显另类风采的马勒别墅,连一张原始照片也没有留下。设计师只得按整幢楼的风格苦思冥想,设计出阳台的改建图样。

最考验施工水平的,还是墙砖和琉璃。别墅立面的彩砖不少已经缺损,既采购不到,自行试制又告失败。有一天,设计师在花园小径散步时,目光偶尔触及地上铺着的地砖,嘿,这些彩色耐火砖不正与主楼立面用砖相似吗?于是,经过仔细测绘计算,部分花园砖被小心拆下,用到外墙立面上。

屋面上的彩色琉璃瓦破损后,必须更换新的,但没有厂家肯轻易揽下这个"瓷器活"。经过一番寻找，总算在江苏宜兴一家传统窑厂找到了它的身影，遂使"补天"工作顺利完成。而别墅中的五彩玻璃补缺也是难度颇高的事。设计师先用了一种彩色玻璃，但在日光下看，不见童话世界的空灵幻境，后来换了另一种价昂质高的玻璃，才找回了原来的感觉。

至于马勒别墅的两个尖顶，改建时，将原来的两个尖顶材料拆下来，合成为一个，另一个则用了新的材料。尽管新旧各异，但在外人眼里，也只有尺寸大小之别。而原来极尽风流的三楼舞厅，现在已改建成4 000元一夜的英式房间……

如果说改建后的马勒别墅还有什么遗憾的话，那就是花园中的小姐房。以前人们一直将小姐房误认为花棚。其实那是爱立克·马勒为多病的小女儿专设的，好让她散步感到累时，可以坐在这间小姐房里小憩片刻。现在弄清真相后虽然改了回来，但下部新漆的雕饰彩绘，与穹顶原来的粉金色很不协调，少了一分女性的柔媚和浪漫。

据说，爱立克·马勒的女秘书"文革"时曾经来看过马勒别墅。之后，就再也没有和马勒有关的人来过，而他的后人至今仍在从事着航运业。

"大理石大厦"沧桑纪事

吴健熙

中国福利会少年宫坐落在上海延安西路64号,主楼是幢通体洁白的大厦,因为许多大理石作为建筑贴面和装饰,故又被称为"大理石大厦"。该楼原为英籍犹太富商埃黎·西拉斯·嘉道理爵士的寓所,故又有"嘉道理公馆"之称。1989年被列为上市近代优秀建筑保护单位。

一桶消毒剂带来好运

埃黎·嘉道理于1867年出生在时属英国殖民地的伊拉克的巴格达。1881年,年仅14岁的他离开故乡,投奔在香港新沙逊洋行做事的哥哥摩西,

大理石大厦(今中福会少年宫)

成为该洋行里的一名书记员,此后被派往宁波办事处任职。当时宁波城里发生瘟疫,嘉道理未经上司同意便从仓库里提取了一桶消毒剂,为此受到严厉指责。他觉得这很不公平,于是提出抗议,结果被洋行开除。

事后,哥哥给了他500港元,说这是他的全部财产。于是嘉道理与人合开了商行,做起了经纪人生意。据其长子劳伦斯回忆:"他以天生的聪颖勤奋地工作着,很受人欢迎,在积聚财产方面运气不错。"1897年,嘉道理在英国娶同为犹太人的劳拉·摩卡塔为妻,生了劳伦斯与霍瑞斯两个儿子。

埃黎·西拉斯·嘉道理

民国初年上海橡胶风潮涌起,大批橡胶公司因投机失败濒临倒闭。就在这时嘉道理来到上海,汇丰银行经理史蒂文斯请他帮忙重振橡胶业,于是他留了下来,据说工作颇见成效。随后他将嘉道理洋行总部从香港迁至上海,又在沪港两地开设了多家公司,除橡胶外,还经营自来水、电力、煤气等,成为拥有相当资产的大老板。

一幢耗资百万白银的洋楼

1919年,嘉道理在今黄陂南路上的住宅失火,妻子摩卡塔为救被困屋内的家庭女教师而丧生。嘉道理悲痛欲绝,为避免触景生情,他带着两个儿子去伦敦暂住。行前委托好友、建筑师格莱姆·布朗为他在大西路(今延安西路)上重建新屋。没想到布朗酗酒成性,将新屋交英商马海洋行的史金生设计后,便不再过问此事。结果,1924年新屋落成,嘉道理回到上海看到的是"一幢宫殿式的建筑和一个烂醉如泥、正躺在医院里的布朗",而管理这幢花园洋房至少得用三四十个佣人。更让他吃惊的是，承包商寄来的账单上竟是高达100万两白银的天文数字，按当时米价折算，可买大米5 000万斤，足够14万人吃一年。

整个公馆占地约15 000平方米，建筑面积4 692平方米。主楼为砖、木、石混合结构，原为一层，1929年加建一层。正面朝南，通过三跑台阶可上主楼正门前的大平台。每跑台阶两侧各有铁塔形灯座一具，中间一跑台阶两侧的石礅上原有石狮一对，今为少先队员的塑像所取代。面对花园中央大门的入口处有仿爱奥尼式券柱廊。

公馆内有大小房间20余间，底层有可容800人跳舞的大厅和近百人用餐的餐厅。另辟有3间休息室，其中大厅东面的一间为牌室，顶部呈拱形，这种拱顶在上海似不多见。主人卧室及起居室位于二楼。主楼内部装饰仿18世纪欧洲皇宫样式，可谓富丽堂皇。门楣精雕细镂，漆以古铜色花纹。室内墙面多用金箔贴饰，房顶饰以石膏图案，色彩花纹各异。楼梯全用大理石砌就，柚木扶手，铜质栏杆。地坪除用大理石外，均为水曲柳、柚木嵌线图案。大厅四壁饰有大理石雕刻，顶上悬挂8盏玻璃珠子吊灯，成三、二、三排列，华灯齐放，满堂生辉。

花园内则树木葱郁，绿草如茵；南面的草坪上曾建有马厩、鹿厩、网球场、暖气花房等，那原是供嘉道理家族及其亲朋好友们玩耍享乐的天堂。

一个藏有7公斤金条的纸包

可惜好景不长。1941年12月太平洋战争爆发时，嘉道理一家除霍瑞斯留在上海看管公馆外，都在香港度假，于是被占领香港的日军一锅端地送进了集中营。5个月后，他们被押上轮船运至上海关押。这时他们才知道"大理石大厦"已被日本人侵占，所有财产均被没收。嘉道理家人属英国"敌侨"，只能佩戴着占领当局规定的"B"字红色袖章，到指定的商店购买食品。后来劳伦斯一家还被关进了闸北集中营。老嘉道理因病魔缠身，才被破

霍瑞斯·嘉道理和嘉道理学校校长露茜·特维西合影

例软禁在自家公馆的下人住的小屋内,由霍瑞斯照顾,于1944年在贫病交加中谢世。这时"大理石大厦"已被汪伪政府占用。

嘉道理死后,他的两个儿子尽管自身难保,但还是积极帮助同病相怜的难胞。抗战胜利前夕,为防盟军空袭,上海实行全城灯火管制。一天晚上,前法国驻沪法院首席法官考夫曼怀抱一个7公斤重的纸包叩门进来,急促地对兄弟俩说:他因遭维希政府迫害,不得不离家出走,"这是一些金条,你们是我认识的唯一能够相信的人。请把它藏起来!"说完就走了。

事后劳伦斯回忆道:"作为一贫如洗并被软禁起来的战俘,我们的感情十分复杂。尽管如此,约在半夜时分,我和弟弟偷偷溜出屋子,跑到花园里,找了一棵树,把那金条埋在树下。9个多月后,战争结束了,经过一番搜寻,我们找到了那些金条,并将它完璧归赵。"

一个热衷慈善事业的犹太家庭

1945年8月日本宣布投降,由肖耶少校率领的一支美军小分队在上海登陆。他们通过瑞士驻沪领事馆与嘉道理兄弟取得联系,要求入驻"大理石大厦"。兄弟俩欣喜若狂,5年来第一次打开了公馆内的所有电灯,用印有"嘉

嘉道理学校的学生过节时的留影

道理"英文第一个字母"K"的特制食品款待盟军。不久,嘉道理公馆便成了美、英和澳大利亚军人的活动中心。

　　嘉道理家族一直热衷于慈善事业。宋庆龄领导的中国福利会曾多次在此举办游园会、舞会和救济难民的义卖活动。如1948年11月20日,福利会举行义卖舞会,义卖品有瓷器、茶具、工艺品、烛台等,其中不少是宋庆龄自己捐献的。儿童剧团上演活报剧《乞儿》,筹得款项15万元。老嘉道理在世时,还在上海捐资创办了肺结核病防治所和中山医院皮肤病防治所,向医院捐赠了不少医疗设备。

　　1902年,老嘉道理在白克路(今凤阳路)开设了一家私立补习学校——育才书社,自任校长。书社招收百来名青年,分几个班级上课,专攻中英文两科,主要是为租界内的洋行、工厂及工部局培养翻译人才。1910年前后,工部局有意为纳税华人子弟创设一所普通学校。老嘉道理闻讯后,向工部局表示愿意将原来的育才书社改建为工部局学校。为此,他在山海关路购地10亩,建造了一幢有15个教室的三层楼房作为新校舍。1912年3月12日,育才书社迁入新址,并更名为"工部局立育才公学",归工部局管理,即今育才中学的前身。鉴于嘉道理在世界各地兴办了许多慈善事业,1926年他荣获英国二级爵士称号。

1939年,当大批欧洲犹太人为逃避德国纳粹的迫害而流落上海街头时,霍瑞斯子承父业,在今东长治路91弄内出资兴办了上海犹太人青年会附属学校,内设2所幼儿园和9个班级,有学生600人,使得这些失学同胞能重返课堂,完成学业。1942年1月,学校迁入东有恒路(今东余杭路)627号新址(今纺织集团党校所在地),这就是人们常说的"嘉道理学校",据说是当时虹口地区最漂亮的建筑。该校出来的学生在1946年的剑桥考试中成绩优秀,成为上海犹太难民区的骄傲。新中国成立初期,霍瑞斯曾留在上海处理嘉道理洋行上海办事处的善后事宜,后赴港与哥哥劳伦斯团聚,于1995年病逝。

至于劳伦斯,抗战胜利后不久即赴香港再谋发展,后出任嘉道理集团总裁,被港英当局授予勋爵称号。晚年积极支持中国的改革开放,投资兴建大亚湾核电站,受到中国领导人的高度称赞。1993年8月25日,劳伦斯在香港去世,享年94岁。

一座孩子们的乐园

经宋庆龄先生提议,1953年5月31日,上海市有关领导在庆祝六一国际儿童节的联欢晚会上宣布:中国福利会少年宫正式揭幕了!地址就选在正在举行晚会的"大理石大厦"。随后又在院内修建了科技楼、游艺楼、小剧场和天象馆等。这里成了孩子们的乐园。

对此,劳伦斯感慨道:"我父亲喜欢款待朋友,大理石大厦在来自世界各地的朋友中出了名。中华人民共和国成立后,它被改为少年宫,从各个学校

楼藏风云

1957年6月20日，上海少先队员代表在中福会少年宫欢迎来华访问的苏联舰队官兵

大理石大厦鸟瞰

中挑选出来的小学生们在那里接受艺术培训。岁月流逝,得知我父亲特别喜欢的这幢建筑现被成千上万的儿童使用着,他们从那里提供的课程中受益,这对我来说是件高兴的事。"

海上迷宫爱俪园

沈 寂

哈同夫妇出资修造私家花园

1873年，正是上海开埠30周年，出生在巴格达的犹太青年欧司·爱·哈同，孤苦伶仃，漂洋过海，流浪到冒险家的乐园——上海。他先在号称"上海地产第一大户"的沙逊洋行当门房和管理鸦片仓库；因他刻苦耐劳，勤奋工作，沙逊大班提升他管理地产。为了熟悉上海土地情况，他仔细观看地图，按图索骥，四处奔走，摸清每块土地的地价和有否升值可能。他还会推测时局，预计地产涨落。沙逊大班有了哈同相助，遂成为富豪。有功的哈同却只得到少数奖金，可他并不在意，只求学到房地产的经营之道，为未来自己开办洋行积累经验。中法战争后，法租界当局为了扩展地盘，特请有上海"地老虎"之称的哈同到公董局当董事，负责地产事业。哈同由一个洋行小职员跃升为租界董事，身价十倍，便与他相识多年的中国女性罗丝结婚。罗丝的身世是个谜。她既姓中国姓，又用法国名字，原因是母女两代都曾遭法国浪子遗弃。她具有法国式的浪漫性格，又有中国妇女的娇贵风度。她知道在这十里洋场，一个出身低卑的女人，想要出人头地和荣华富贵，最好的途径是嫁给洋人。可是她受过西方人的歧视和玩弄，宁愿嫁给这个出身贫寒、勤劳忠恳而又奋斗向上的犹太人。她在当了董事的哈同身上看到了希望。两人结婚后夫唱妇随，男做女帮。接着哈同又担任

哈同

爱俪园内的把翠亭

公共租界工部局董事，为租界的地产事业作出很大贡献。之后，他得到罗丝的鼓动，拿出罗丝私藏的两亩地地契作为资本，在南京路自办洋行。不久，哈同成为南京路地产第一大户，是工部局董事会中最豪富的大班。罗丝也就成了她梦寐以求的中国第一个大班夫人。

哈同贪得无厌，罗丝更不满足。她眼见和她姐妹相称的盛宣怀夫人有了辛家花园，便也想修座花园。导致他们修造自家花园还有另一原因，因为他们夫妇不是白种人，曾被挡在外滩公园门外。罗丝要哈同不惜钱财，筑造一座规模超过上海所有花园并有高级住宅的豪华精美大花园，地点就选在涌泉浜（即填浜后的静安寺路）旁的罗家村。这里既是她的出生之地，又是她母亲的坟地。哈同在拿下南京东路的大半地产后，也正想向西发展，选在那里造私家花园，也正合他的中间开花、四处发展、由此鲸吞西区地产的计划。

哈同用圈地的方法，将罗家村周围两百亩土地占为己有后，罗丝又郑重地请来镇江金山江天寺的乌目山僧为她未来的花园进行设计。罗丝法号名

"迦陵",就是乌目山僧为她取的。从此她就用此名行世。

乌目山僧来到上海,罗迦陵特地为他安排了一个禅房。罗迦陵对花园设计的要求是和《红楼梦》中的"大观园"一样,还要将涌泉浜的浜水引进花园,既表示不忘本,又因"涌泉"两字象征钱财将如同泉水一样滚滚涌来。于是乌目山僧每天上午向罗迦陵讲道,下午直到深夜进行构思和描绘花园的草图。每逢假日,他还到张园去观赏,由此结识了汪康年、章太炎、蔡元培等名流。不出三个月,乌目山僧果然拿出了草图。他把整个花园分为内外两园,将涌泉浜的浜水引进,外园建筑亭台楼阁、假山池塘,作为游览胜景,内园有高级的别墅、寺院家庙和复古崇文的馆堂。但乌目山僧总感到《红楼梦》里的大观园景点分散,缺少现代花园的气派。正巧那时《苏报》案发,章太炎被捕,蔡元培等遭通缉,黑名单里也有乌目山僧。乌目山僧便借口去日本考察,暂时避难。他在日本遇到孙中山,又特地去看了东京区汤岛圣堂和冈山县的后乐园。这两处殿堂园圃是根据我国明末名士朱舜水所著《学宫图说》一书筑造的,有东方特色和民族风格。他回国后便以此为参考,重新修改设计,在两个月内完成了花园的设计蓝图。罗迦陵十分满意。而建造花园则足足花费了三年时间,直到1910年才全部建造完成。为花园取个什么名字,大班夫妇发生了争论。哈同要用自己的名字命名,罗迦陵则不答应,认为自己也有功,应在花园名字上留下自己的影响。于是乌目山僧从两人名字中各取一字(哈同名爱隆,夫人原名俪穗),合在一起就叫爱俪园。不过,上海人却一直叫它"哈同花园"。

孙中山两次入住爱俪园

哈同花园大门开在静安寺路(今南京西路),"爱俪园"三字出自高邕之手。进门是一块圆草坪,四面环路。草坪左边东北角有座秋海棠花形的楼房,是接待贵客的"海棠艇"。草坪西南是罗迦陵最早进园居住的"莳兰室",中心四周布满错落有致的亭台楼阁——挹翠亭、铃语阁、涵虚楼、飞流界、扪碧亭、待云楼、岁寒亭、延秋水榭等，真是五步一亭，十步一阁，景色美不胜收，游客目不暇接。内园更是气派非凡，有哈同夫妇居住的迎旭楼、天演界、戬寿堂、广仓学宭、藏经阁和接待贵宾的侍秋吟馆等等。有人曾统计：整个爱俪园内共有八十座楼、十二个台、八个阁、四十八个亭、八个池、四个榭、十大院落、九条马路，其他小楼小屋不计其数。爱俪园是当时上海最大的一座私家花园。

罗迦陵

哈同夫妇为了显示威风和名扬四海，热衷于攀亲寻眷结交权贵，以抬高自身地位。其时，来了一个自称周文王之后的姬觉弥，说他曾走南闯北，由土耳其到日本，还曾进入清宫，认识皇亲国戚，因看破红尘，想削发当和

哈同夫妇居住过的苣兰室

尚，某夜神仙在梦中指点他到上海投靠罗迦陵。罗迦陵听说是神仙派来，欣然接纳。姬觉弥能说会道，八面玲珑，得到哈同信任，请他任花园总管和洋行助理。姬觉弥怂恿罗迦陵去北京晋见已经下台的皇太后，不料接见的是皇太后的母亲老福晋。她拜老福晋为干妈，成了皇太后的姐妹。干妈将亲家慈禧太后送给她的御笔"福"字，作为见面礼送给罗迦陵，罗迦陵也就成了清宫编外的皇亲国戚。1911年武昌起义，上海光复。原先攀附清宫的罗迦陵见风使舵，支持革命党人，将挂在"戬寿堂"里的"福"字取下藏好。在得知孙中山将回国担任大总统的消息后，她便要与孙中山相识的乌目山僧务必请来孙中山。12月25日，乌目山僧亲自到码头迎接孙中山，并坐上哈同汽车，直驶爱俪园。哈同夫妇打开大门迎接这位革命领袖，盛宴接风。

大总统驾临爱俪园，罗迦陵身价百倍，自然对乌目山僧格外宠信。乌目山僧表示自己虽与革命党有关，然身在佛门，便建议罗迦陵以居士身份创办佛教大学，广招和尚学生，研读佛经。罗迦陵每天早晨在园内的频伽精舍里拜佛念经。为了能在佛界扬名，她欣然同意在园内建造带有宿舍的佛殿，定名华严大学，她自任院长。在罗迦陵的生日那天，乌目山僧请来杭州海潮寺

1911年12月，孙中山总统（前排右七）与章太炎、黄兴在爱俪园合影

应乾大法师来主持开学典礼。不料大法师正要开讲佛经，佛殿外大声呼喊："院长驾到！"只见罗迦陵身穿袈裟，大模大样进来，坐在太师椅上，姬觉弥还要全体小和尚向院长顶礼膜拜，气得大法师拂袖而去，小和尚们也一哄而散。华严大学就此结束，罗迦陵气愤，乌目山僧无奈，哈同则认为浪费了钱财。正在这时，在武昌起义时曾屠杀革命党人的两广总督瑞澂，化装成商人，带了搜刮来的钱财，携家眷偷逃到爱俪园要求避难。哈同知道瑞澂是革命党的死敌，也是畏罪潜逃的清廷钦犯，不觉有些为难；可是想到瑞澂在去武昌前曾将一笔巨款托交给他，这次又带来更多钱财，要求保存。看在钱的分上，他便让瑞澂一家居住在侍秋吟馆内。

不久，又从北京传来消息，孙中山被袁世凯排挤，大总统让位，到上海来提倡民生主义和著书立说。哈同夫妇因欢迎革命在前，今天孙中山虽然退位，但仍是革命领袖，不该冷待。于是他们将革命党死敌瑞澂一家从侍秋吟馆搬出，避到外园的待云楼，迎接孙中山入住。孙中山来到爱俪园后，每天早晨，从侍秋吟馆步出，经过长廊到听涛亭，伫立片刻。哈同夫妇也每天在亭前迎接，为的是不让孙中山继续前行，以免发现瑞澂家属的影踪。每日下午，孙中山在馆内写书。乌目山僧天天侍奉在侧，畅谈国事。他建议将侍秋吟馆改名"仙药窝"，寓意为孙逸仙携带救国救民之药的安身窝，并亲自题字，制成横匾挂在门前；又把孙中山每天散步的长廊题名为"欧风东渐"，颂扬哈同将西欧文明传播到古老东方的功绩。在园中，孙中山乐于倾听哈同对建设上海的意见，并拍照留念。

是年夏天，因《苏报》案闻名天下、辛亥革命后荣任总统府顾问的章太炎，年过五十，忽然宣布要结婚，新娘是创办神州女学并发起女子北伐队的汤国梨。婚礼定于6月15日在爱俪园"天演界"举行。大喜之日，贵宾云集，都是革命党人。平时不修边幅的章太炎这天是西装革履，头发光亮，只是一双崭新皮鞋的左右脚穿错，从"仙药窝"出来，步态滑稽，被孙中山发觉，临时由黄兴帮着将鞋掉换过来，一路上嬉笑声不绝。礼毕，哈同夫妇大摆酒席，宴请宾客。

当时，爱俪园几乎成为革命党人的聚会场所，他们在此高谈阔论，谋议反袁。1913年7月间终于爆发了"二次革命"。陈其美再次攻打被袁军控制的江南制造局，由于敌强我弱，又得不到商界支持，终以失败而告终。工部局宣布取消孙中山、黄兴、陈其美等人在租界的居留权。孙中山不能再在爱俪园居住了，只得悄然离去。乌目山僧送别了孙中山，惘然若失，因革命失利而意志消沉，就独自一人在藏经阁编纂《大藏经》，后由罗迦陵出钱印制出版。乌目山僧功德圆满后，身穿袈裟，飘然而去，在南京栖霞寺圆寂。

徐悲鸿受聘入园当教师

孙中山走后，姬觉弥重又将老福晋赐送的"福"字挂上。由北方传来消息：袁世凯要做皇帝，提倡尊孔。姬觉弥忽发奇想，点化罗迦陵：孔夫子是儒生，教书写文，而发明文字的是仓颉，应该把仓颉这位中国文化先祖抬出来，才显出罗迦陵第一大班夫人的形象。于是在姬觉弥策划下，她便在爱俪园里创办了广仓学会，邀请罗振玉、王国维、邹景叔等著名学者来主持，会址就设在"仙药窝"，换了牌子，由革命而复古。邹景叔曾任江都知县，收藏古器文字和拓本。他们三位合编《学术丛编》和《艺术丛编》，在学术上作出重要贡献。学会又主办仓圣明智大学和明智女学（即前由罗迦陵资助创办的爱国女学，蔡元培的爱国学社结束后，爱国女学就搬入爱俪园）。姬觉弥想到孔子有画像、孔庙里有泥塑，可谁也没见过仓颉的面貌，就公开征求仓颉画像。

正巧，年刚二十的徐悲鸿，因逃婚从老家宜兴来到上海，无处谋生。听说"爱俪园"征求仓颉画像，他便试投一稿，得到罗迦陵的赏识，遂聘请他为教师。徐悲鸿便进入爱俪园继续画仓圣像，同时教书。同事中有一位蒋梅笙先生，他有个女儿蒋碧薇，常来爱俪园，与徐悲鸿由相识到相恋。可是宜兴来人催徐悲鸿回去成婚，碧薇的婆家定下的婚期也日渐临近，两人只得私奔去了日本。另一位教师庄惕生，因在路上拾到"香槟票"，居然中了彩。罗迦陵见他有福气，竟将养女罗馥贞嫁给他。夫妻婚后生下两男一女，长子庄则敬后来成为著名话剧演员。庄惕生由穷教师成了爱俪园的爱婿，哈同派他到北京去经商，住在一座旧王府内，由一位姓雷的姑娘服侍，日久生情，生育一儿，他就是20世纪60年代世界乒乓球冠军庄则栋。

仓圣大学校址设在"大好河山"景区的楼房里，请从日本回来的保皇会首领康有为来主持。那天，康有为身穿朝服，头戴红顶花翎缨帽，坐着金顶绿呢八抬八杠大轿，来到爱俪园参加典礼，引来一片非议之声。女校校长是罗迦陵。她严格规定男校男生与女校女生不得来往。她把自己的养女送进女校读书，还要在女生中选择养女和未来媳妇。男女两校都只许读古书，学古训，还要吃素念经。

罗迦陵还听从姬觉弥要发扬广仓学窘威声的建议，成立古物陈列会，每年两次展出，不仅陈列爱俪园收藏的古物，还征求园外人的藏品。每次三天，发通知和参观券，到时嘉宾云集，成为爱俪园崇古的文会雅集。

爱俪园张灯结彩迎接老福晋

哈同夫妇成了巨商豪富后，为了抬高社会地位，还大办慈善事业。他们在爱俪园里先后举办过三次水灾义赈会。第一次是1910年吴兴水灾义赈会，第二次是民国初年京直奉水灾义赈会，第三次是1919年汴晋湘鲁水灾义赈会。以第三次最为热闹，花样也多。其实是商品展销，有古玩书画、高档锦绣衣饰以及各种洋货，规定义卖所得九成助赈。会场有童子军维持秩序，四周挂满灯彩，淞沪护军使军乐队到场吹奏，还有戏法、滩簧、大鼓、京戏、影戏、文明戏等演出，都是由海上一流角儿上台。当时盛况，可以说是万人空巷。会后结账，共收入六百余万元。哈同夫妇除免费提供场地外，还捐出100万元，一举成为上海最大的慈善家。

姬觉弥在革命党失势后，为了彰显园主的复古尊孔，举行了祭祀大典。罗迦陵自然觉得非常风光，没想到大学里的学生，在园内贴出了"反对封建礼教""反对复古"的标语。罗迦陵大怒，立即下令停办大学，哈同就改仓圣明智大学为传播西方文化的哈同大学。而女校中有新思想的女学生,则反对罗迦陵在女生中选择媳妇,发生了"反对包办婚姻"的罢课风潮。罗迦陵也随之命令解散,还对带头反对她的女生进行了严厉处罚。

哈同与罗迦陵婚后无生育,收养了11个洋子女和11个中国子女。姬觉弥认为哈同夫妇虽举行过婚礼,但未为公众承认,于是便在1922年罗迦陵59岁、哈同71岁时,为他们举行了夫妇相加130岁寿庆活动,大大热闹了一番。民国元首黎元洪送来贺匾,宣统皇帝亲笔赠贺联,各省督军、省长送来贵重礼品。爱俪园内灯烛辉煌,金字寿幛,大摆了三天宴席,宾客盈门。各大报纸登出新闻,事实上是为他们的正式夫妻关系作证。

爱俪园的热闹场面,还有一次是租界从未有过的迎接清宫皇族的盛会。当罗迦陵正难耐寂寞而需要热闹时,在北京的那位皇太后的母亲老福晋要到上海来"白相"。罗迦陵闻讯,正是求之不得,这是一次炫耀自己皇亲国戚身份的好机会。于是,她命人把爱俪园布置一新,继而又忽发奇想,要用西洋化的电灯光亮去压倒老福晋王府里的辉煌,便命令在三天之内,全园挂上五彩灯泡。不料在老福晋驾临前夜试灯时,近"迎旭楼"的一段路忽然灯泡

1914年,童子军在哈同花园游览后合影留念

哈同夫妇与部分养子女在一起

爱俪园举办慈善游园大会时,游人如织

熄灭。临时叫园工去修理，竟触电身亡。罗迦陵认为不吉利，遂大发脾气。老福晋来到后，一日三餐享用各帮名菜，罗迦陵还伴她坐汽车"白相"南京路，在"一品香"楼上看跑马……可谓出尽了大班夫人和清宫皇族的风头。

爱俪园最隆重也是最后一次的盛会是哈同的丧礼。哈同数十年苦心经营，积劳成疾，留下遗嘱，终于在1931年6月19日去世。海上富商大班的丧事当然不能不讲究排场，园内树木、廊柱一律涂以白漆，所有亭台楼阁挂上白布。戬寿堂改作灵堂，请三鼎甲为哈同的牌位点朱砂，由僧尼、道士、喇嘛轮番念经、做道场和跳神。丧礼共办了7天，费用80万元。哈同棺材由64名扛夫扛着，伴着仪仗队、军乐队的吹打，在园内各条路上兜了一圈，然后按照犹太仪式安葬在大理石坟墓里。哈同生前占有900亩土地，最终却只需葬埋尸体的七尺坟地。

哈同的遗嘱写明，死后财产归罗迦陵所有。工部局征去遗产税1 500万元。罗迦陵一时拿不出现款，只得将地产变卖。剩下的产业倒也足够她挥霍了，她过着比过去更为骄奢的生活。可是1932年上海爆发了"一·二八"抗战，哈同在租界外的地产遭到损失，加上那群义子女中有的不肖和放荡，姬觉弥又从中贪污和占有不少财产，哈同生前的产业逐渐败落。罗迦陵因开支大，入不敷出，只得向中和地产公司借款近2 000万元。1941年11月罗迦陵逝世，养子女们竞相争夺遗产。一月后太平洋战争爆发，日军占领爱俪园，将园内洗劫一空。后因无人管理，又遭火灾，哈同夫妇坟墓也被掘，昔日富丽堂皇的爱俪园变得荒芜不堪。抗战胜利后，国民党政府因哈同家属久欠爱俪园地价税不付，要将此园没收充公，但遭哈同后代反对，答应陆续付清。直到解放前夕，洋义子乔治·哈同挟大量财宝逃走。解放后，上海市人民政府因哈同地产未交税款，以及滞纳金及罚款约百万元也未交纳，便于1953年决定征用爱俪园废址，1955年在此筑造中苏友好大厦。60年代又改名为上海展览馆，今为上海展览中心。

金奖经典建筑：中苏友好大厦

程 也

不辞风险　陈植冒犯苏联专家

中苏友好大厦是上海解放后建造的第一座宏大建筑。它于1954年开工建造，后更名、扩建为今天的上海展览中心。它所在地区原系英籍犹太富商哈同的花园住宅，占地0.93公顷。根据沈寂老先生提供的史料以及笔者查到的有关材料，哈同花园在上海解放初期已资不抵债，故最终经过法院审理判决，由上海市人民政府收归国有。

曾经风光一时的哈同花园虽然败落以至荒芜，但因其位于寸土寸金的市中心，地段好，地皮大，上海市人民政府决定将它改建成大型展览场馆。因当时我国与苏联的友好关系，以及此馆有

上海展览中心（旧称中苏友好大厦）

哈同花园里的抱翠亭

苏联专家参与设计,故将此馆命名为"中苏友好大厦"。

1954年5月4日上海中苏友好大厦开工时,适值五四运动35周年和中国新民主主义青年团诞生5周年纪念日。施工不足一年,即于1955年3月15日竣工,上海市副市长潘汉年主持了中苏友好大厦落成仪式。

中苏友好大厦由中央大厅、工业馆、东西两翼的文化馆、农业馆及电影院等5部分组成,总建筑面积58 900平方米。东西两翼的文化馆和农业馆各为18米宽、186米长的2层矩形建筑,各有柱廊与中央大厅连接。工业馆的后面是电影院,平面为广字形,2层。电影院两侧为东西两座角亭。

中央大厅平面为正方形,包括夹层共17层。大厅顶部置金塔标高达110.4米,高度超过了当时上海最高的国际饭店。塔尖上的红色五角星在阳光照耀下熠熠生辉。中央大厅基础工程首次采用了当时先进的箱形基础,使整个建筑物上下成为一体,基础沉降均匀。

这座在20世纪50年代上海规模最大、气势最雄伟的仿俄式建筑群,由当时苏联的著名建筑师安德烈耶夫、结构工程师郭赫曼、建筑师吉斯诺娃与

上海市副市长潘汉年和苏联驻沪总领事施捷利克在工地破土

华东工业建筑设计院合作设计，上海中苏友好大厦建筑工程公司负责施工。整个大厦是典型的俄罗斯巴洛克式建筑，室内外运用了大量俄罗斯风格的装饰构件及黄金等贵重材料。这样的建筑在中国只有北京、上海、武汉三座，武汉的已经拆毁，上海的是建筑最完美和保护最完好的一座。建筑物内部的电灯、电话、广播、上下水道等管线都装置在墙内和地下，即使在广场上和道路上也不会见到纵横的架空电线，保护了它的建筑美。展览中心建筑被评为"新中国50年上海十大金奖经典建筑""全国十大会议经典建筑"之一。

当年在中苏友好大厦设计中，还有一段插曲。安德烈耶夫在北京作初步设计时，突然提出一个"中西合璧"的方案，不伦不类，使设计人员大为惊诧。在当时对苏联专家绝对不可冒犯的情况下，中方设计师陈植不辞风险，向主持这一重大工程的市政府秘书长徐平羽反映了自己的不同意见。经徐平羽向潘汉年副市长汇报后，与安德烈耶夫婉转商谈，才改拟俄式古典方案。在工程进行期间，安德烈耶夫与专从苏联来沪的雕塑家建议在东西两翼入口柱廊和友谊电影院柱廊上树立雕像。因雕塑题材不妥，且又耗经费和时间，为此陈植再次直言不讳。最后，上级没有采纳安德烈耶夫的建议。

历经近半个世纪的风雨，中苏友好大厦（后于1968年更名上海展览馆，1984年又改名为上海展览中心）的外貌和使用功能日显老化。因此，对其进

中苏友好大厦工程施工现场

行加固修缮,被列为新世纪上海市重大工程项目。在2001年的加固、修缮设计中,设计人员完全按照原貌,修旧如旧,将破损的立面花饰加以复原,保持建筑原有的外立面,继承建筑形象的历史性和延续性。修缮强调历史精华部分,保留最具特色的中央大厅和各展厅的穹顶、顶花、金属花饰、吊灯、水磨石地面等。此外,还特别注重周边环境设计与建筑物的融合。修缮后连许多在展览中心工作了几十年的老职工都说"今天的展览中心比当年更好看了"。

张灯结彩 欢迎伏罗希洛夫来访

中苏友好大厦自落成至今,举办过的大小展览、会议接待、庆祝活动不计其数,举不胜举。

早在1954年6月中苏友好大厦还在施工时就调来此处工作的庄惠亮老先生回忆说,当时的工作人员只有120多人,而大型的活动、会议又比较多。比如大厦建成后的第一个大型展览活动是苏联经济及文化建设成就展览会。1955年3月15日,亦即大厦落成之日,隆重的开幕典礼在中苏友好大厦中央大厅前广场上举行。苏联驻我国大使尤金、上海市副市长潘汉年等主持开幕仪式。这次展览会上有11 500件工业、农业和文化等方面的展品。据统计，这一天展览会接待的观众就有25 000多人。

要说在中苏友好大厦里什么事最让人难忘，可真有点难。大展览，小活动，外国贵宾，普通群众，各有各的故事。庄老先生笑呵呵地扳起了手指头——

要说大的，人代会、党代会基本都在展览中心举行。以前每年的"两会"期间，展览中心的南部展览建筑区必须停止开放，仅供北部会议使用。现在东面的葡萄架拆除后，新盖了一幢四层楼房作为"两会"的固定会场。所以，现在开"两会"期间，展览中心南部的展区照样开放。庄老笑着说："会场多了，会展好安排呀。"外宾呢，1957年4月24日苏联国家元首伏罗希洛夫主席来访，中苏友好大厦张灯结彩，并在面临延安中路和南京西路的主楼上，安装了用霓虹灯制成的巨幅中俄文标语，这两组霓虹灯的每一个字都有一人高，长度共有120多英尺。当伏罗希洛夫主席到达大厦门前时，人们敲锣打鼓、燃放爆竹，少先队员们还放出1 000羽和平鸽、1 000只气球和悬挂着欢迎标语的6只大气球，气氛非常热烈。"当时在宴会大厅里摆了有100桌的样子，你想想，那个场面！"庄老先生至今回想起来还是那么激动。

幸福时刻　周总理和我们一起合影

"我们的党和国家领导人毛泽东、周恩来、邓小平、江泽民也都来过。"庄老先生以前做过办公室主任，他说："中央领导人来过好几次，开会呀、会见贵宾呀，都是我们和上海市警卫处一起搞接待。各展馆的大门钥匙都由我管着。中央领导来之前，我们工作人员都要大扫除、清场，确保安全和卫生。事无巨细甚至小到拔草，都要保证不出差错。那时空地多，我们必须常常去清理杂草。那么多人来参观总要注意形象嘛。"

"中央领导同志都很亲切、平易近人。"庄老先生感慨地说。其实不止他这样感觉，数学家苏步青回忆1956年1月9日晚上应邀参加在中苏友好大厦举行的座谈会时也说:"毛主席和我们讲话,很亲切,很尊重人。那天,毛主席接见了我。陈毅市长介绍之后,毛主席握住我的手说,'我们欢迎数学,社会主义需要数学。'这个话,是很有意义的。搞社会主义要有科学态度,要讲科学。40多年过去了,说起来好像还在昨天。"

1957年12月14日,周恩来总理在中苏友好大厦观看了绍剧《大闹天宫》后,走上舞台接见六小龄童,总理还怀抱小六龄童与六小龄童一起拍过一张照片。说起照片,庄老先生说他也和周总理有过一张合影:"那时总理主动提出要与我们工作人员拍照。"说到这事,庄老先生就很激动,他模仿着当年总理的样子挥了挥手,说:"总理招呼大家说:'最后啊(活动结束),大家一起拍个照。'大家又高兴又有点不好意思。周总理特别招呼我们过去,我们就排好队,拍了一张。"

"那时的故事真是说不完。各种展览、各国贵宾、各种活动太多了。展览中心嘛!"庄老先生颇为自豪地说。最后,庄老先生指着客厅墙壁上悬挂着的照片,兴奋地对我说:"退休了我们还在那里拍过一张照。那是1996年,徐匡迪市长和我们大厦退休职工一起拍的,"说完,庄老先生的脸上又绽开了满面笑容。

1945年的军统优待室
—— 楚园亲历记之一

孙曜东 口述　晓颂 整理

楚园的70多个新"房客"

楚园是上海建国西路上一条不大的弄堂，弄内原有6幢小洋楼，过去是伪上海市警察局局长卢英的房子。抗战胜利后卢英被捕，这些房产被国民党军统没收。其中一幢五开间的带花园的洋房，被戴笠作为"军统优待室"。从1945年11月至1946年5月底，这里关押了一批在沦陷期间与军统组织多少有些联系的汉奸（个别人例外），其中有缪斌、温宗尧、梁鸿志、盛文颐（即盛老三）、闻兰亭、唐寿民、吴蕴斋、朱博泉、唐海安、严庆祥、沈长赓、张慰如、金雄白等，前后进进出出，共计70多个"房客"。

我因曾在汪伪时期担任过复兴银行（伪上海市银行）的行长，与军统上海站的负责人程克祥、彭寿、陈恭澍等素有交往，向他们提供过部分活动经费，所以也被列为受"优待"的人员之一，并由军统头目王新衡亲自送进去。直到1946年3月戴笠因飞机失事摔死之后，全国惩办汉奸的呼声日高，蒋汪勾结的内幕一天天被揭露出来了，我们这些人才结束了"优待"生活，被投入提篮桥监狱。接下来，判刑的判刑，枪毙的枪毙，释放的释放，各有所归。

楚园半年，实为我们这一批人被关进提篮桥监狱之前的拘留期。由于抗战刚刚胜利，国民政府尚未"还都"，大规模的肃奸还未开始，甚至连周佛海还被任命为国民政府军事委员会的上海行动总队总指挥，所以被关在楚园受"优待"的人，既惶惶不可终日，一有风吹草动总是紧张万分，又抱着些许莫明其妙的侥幸心理，各有各的表演。兹将回忆所及略述一二，或许能反

如今楚园里的洋楼早已拆除，唯有弄堂口的门楼旧景依稀

映出穷途末路者的心态以及蒋汪合流时的些许内幕，谨供关心这段历史的读者们参考。

胜利后各路人马大"劫收"

1945年9月底，戴笠把周佛海、罗君强、丁默邨接到重庆去了，原先的上海行动总指挥部无形中解体，我这个总指挥部的主任秘书自然没用了。随着重庆的接收大员一批批到来，上海市面越来越乱。程克祥等一批在汪伪时期就潜伏在上海的军统人员，此时亮出"牌子"，成为第一批接收大员。他们在抗战中一直没离开过上海，对哪些人员是汉奸，哪些人家里有什么房子、财产一清二楚。所以日本人一投降，他们就捷足先登，一下子捞了很多好处。接着是原先在汪伪政府和军队里的一些人,此时也亮出"牌子"声称自己是打进汪伪内部的地下工作者,摇身一变也成了"接收人员",也到处贴封条、抢汽车、占洋房。后来是重庆来的各路人马,包括军统的、CC派的人物,他们见"先头部队"在上海占了便宜,于是更变本加厉地"劫收",在原先贴了封条的房子、车子、仓库上,再加一层封条,以致上海西区一些漂亮的花园洋房的大门上,被贴了好几个单位的封条。还有一些根本就是来路不明的人,也在到处抓人要钱,抢地盘,捞好处,声称是"没收汉奸财产"。在这场"五子登科"的闹剧中,时有因分赃不均而拔枪相向的丑事发生,一时间上海滩上被闹得乌烟瘴气。

结果,程克祥的"小分队"并没有真正占到便宜。重庆的军统大员到沪后,很快就把他们踢开了——戚再玉被枪毙,林基(真名叫余祥勤)被关禁闭,彭寿也被抓了起来。大概因为他们太贪心,私吞了太多的财物,所以为人所不容。有一天,程克祥垂头丧气地跑来对我说:"我不行了,他们把我们踢开了,以后你有事找重庆来的王新衡好了,我跟他讲过了,他有事也会找你的。"我明白,他这是把我转给王新衡"接收"了。那时王新衡名义上是上海市政府调查室主任,实为军统在上海文官中的最高官职。武官系统中,警备司令部稽查处的处长为军统武官在上海的最高官职,这个职位历来都是军统的骨干分子担任的。王新衡是少将衔,戴笠也是少将衔。程克祥从那以后就消失了,据说也被抓起来了。

王新衡表面上对我很客气,但他从我那时的太太吴嫣手里"接收"了不少钱,因为我的钱大部分都在她那儿。后来王新衡还有一次更大的"接收",即荣德生绑票案破获之后,他从荣家捞取了15万美金和一幢小花园洋房。这是荣家的亲信陆菊生亲口告诉我的。

军统特别"保护"金融界要人

我归王新衡"管"之后,常被叫去讯问情况,大多数是金融和市场方面的情况,也有汪伪内部的情况。有一天王新衡又来电话,说:"外面现在很乱,到处抓汉奸,戴先生(戴笠)要保护你。把东西赶快收拾一下,到一个地方避避风头,过会儿来车子接你。"我问去什么地方,要多长时间,他说避避风头而已,等社会上安定了以后就回来,并且安慰我说:"你过去为军统做了许多事,戴先生不会忘记你的,放心吧,不会有危险的。"不多久车子就来了。谁知车子只开了一会儿就停下来了,原来是离我家仅百米之遥的吴四宝的老房子。那时我住愚园路601号,吴四宝住749弄。李士群也住那儿,是吴四宝送他的房子。此两人先后都被日本人毒死,抗战胜利后房子自然被军统接收了。

我随他进去后,见里面已经有好几个人了,有吴蕴斋、朱博泉、李祖莱,都是银行界的熟人。大家相顾一笑,都是一脸无可奈何的样子。过了几天又进来几个人,有唐寿民、唐海安等。于是我就想:他们为什么要把我们这些干银行的"保护"起来呢?莫非军统想控制上海的金融吗?后来事实证明我的猜想是对的,戴笠的确亲自过问过金融方面的事情。他把我们这些人捏在手里,整个上海的金融底子就全清楚了。唐寿民是交通银行经理,吴蕴斋是金城银行经理。朱博泉是票据交换所经理,还是创办人,同时身兼几十个金融和实业界的职务。我除了掌复兴银行外,还是中国银行的监察人,汪伪时期接管过"北四行"。唐海安是宋子文的人,抗战前当过上海海关监督,抗战中与法国人办回力球场,亦是个经济专家。在战后金融再次发生剧烈动荡的情形下,经济本身就是政治,是稳定局面的关键之一。

我记得在当年,美国在日本扔下原子弹,我们这边不等日本天皇宣布无条件投降,就已经在庆祝抗战胜利了。老百姓的最快反应是中储券保不住了。8月11日,金融市场已是一片混乱,黄

本文口述者孙曜东(20世纪30年代)

金价暴涨，中储券严重贬值，股票下跌了90%，物价飞涨。戴笠在这个时候抓住我们这些金融行家，的确显示出他的老谋深算，起码在战后军统与中统的激烈斗争中，加重了他的砝码。我们确实也为戴笠出过一些主意，帮他分析过金融形势，但他没有完全采纳。也许经济实权并不在他手里，他还管不了那么多；也许他想这么做，可还没来得及实行，就摔死了。

一星期后，我们一行人再次被带上车，来到了建国西路上的楚园。王新衡一再对我们说："不要着急，好好休养一下，不出半年就会'政治解决'。"到楚园后，关进来的人一天天多起来了，而且不只是银行界的人，各色人物都有了。但是我发现李祖莱不见了，后来听管我们的一个军统官员说："他没有资格受优待，关到别处去了。"

见了林康侯，方知是优待

我和吴蕴斋、朱博泉、唐海安4人住进二楼中间的带一个大阳台的房间；唐寿民、金雄白在隔壁。每人一张床，床边有床头柜，放点杂物。屋外是条宽大的走廊，连接着朝南5间屋子。慢慢地二楼住满了。闻兰亭、温宗尧、缪斌住一间；朝北的一间小屋里，单独关着梁鸿志，由一个20来岁的军统小特务陪住，据说是为防止他自杀。三楼后来也住满了人，最多5人一间。楼下房间大多是军统人员的办公室，但也有些屋子住了"房客"。楼上的人时不时地被叫下楼去问话，有时在白天，有时在深夜。有时是办公室的人提问，有时是外来人员提问。楼内可以随便走动、串门，但不允许走到楼外。

楼里有个大房间是餐厅，8人一桌，每顿6菜1汤，三荤三素，由卢英的厨子烧饭，味道一般，记得当时大家还挺有意见，认为菜不可口。后来换成梁鸿志家的厨子，众人胃口大开。因梁鸿志历来讲究吃，以名士自负，所以他家的厨子是福建人，烧的一手"闽菜"，称"八闽第一"。他得意时住汾阳路150号的大花园洋房，每周五有牌局，常去的有4个人，除了我之外，还有盛老四（盛恩颐）、周文瑞（台湾银行经理，是盛家的孙女婿，与盛老三很要好）、李鼎士、朱象甫（北洋军阀时代的名士，与梁周旋，但未下水）。每次打牌请吃饭，所以我等深知其厨子手艺高明。但此时在楚园再品其手艺，自然是"别有风味"了。

有一天，从楼下办公室里又带上来一个人。此人蓬头垢面，胡子老长，面黄肌瘦，但好面熟。仔细一看，居然是林康侯。我们一下子围上去问怎么回事。听他一说，才知道在车站路的看守所里也关了很多人。关在那里的人可就惨了，吃监饭，跟坐牢一样，苦不堪言，所以弄成这个样子。对比林康侯的情况，大家恍然大悟，明白自己确实是在享受优待了。据说当时蓝妮也关在车站路，李祖莱也在那儿。

关在楚园的这些人过去都是享受惯了的，时间长了自然耐不住寂寞，就想方设法买通楼下的军统人员，托其为家里捎信，从家里往楚园带东西。楼下的军统都是从重庆来的土包子，初到大上海还未见过世面，也经不起"房客"们的引诱，为了些许"劳务费"自然跑得挺勤快。于是时隔不久，楼上的早饭可以吃到牛奶、面包、豆浆、油条了，面包烘炉也带进来了。楼上的人闲着没事，除了想自己的心事外，也喜欢跟楼下人聊天。后来一些小特务们就跟唐寿民学书法，跟我学京剧，跟朱博泉聊炒股票，忙得也不亦乐乎。他们也在为"占领"大上海做准备呢！当然也时常有些骚动。比如梁鸿志被关进来的时候，就引起巨大的不安。因大家都一致认为，此人是必死无疑的，为什么要和我们关在一起？莫非我们的问题也很严重？一时楚园里的气氛很沉闷。严庆祥进来时还丈二和尚摸不着头脑，到处问人家："我有什么问题？为什么把我关进来？"其实谁也无法解答，最后唐寿民说："算了算了，进来了就出不去了，自己管自己吧。"

戴笠深更半夜找我谈话

有一天深更半夜，我被叫醒下楼，看见戴笠坐在楼下办公室里。后来知道他那天叫了三个人谈话，除我之外还有朱博泉、唐寿民，主要是问些经济和金融方面的事情。我当时就向他提出一个问题：为什么你们公布的中储券与法币的兑换比例是200：1？这个比价有什么根据？据我的测算，应当是28：1。我列举了大量的事实和数据，包括伪中储银行的金库库存、房地产数额、仓库和货栈里的存货，尤其是日本人从日本运来的大量金条，战后日本人并未带走。这些都是中储券发行的实际保证。现在老百姓手中握有大量中储券，你们来个200：1，老百姓岂能不怨恨？这于政府何益？所以，政府应向日本人清算，应向日本人要战争赔款，不要从国民身上扣。戴笠认真地听着我的解说，沉吟了半天，然后说他只是想了解些情况，听听我的看法而已。

缪斌第一个被枪毙

缪斌在楚园实际上只住了一天。他进来的时候就已经知道第二天要去南京见蒋介石了，那时国民政府已经"还都"南京。缪斌进来时一身西装笔挺，手拎一只公文箱，信心百倍地与"房客"们一一握手，打招呼，像是个重要领导接见他的下属。他对我们说，他明天去南京，负有重要使命，蒋先生会亲自接见他，届时他会将楚园中的情况向蒋反映，保证大家安全，"政治解决"绝没有问题。第二天他临走时再次与大家一一握手告别，谁能想到那是最后的诀别。他到了南京后第一个被枪毙。消息传来，楚园的空气仿佛一下子僵住了。大家由此想到自己，到头来也难逃厄运。于是谁也懒得说话，个个无精打采。有本事的纷纷往外带信，求外面人加紧活动，力争早日离开楚园，没本事的只有闷头想心事。

后来我们才听到些传说。缪斌曾与重庆方面有较多接触，他赴日本探求讲和的途径，与日本大本营上层人物沟通过。战后，一些日本官员交代出这件事。英美方面就追究到蒋介石头上。缪斌不明真相，自以为是受重庆方面的指派，去日本是为国家做事的，绝无问题，谁知这恰恰是他必死的原因。

缪斌的死，对我是个很大打击，因为我们这些人也都知道一些汪蒋合流的内幕。比如说，军统的程克祥、彭寿等人早就与周佛海有关系，汪伪政府成立后不到一年就联系上了。周佛海还为他们在汪伪政府里安排了小的职位，而实际上是在为重庆工作。他们都有电台，还可随时出入周家大门。他们中间的联系人是杨淑慧的弟弟杨惺华……这些情况对我是否也构成了威胁呢？

汪伪中的许多人，甚至可以说是大多数人都曾为自己留好了后路，想等到一旦日本人被打败了，好在国民党面前有所交代。连梁鸿志也曲折地跟孔祥熙联系过。当初是为了讨好重庆方面，而事到如今，谁知这后路留得是好事还是坏事呢？缪斌不是被毙了吗？这就不能不给我们带来巨大的惶恐。

各有一本难念的经
——楚园亲历记之二

孙曜东 口述 晓 颂 整理

梁鸿志栽在侄女婿手里

梁鸿志在楚园独居一室，没几个人理他，只有我和金雄白跟他接触多些。他原是北洋军阀时代的旧僚，我父亲也曾在北京做官，与之相熟，因此我与他早就是"牌友"。他的麻将好得出奇，一场牌打下来，如果每人出了10张牌，他能把其他三人出的那10张牌依次都给背出来，其记性真是无与伦比。我一生喜欢打牌，只见过两个堪称"牌王"的人。一个是卢永祥的儿

楚园里的大花园如今已所剩无几

子卢小嘉,另一个就是梁鸿志。可惜他的聪明没用到正道上。金雄白本是报社记者,当过律师,汪伪时期又当过"中央委员",喜欢舞文弄墨,对梁的诗文一向崇拜,所以也喜欢跟他聊聊天。

梁鸿志因为太狂妄,并且口无遮拦,故人缘很差。他与章士钊原是好友、同事,被捕后又答应让章士钊当他的辩护律师,可是背后谈及章士钊的文章时,竟以"狗屁"斥之。郑孝胥也不在他眼里。我曾想通过他向郑讨一幅字,梁鸿志竟说:"不必,他的字只得古人形似,而未得其神韵。以后我给你写好了!"后来他果真给我写过字,可那已是关在提篮桥监狱里了。在提篮桥那么昏暗的囚室里,灯泡大概只有15支光,又高高在上,他用蝇头小楷为我写了一幅扇面,内容是他自己作的诗。书法的确是无可挑剔的。但是他仅懂得作诗的含蓄而不懂得做人的"含蓄",甚至以当代东坡自喻,常表现出一种所谓"名士"的大大咧咧,那麻烦就多了。

文人中,梁鸿志只看得起黄浚(秋岳)。时人认为他俩水平相当,故有"黄梁"之称。可是他被关进楚园,恰恰与黄家的人有关系。黄秋岳在南京国民政府行政院当秘书时,与日本大使馆的一个参赞很熟,后来竟堕落到向其出卖情报。他们见面的地点是在南京的一家饭馆里,见面却不讲话,各自吃饭。吃完饭,便把对方挂在衣帽钩上的帽子拿走。黄秋岳的情报就藏在帽子的内沿里。这是后来黄的姨太太梁粹芬亲口告诉我的。有一年,南京政府要对停泊在江阴以西长江上的日本军舰实施沉江封锁的重大军事行动。可是未及动手,日舰竟抢先一天溜走了。蒋介石大为恼怒,严令破案,黄秋岳由是一命归天。

黄秋岳有个弟弟名黄溥(字竹生),梁鸿志因佩服黄秋岳而把亲侄女嫁给黄竹生。黄秋岳被枪毙后就更加呵护他,曾委任其为局长,并把他推荐给任援道。任援道是江苏宜兴人,当地望族,长辈中与李鸿章、盛宣怀家族都有姻亲。他当过江苏省长,汪伪时任海军部长,与梁的关系极深,同时与军统方面也拉得很紧。替任援道与重庆方面联系的总代表,是担任江苏省银行行长的任西民。我与之相熟,所以略知内情。抗战胜利后,任援道亮出"牌子"说自己是军统派出的潜伏人员,所以没有被列入汉奸,但是军统要他把汉奸一个个"咬"出来,梁鸿志自然就跑不了了。

有一天梁鸿志对我说:"要不是黄竹生,我何至于此!"原来他有两个姨太太(原配夫人在福建老家),小的姨太太娘家在苏州乡下。日本投降后,他们就藏匿在那儿,与外界只保持一条联络线,即是黄竹生夫妇。这时军统向任援道索要梁鸿志,任援道即嘱黄竹生一定要交出来。黄岂敢不交?于是"大义灭亲"。梁鸿志后来在给他小儿子的一封信中说:"10月,汝晋姐设法破我秘密,不得已来沪报到,因此家中微产,存在兴业(银行)者,全部入官。十一月廿日,我入居军统指定之楚园……"即是指此。任援道于解放前夕逃往海外,黄竹生一直跟着他。

唐寿民索诗反被讥

梁鸿志在楚园闲着无事,吟诗的积习又难改,常常念念写写。看管他的军统小特务才20来岁,看着好奇,也向他讨教一二。他生平好炫耀,于是也就"诲人不倦"。那时他对前途尚存幻想(这种幻想一直保持到被处决之前,亦可见其天性),情绪并未大坏,就是到了提篮桥,也还有《入狱集》和《待死集》两部诗稿,陆续交其姨太太带出来。

我生性好凑热闹,见他在谈诗,也常去听听。向其索诗,得一首《赠曜东》。因是写给我的,故今日仍记得:"门第淮西过百年,褐裘侧帽最翩翩。彦瑜三好音书酒,摩碣双修诗画禅。同作狱囚吾老已,会看脱颖子歜然。勿忘在莒须才杰,勤为缁衣赋好贤。"这是在以长辈的身份劝我好自为之,将来出去还可做事。其中既有无奈,亦有豁达,我当时看了还很感动。

然而他那傲慢尖刻的习性仍未肯改。楚园中不少人向他讨诗,他高兴时写得挺顺当,不高兴而又推不掉时,就在诗中骂人。如唐寿民向他索诗,就被他骂了一通,其中有句云:"市儿但识金银气,计相哪知平准书!"骂唐寿民是只知道搬弄金元宝的市侩,真要掌管国家财政预算则一窍不通。那时唐

1946年6月,梁鸿志被江苏高等法院判处死刑

寿民毕竟是交通银行总经理,后来还出任董事长,亦是国华银行的创办人和总经理,以及"四联"(联合银行)总署的秘书长。他人极聪明,但也是嘴巴不肯饶人。蒋介石原本要重用他,只因其得罪人太多,与宋子文也闹不和,所以宋子文用心思整他,派胡笔江打进交行钳制他。抗战中他们在香港,胡笔江乘飞机去重庆,不幸被日军击中身亡,唐寿民讥之以"还是我命大,他自己去送死"。他后来参加了汪伪的商统会,主持交通银行,但梁鸿志看不起他,故以诗讥之。好在当时唐寿民文化程度并不高,看不出其中的弦外之音,就稀里糊涂地收下了。想必事后经人点破,他也会大骂梁鸿志是"自己去送死的"。唐寿民的确命大,一直活到1974年,晚年那一手毛笔字已练得很好了。

盛老三把烟具带进了楚园

盛老三原本是一个大烟鬼,他家烟铺上放的金质小痰盂,一直是人们议论的笑料。想不到他竟把烟具也带进了楚园。他是楚园中唯一享有这种特权的人，想必也是"有钱能使鬼推磨"的结果。

盛老三是盛宣怀的堂侄，常州人，在清末和北洋军阀时期都在北京当官，北洋政府垮台之后才到南方来，一直是个拿日本人当老子的奴才，其后台是日本军部（梁鸿志的后台是日本特务机关长原田大佐，邵式军的后台是楠本，李士群的后台是晴气少佐）。他掌握了"宏济善堂"和"裕华盐公司"，既贩盐又贩卖鸦片，所以有的是钱。汪伪政权成立时，他根本就不放在眼里，还设法打击周佛海，后来看看汪伪政权站住脚了，又反过来拉拢周佛海。盛老三的幕后军师叫陶希泉，是我的表叔，也是常州人，人称"小诸葛"，原先在北洋时代与盛老三就是同事，极要好。盛老三投伪，把他也拉下了水，每月盛给他两根金条作报酬。我所在的复兴银行，有一经理与陶希泉相熟。有一天他对我说，陶想见见我。我想既是亲戚嘛，见见又何妨？结果陶希泉就说明来意，原来是想通过我，拉盛老三与周佛海见面。这说明盛老三从原来的打周转为拉周了。我为此去过盛老三在金神父路（今瑞金二路）上的豪宅，他叫我把两块乾隆年间的古墨送给周，以治他的流鼻血。后来周佛海也亲自去过盛家，他们从此"化敌为友"了。盛老三的"幕府"里还有一个完全中国化了的日本人，叫李东，平素一身长袍马褂，小瓜皮帽，一口京片子。他是日本洋行老板，与中日两方政界都极熟，整天出入盛家大门，如同一家人。

像盛老三这样的人，我们原以为与梁鸿志一样，是必死无疑的，想不到梁鸿志被判死刑，而盛老三却判了无期徒刑。在楚园时，他躺在三楼的大房间里，整天吞云吐雾，若无其事，想必那时他早已有"谱"了。

朱博泉有亲不敢认

我们住的房间朝南有一个宽大的阳台，饭后在那儿活动活动，可见楼下满园绿色。举目透过花园，依稀可见楚园的围墙以及墙外的大树和楼房。

平时午饭后，大家都喜欢午睡一会儿，楼里就非常安静。而我性喜好动,且无午睡习惯,就东走走西转转。这天我一个人在阳台上晒太阳,看见对面墙头上站着几个人,好像有女人和孩子,因为中间隔着花园又看不清楚,起初没在意。后来发现她们老是不走,总往这边看,而且有人在用手擦眼泪,我有点明白了,肯定是我们当中哪个人的家属来了。她们打听到了我们被关在这儿,但是从大门进不来。一般的家属,楼下的军统特务根本不让探视,除非有特殊的关系才行。难为她们找到这里,大概是借了梯子才爬上墙头的。于是我转身回屋把他们三个都叫起来:"起来起来!快出去看看,谁家来人了?"他们出去后又都回来了,都说不是。我又跑到东边的屋子叫:"起来!快起来!出去看看,谁家来人了?"我那时年轻,爱管闲事,大家又推我当小组长,所以什么事都上心。东头屋里的人出去看了,又一个个地进来对我摇头:"不是的。"我又跑到西头的房间,再嚷嚷一番,结果也是如此。

他们回到各自的床上继续午睡,我再到阳台上看,只见一位妇女哭得更厉害了,我心想不对,其中一定有问题。进屋来再细看,别人都心地坦然地睡午觉,唯独朱博泉神情不对,焦虑不安。我立时明白了几分,一把拉住他:"快去呀!人家来看你来了!"他慌作一团,连忙小声说:"不行,不行!别声张,别声张!让我想想怎么办。"

原来,来者是朱博泉从未公开过的一位女友。他老先生历来是以不贪酒色而闻名的,人缘特别好,况且是美国留学回来的洋学生,身兼浙江实业银行、上海票据交换所、中国实业银行、大上海保险公司、房地产同业公会等几十个职务。而我竟无意中揭了他的隐私,他怎能不慌张呢?朱老先生尽管心中不忍,然而还是面子要紧,硬着头皮就是不出去见面。可是那女人第二天又来了,而且长时间不走,朱博泉看不下去了,托我带封信出去。我自然是用老办法,买通楼下的小特务,请其帮忙送个信。我接到纸条一看,不由得又一惊:这个地方就在我家隔壁弄堂,里面住着许多熟人,我怎么不知此人?我再次佩服了这位"真人不露相"的前辈。反正大家都是熟人,后来我就常开他的玩笑,他也无奈我何。朱博泉一向心地善良,乐意助人,从无怒色,所以人也长寿,活到100多岁。他去世的前几天,我们还通过电话。

"滥仔"唐海安只会哭

在我们的房间里,我与朱博泉、吴蕴斋较熟,三个人常在一起聊天,家属送东西进来也互通有无;而与唐海安则相对疏远些,因为过去走的就不是一条路。

唐海安曾是发过大财的人。他因与宋子文是同乡,故从英国伦敦大学留学回来后,就受到宋的重用,先后担任过广州烟酒专税处长、全国印花总税处长、缉私总处处长、税警总团团长。1928年国民政府在南京成立之后,他又担任财政部秘书、淮安海关监督、镇江海关监督,后任上海海关监督。他擅长与外国人打交道,所以在海关与财政部的公函往来中,他的签名在海关税务司伯乐德之上,掌握了上海海关的关税大权,以至于"暗杀大王"王亚樵受人之托,要取他的脑袋。他对宋子文极尽拍马溜须之能事。每个周末宋子文从南京回上海,他都要去北站迎接。1931年7月,王亚樵率人在北站行刺宋子文,第二号目标就是唐海安。结果枪手们走了神(也有人说是内部出了问题),把宋子文的机要秘书唐腴胪(海上交际名媛唐瑛的哥哥)击毙,让唐海安躲过了一劫。抗战爆发后,他没有跟宋子文去重庆,却跟日本人、法国人搞在一起,当上了回力球场(中华运动场)的董事长和总经理,这也是个发大财的生意。他还兼任扬子饭店的董事长,在香港办有农场和其他商务,又是广东银行的永久常务董事。他进楚园受优待,想必与宋子文不无关系。按说如此一个大财主,理应有很多社会关系,但外面没有人来接济他,也不曾见有信送来,于是他常一个人闷头想心事,想着想着就哭起来了。后来到了提篮桥大体也如此,大概有钱时盛气凌人,把人都得罪光了。他有个外号叫"滥仔",是他们广东人叫出来的,可知他在广东人中名声也不好。解放前夕,国民党疏散监狱时把他疏散出去了,后来听说他在香港生活。

春节之乐与戴笠之死
——楚园亲历记之三

孙曜东 口述 晓 颂 整理

吴蕴斋家送来三个大砂锅

在楚园印象较深的还有1946年过春节的情景。过春节了,大家自然都想家,盼望当局能开恩,让家属来见一面,但事实上是不可能的。因为楚园这个地方原本就是保密的,是军统背着司法部门搞的。司法部门正为抓不着这帮汉奸而与戴笠闹别扭呢,如果六七十人的家属都蜂拥而来,岂不像赶庙会一样了吗?还有何秘密可保?所以现在有的文章里讲,军统方面允许盛老三和梁鸿志的家属前来探亲,那是没有根据的。

虽说家属不能来探望,但楚园当局还是给了点小小的优待:需要家里送菜的,可以写张纸条交给楼下的看守人员,由看守人员通知家属,把菜送到一个指定的地点,再由看守人员集中送进楚园。同时楚园原本安排的饭菜也加以改善。这项"优待"一宣布,大家都很高兴。

最兴奋的是吴蕴斋。吴蕴斋是金城银行上海分行的经理,与周作民是同乡,祖上是镇江一带的大盐商,家里很有钱。他本是日本早稻田大学商科毕业生,忠厚本分,于是成了周作民拉拢、依靠的对象,曾任上海银行公会会长。抗战中在上海轮到出头露面的事情,周作民不出面,就推吴蕴斋出面,比如接办《新闻报》等事。结果抗战胜利后周作民没事,吴蕴斋倒进了楚园,所以他一肚子窝囊气。我曾问过他对周作民的看法,他直摇头,叹口气说:"唉!怎么说呢?"

中国的名菜几乎都与盐商有关。维扬菜就是扬州、镇江、淮城一带的盐商们"吃"出来的,而且代代相传,越吃越讲究。扬镇帮的银行家和钱庄老板们,几乎家家都有个"看家"的厨子。谁家的厨子名气响了,办家宴时大家还借来借去的。所以那时候,最好的饭菜并不是在饭店里,而是在银行家的家宴上吃的。吴蕴斋的厨子姓李,是个大胖子,烧一手淮城菜,比扬州菜还要细,很有名气。吴蕴斋几个月关下来,一听说可以叫家里送菜来,顿时高兴得不得了。

我过去在他家吃过饭,深得其中佳味,所以怂恿他多带点来。他被我一"抬举",即刻摆出"高姿态":"曜东,你想吃点什么?"我毫不客气地一口气点了三个大砂锅:"斩肉、酥鱼、十香菜!"斩肉即扬州狮子头,不过狮子头分斩肉和剁肉,不一样的。斩肉是指把肉切成小肉丁拌入馅,别具风味;酥鱼是镇江的,油炸河鲫鱼,再加料烹制,酥软可口,火候极为要紧;十香菜是用香菇丝、扁尖丝、冬笋丝、百叶丝等十种菜烹制的炒素。我还特意加了一句:"斩肉不要菜底,全要斩肉!"吴蕴斋一听乐了,说我"门槛精",回头又"斩"我一刀:"把你的吕宋黄(上等鱼翅)端一锅来!"我说那玩艺儿光"发"料就要"发"一个星期,怎么等得及?而且冷的也没法子吃。过几天菜来了,吴蕴斋家真的是三个满满当当的大砂锅,我家送的是腊味菜和酱鸭,朱博泉家也送进来上好的菜。我们房间唯有唐海安家里没人送菜。当看守人员问他要不要写条子叫家里送菜时,他装得很"牛气",说:"我不要!"实际上他一被关进来,他那几个女人都跑了,没人给他送菜了。

那顿年夜饭,我与吴蕴斋、朱博泉,又叫了隔壁房间的唐寿民。唐家自然也送进来不少菜。唐寿民的夫人华氏是无锡华家之后,大家闺秀,很有学问,也很能干。我们四个干银行的老朋友凑在一起,共同分享了各家的美味,光是吴蕴斋家的"斩肉"砂锅就干掉了大半锅,开开心心地美餐了一顿。

吃完之后我们才知道,并不是所有的人都这么狂吃大嚼的,楚园里一半以上的人,家里没有送菜来。政治上的失败已是如此,家里人再冷落一下,尤其在过年的时候连菜也不送,对他们自然是雪上加霜。所以年夜饭后,楼里的气氛与往日大不一样,沉闷极了。我们几个在大啃大嚼的时候,有点忘乎所以,但吃完之后反而更想家了,一个个心里很不是味道。只有梁鸿志似是没心没肺之人,仍旧一副名士派头,居然还有"食罢临风一欠伸"的雅兴。他的福气也不错,姨太太送来了不少家乡菜。

闻兰亭闭目打坐一声不吭

闻兰亭是过去上海滩有名的"三老"之一(另有袁履登和林康侯),江苏武进人,幼时在棉纱店当学徒,民国后到上海经商,做棉纱生意。因协助虞洽卿创办了上海第一家证券交易所,并当上了该交易所的常务理事,遂名气大振。商界和企业界中下层的公司老板,有事喜欢找他帮忙,他由此收了不少徒弟,形成了自己的势力范围,在工商界尤其是棉纱业中很有影响。他原本是个生意人,汪伪时期由于担任了商统会的监事长和棉统会主任,胜利后被视为汉奸。所以闻兰亭也进了楚园。他有个名叫林基的徒弟(真名叫余祥琴,兄弟三个,我与其大哥熟悉),原是上海滩"野鸡律师",曾在汪伪"76号"干过,后来成为军统人员。林基念旧,照顾恩师。其实闻兰亭人到中年之后已皈依佛门,法号老莲居士,尽可能不问外界事务。日本人来了以后要拉拢一些名流装点门面,他挡不住日伪的胁迫利诱,干了商统会,一脚踩入了泥潭无法自拔。进了楚园后更是万念俱灰,整天两腿一盘,坐在床头打坐,跟谁也懒得说话。有时候楼下上来个小特务,叫他下

戴笠与母亲蓝月喜

去谈话,他还侷头侷脑地说:"我不去!"这时大家就劝他还是下去吧,已经到了这步田地,胳膊拧不过大腿的。众人正在劝说,唐寿民不耐烦了:"不要劝了,不要劝了!让伊去,看伊撑到啥个辰光!"他背后对我说:"他那套是做给人家看的,不要相信他那副假面具。"果然,军统特务对他一露凶相,他也只好乖乖地下楼去了。回来后连连叹气,然后仍是闭目打坐,一言不发。林基后来在军统中失势(他原来的地位就在程克祥之下),也无力保他了,所以闻兰亭后来判得很重,被判八年徒刑,后经人疏通,改判三年零六个月。1948年国民党政府大赦罪犯疏散监狱,别人都疏散出去了,而他却在这时病死了。

戴笠之死引发的震动

1946年3月初的一天中午,我正斜倚在床上休息,楼下一个跟我有点"交情"的小特务走了进来,用手拍了一下我的脚,示意我出来。我以为家里又托他带东西来了,一骨碌爬了起来。走到走廊里,看看没什么东西,只听那小特务神秘地小声说:"戴先生没了。"我一时没反应过来:"什么没了?""戴先生死了,坐飞机摔死了!"喔!怎么会是这样?我顿时感到头皮发麻,预感到我们这些人今后麻烦了。

我急忙走到隔壁,把唐寿民叫了出来,把这一新情况告诉他。因为我觉得这帮人中数他最有头脑,想听听他的分析。他略微想了一想,反问我:"你看这是事故死亡呢,还是政治死亡?"听他这一说,更令我感到事态严重了。

戴笠摔死的消息传开后,即刻在楚园引起巨大的震动,大家慌成一团。原本以为只要有戴笠的"保护",今后总还会有出路的。因为戴笠曾当面说过:"对于你们这些人,我还是要用的。"我们当时认为,他讲的是真心话。首先,他们重庆来的人,八年不接触这边的具体行情,起码在金融业务上,他们的人一下子接不上手;二来那些参加接收的大员们,派系复杂,互相倾轧，贪心十足，丑态百出，有许多是不可任用的（事实上后来的确枪毙了一批）；三来我们这些"死老虎"，除"戴罪立功"外别无他途，业务上又熟悉，确是可以利用的。所以大家都把希望寄托在戴笠身上。而如今这些希望都随戴笠之死而化作了泡影，怎能不紧张呢？今后谁来接戴笠的班呢？新来的人会不会像戴笠那样"保护"我们呢？楚园里一时议论纷纷。

据唐寿民分析，戴笠肯定是因"政治事故"而死的，因他权势太大，无所不管，得罪人又多，与中统、政学系也积怨甚深，在这种情况下，戴笠不死，蒋介石无以治天下。至于我们这些人，肯定是不会再得到利用的，而且鉴于社会上惩治汉奸的呼声日高，看来快要交司法部门审理了，最后的归宿无疑是提篮桥！后来事情的发展，果真被唐氏所言中。

既然将要跟司法部门打交道了，于是大家开始"检点"自己的问题，动脑筋如何应付法庭上的起诉，如何找人写状子，疏通司法部门的"门路"，又开始了新一轮的忙碌。与唐寿民同房间的金雄白，过去当过律师，这时候派上用场了。

"野鸡律师"金雄白派上了用场

金雄白是松江人。他虽然当过律师，但没什么名气，找他的人少，收入很有限。他没有自己的律师事务所，只能挤在人家的事务所里当帮办，接了案子，赚了钱要分给人家一半，所以人称"野鸡律师"。他有个"后台"叫耿家济（缉之），是留法回国的洋学生，曾当过吴铁城的法文秘书。但这个"后台"并未能帮上金雄白什么忙，因为他背地里做倒卖军粮的生意，被指控为"金融战犯"，后来自杀了。

金雄白的出名，是因他在当记者时竟然搭上了周佛海的关系。他初为小报记者，业绩平平，没有一张报纸愿给他开专栏，也没有一家报馆或杂志社让他落脚，纯是个自由职业者。后来他逐渐靠拢《时报》，收入渐渐稳定了。《时报》有一度是与《申报》《新闻报》并驾齐驱的热门报纸，很受市民欢迎。金雄白就挂名在那儿，有了稿子先提供给《时报》。

1930年蒋冯阎大战时，上海新闻界的记者们除了中央社之外，没人敢去前线。金雄白胆子大，认为这是个出人头地的好机会，便自告奋勇，随中央社记者一起乘火车前往战区。那时周佛海刚从日本回来，作为陈布雷的副手，在蒋介石的侍从室服务，正赶上蒋介石亲赴前线指挥作战，于是也随军出征。他们和蒋介石在同一列火车上，只是对外保密。车到柳河站时，大战已箭在弦上，一触即发。此时国内各界要求停止内战的呼声已是铺天盖地。蒋介石为安抚人心，争取政治上的主动，就叫陈布雷起草一份全国通电电稿，声明此战是一场反对分裂、维护国家统一的"正义之战"。适逢陈布雷生病，改由周佛海写。周佛海认为那样写不行，不仅收不到争取舆论的效果，反而"此地无银三百两"。最后周佛海把这篇讨伐冯、阎的电文，写成了一篇蒋介石宣布停战、自愿下野的通电，把"和平"的文章做足，而实际上只有蒋介石本人及文武一班人回到南京，而部队仍在前线，准备开仗。其电文中甚至有"为了避免内战，愿下野以谢国人，并愿二君与我一起下野"之类的话。周佛海的这一招果真灵验，蒋介石在政治上占了上风，得到了各界的一致拥护，冯玉祥和阎锡山自然成了发动内战的罪人。金雄白当时正在前线，首先获得了这条消息，抢先在《时报》的头版头条全文刊发了蒋介石的通电，使《时报》的声望大增，销售量直线上升。这场大战以蒋介石胜利而告终，周佛海从此备受蒋的重视，金雄白的报人地位也得到了公认，而且与周佛海拉上了关系。至于后来他投伪，固然也有着周佛海的因素，但更重要的是结交了罗君强的缘故。罗君强办《平报》时，罗当社长，金任总编辑，可是一直不大畅销。汪伪时，罗君强当边疆委员会的委员长，给了金雄白一个常委的名义。

金雄白能进楚园，主要靠的是蒋伯诚的关系。蒋伯诚在汪伪时，一直是重庆政府驻上海的秘密代表，住在大西路（今延安西路）的一幢花园洋房里。这件事汪精卫和周佛海都知道，都睁只眼闭只眼，目的是不想过分刺激重庆方面，好为将来留一条后路。1940年蒋伯诚进行地下活动时，被日本宪兵队抓去，关在贝当路（今衡山路）的外国学校里，当时那儿是日本人的沪南宪兵队队部。重庆方面得知后立即下令军统在沪人员设法营救蒋伯诚。他们派人找到了周佛海，周佛海为了保留讲和的通道，表示愿意出力营救，只是要选派一个具体经办人前去宪兵队打交道。此时金雄白不知是心血来潮呢，还是背后受人指使，又一次自告奋勇，当然他是以周佛海的代表身份去交涉的。结果营救成功，蒋伯诚被放了出来。事实上，日本宪兵队在上海抓到重庆方面的人，基本上没杀，可能也是留作日后讲和的筹码。金雄白后来在南京办兴亚银行，以《平报》的财产为资本，由我来当担保人，所以我知道些他的情况。

抗战胜利后，金雄白进了楚园，大概也算是蒋伯诚对他的一种报答吧。不久，蒋伯诚在国民党内部又失势了，虽然他那大西路的房子挂了国民党某机关的牌子，但谁也不买他的账，实权都抓在戴笠手里。再后来，他的那幢大花园洋房成了中共地下党员卢绪章的住宅。卢绪章与军统和CC派的关系都拉得挺近乎，邓葆光也保他。

既然金雄白有过"野鸡律师"的资历，对于一般法律程序、条文还是知道的。谁能想到，他在外面当律师时生意并不好，而到了楚园里，尤其戴笠摔死之后，他的"律师"生意倒红火起来了，大家纷纷向他请教。有的请他代写申辩书，他因此也得到别人的不少好处。后来转到提篮桥监狱后，他就更忙了，还帮梁鸿志写过"状子"。他曾主动问我要不要帮忙，我说不用，我的六表哥何世桢会帮助我的。我的三姑是何世桢、何世枚兄弟的亲婶子，他们都是学法律的，因此我谢绝了金雄白的一番好意。

楚园客逍遥提篮桥
——楚园亲历记之四

孙曜东 口述　晓颂 整理

各人自找新后台

戴笠摔死之后，楚园里的人自是慌成一团。原先戴笠一再允诺的"政治解决"，看来是没有指望了，所以各自忙着另找门路，寻求新的保护者。有道是"有钱能使鬼推磨"，在内地苦熬了八年的国民党大员们，也正盼望着得到钱财的"滋润"。

吴蕴斋有周作民在外面设法营救他。抗战时期，周作民虽然未去重庆，但也未出任伪职，抗战中原本逃到了香港，是被日寇带上了飞机"遣送"回沪的。唐寿民亦是这样。而周作民在抗战胜利后又起用了徐国懋（我现在的老伴的亲家）当金城银行的总经理，无形中就加重了他说话的分量。这位徐国懋是个有分量的人，他不仅是从重庆返沪之人，而且还是美国第十四航空队（即飞虎队）指挥官陈纳德将军的秘书。徐国懋如今当上了金城银行的总经理，岂有不为"金城"说话之理？所以周作民这一着棋，不仅把金城银行保住了，他的老搭档吴蕴斋也有救了。周作民想尽办法为其开脱，可是吴蕴斋后来还是被判了几年刑，家产被抄没，出狱后到了香港，从此看破红尘遁入空门，在一座山上带发修行。我出狱后到香港，与陈冰和一起上山看望过他，他已变得沉默寡言，什么事也不想提了。周作民看不过去，曾以银行的名义补偿他数十万元，可是他已对金钱及一切身外之物失去了兴趣。

唐海安辗转托人找宋子文帮忙，可宋子文不理他。金雄白自然是找蒋伯诚，蒋的确是帮了他的忙的。唐寿民和朱博泉都找从重庆回来的银行界同人求助。而梁鸿志一口气往外写了几十封求救信，却只得到一两封回信，也都是向他言明自身难保、爱莫能助之类，令他灰心丧气。

我则一方面叫我那时的如夫人吴嫣去找杨虎，因我父亲当年与杨虎有联系，同时吴嫣也曾嫁过杨虎；另一方面是通过老朋友吴中一和陆菊生去找军统里的实权人物王新衡，因那时王新衡的气焰很盛，他说谁是汉奸谁就是汉奸，他说谁不是谁就没事。吴中一和陆菊生都是荣氏集团的人。他俩的父亲一辈子忠心耿耿地为荣家做事，一个管面粉厂，一个管纱厂。他俩都在英美留学经济科，回来后子承父业，也为荣家做事。为了寻求官方的保护，他们竟施展神通，与王新衡拉得很紧。据说国民党原本也要抓吴中一的父亲吴昆生的，因他管申新九厂出了名，出产的兰凤牌20支纱极有名气，是交易所的标准牌纱，可以凭此栈单在银行里抵押款项。吴昆生又当过商统会理事，所以正是块可以"斩"的肥肉。后来吴昆生得以安全解脱也是走了王新衡的"路子"，以15万美金了断的。前些年，看到台湾的报刊上把王新衡与"三张"（张群、张学良、张大千）相提并论，称之为"三张一王"，我很有些奇怪，因为此人的人品与"三张"根本不能同日而语。

尽管楚园之人各显神通，花钱铺路，但最终还是碍于日益高涨的要求惩治汉奸的社会舆论，我们这些"楚园客"仍被送进了提篮桥监狱。不过花过的那些钱也没有白花，到判刑的时候就显出分晓。梁鸿志无钱贿赂就被判死刑，盛老三有钱买命就判了死缓，不过他还是没逃过应有的"劫数"，解放后死在监狱里。

典狱长竟是我堂兄

从楚园移解提篮桥是用大卡车送我们去的。梁鸿志年纪大了，由我和金雄白帮他拎行李。车上气氛很沉闷，大家心里都明白要去什么地方，唯有梁鸿志不知。卡车到了提篮桥的大门口停下后，军统人员跳下去与门卫联系，梁鸿志这才问："这是什么地方？"直到这时，金雄白才告诉他是提篮桥。想不到梁鸿志一听就大呼小叫起来，一车子人全都扭头看他。梁鸿志大概觉

提篮桥里的"外国牢监"外景

得,依他的档次是不该进提篮桥的。

世界上真有些奇怪的事情,叫你无法预料。我在楚园中想方设法找人为我解脱,总不那么得力;但进了提篮桥,这样的人却自己出现了,像是从天上掉下来似的,开始我还真不敢相信自己的眼睛。

提篮桥里分"仁""爱""忠""信""礼""义"等10个监号,外加一个关外国人的"外国牢监"。当时,在老百姓眼中提篮桥是"外国牢监",其实内中只有一个"十字监"是关外国人,其余都是关中国人的。具有讽刺意味的是,我们这些人被安排在"忠"字监内。每一监号有6层楼,每一层都是40间监房。每间五六个平方米,关两三个人。我和金雄白关一间,是30号,梁鸿志就关在隔壁31号。

我们被安顿下来之后,有一天典狱长带了一行人来巡视。我们自然一个个恭恭敬敬的,大气也不敢出,更不敢拿正眼看长官。谁知这时竟有人轻轻地喊了一声:"九弟!"我顿时一惊:什么人呀,竟在这个地方叫我九弟!我定睛一瞧,禁不住心花怒放,原来是我的堂哥孙奎方呀!再细一看,人家可不是穿囚服,而是穿军装的,是这里的典狱长!这下我心中有底了,不禁暗自松了一口气,心想:我起码不会受太大的苦了。以前,他家庭生活困难时,我父亲曾接济过他念书。现在我落难了,况且正落在了他手里,他能见死不救吗?这次意外的狱中相会,令我高兴了好几天。一旁的狱卒见我是典狱长的兄弟,自然对我的态度也谦和了许多,这样,我就敢于向他们提些要求了。电灯泡太小,叫他们换大些的;伙食不好,就要求他们允许家属来送菜。上面虽然有典狱长的人情在,而下面这些小八拉子也要散些钱才能听话的,否则他们才不会那么勤快呢。于是,楚园过来的人又使出老办法,托狱卒们往家里送信,信中叫家属犒赏一下送信人。家属们自然腰包掏得快,还对他们千恩万谢说了许多好话。

有钱狱中买逍遥

狱卒们每天早晨6点钟换班。来的时候把当天早晨的报纸给带进来,让我们大家传阅;晚上6点下班时帮我们把信带出去寄,或是送到家里。有一天狱卒带进来的报纸上,头版头条刊登了《陈公博昨已伏法》的消息,顿时把我们这些人都给镇住了,大家都在默默地想心事。只有梁鸿志还有心思写诗,而全不顾自己的末日也快到了。他在监房里踱了几圈,就吟成一首七律《哭公博》,说的都是他心里话。我知其与陈公博私交不错,向有诗酒往来,而他看不起周佛海,认为其霸道,没品位。

随着国民党接收人员的胡作非为愈演愈烈,监狱内的风气也越来越不像话。只要犯人肯出钱,除了不能出去,几乎什么事情都可以办到。如生了病可以叫犯人中的医生给诊治,开了药方可叫家属在外面买药送进来。犯人中有个当过卫生局长的西医,差不多把提篮桥当成他的诊所了。牢饭吃不惯也可叫家属送,每周三送一次,后来又发展到每周二、五送两次。如果每次饭菜多送些，几乎就可以不吃牢里饭了。金雄白就基本上没吃过牢里的饭，全靠家里送来。吴蕴斋进提篮桥后，基本上没怎么住过监房，而一直住在牢内的医院里。我嫌医院里寂寞，朋友少，倒宁可住监房里。更有甚者，一些犯人的家属因常去永安公司采办副食品，于是再花点钱，与永安公司商量好了，每周即派出一辆大货车，集中往牢里送东西。家属只需写个条子，说明买什么东西交给几号监内的某某即可，回头再用支票结算，也无须亲自往牢里送了。所以，每周一次的永安公司货车的到来，也是提篮桥一道滑稽的风景。

后来，犯人们越发肆无忌惮了。有人过生日，竟向外面酒馆订了整桌的酒席送进来，真是无法无天。当然，这种怪现象也预示了国民党政权离垮台不远了。

梁鸿志托孤看错人

当时在提篮桥最为活跃的有三个人：金雄白、汪曼云和我。因为我们三人年纪较轻，性格都较外向，也爱管管闲事，出点小风头，所以大家有什么事总爱找我们三个人商量，还戏称我们为"狱中三老"。找金雄白多为写申诉书的事，如何写才能巧妙地避重就轻，争取从轻发落；找我和汪曼云，则多为生活上的事情，以及如何与狱外的人联系等。金雄白曾接受过一项重托，即梁鸿志狱中托孤。

梁鸿志自知将不久于人世，最放心不下的是他的小女毛妹。他原本有8个子女。大儿渊若，抗战之前已赴法国读书，后失去了联系，不知所终；二儿子耿若，因肺病而死；几个大些的女儿中，老三文若嫁朱朴之（《古今》杂志主编），其他几个有的病夭，有的自戕，大多都不幸。梁鸿志入狱时，身边仅剩下小八子毛妹，当时只有几岁。一旦他"走了"之后，两个姨太太肯定会另外嫁人，那小毛妹怎么办？想来想去，还是就近择路为好。隔壁的金雄白，是报社记者出身，没有什么大问题，将来肯定有出狱之日，又从金平时的谈吐中，知道金的夫人是个贤惠的妻子，所以梁鸿志郑重其事地向金提出了"托孤"。金雄白大吃一惊，起初推说辈份不相符，因他与朱朴之已结有金兰之契，接着又推说自己已破产，恐无力完成此重托。而梁鸿志则"咬"住不放，一定要金答应下来，并说："这是在狱中于临命前的托孤，任何藉词，即为推托。"这么一来，金雄白才勉强答应了下来。

其实梁鸿志也是老眼昏花，"饥不择食"，真真地看错了人。金雄白乃小滑头一个，哪里会沾这个麻烦？后来他不过两年就出狱了，根本就没去管过小毛妹的事。他连汪曼云这个大活人都要欺负，何况老梁一个行将就木之人？他出狱后向汪曼云借钱，汪将所有的钱全借给了他，他却往香港一溜了之。当时汪曼云追到上海北火车站，火车尚未开，两个人竟吵了起来。如果不是他把汪的钱"借"走，汪何至于一败涂地？此为后话不赘。

楚园客住进了"外国牢监"

在提篮桥待的时间长了，我们"门槛"更精了。打听到关外国人的"十字监"条件要比我们优越得多，不仅一间监房关一个犯人，而且还有抽水马桶、钢丝床，可洗热水澡，还可以每天写张纸条叫狱卒外出采购，回到监房自己烧西餐吃……这么好的监房不让我们住，却让外国人住，那还了得？我们被"宠"得简直要"上天"了，非要住进去不可。现在想想这简直是天下奇谈，犯人被关在哪一个监房，难道可以自己说了算吗？然而那时的情况就是这么乌七八糟的，大墙里面早已被金钱轰击得稀里哗啦。果然，我们的这个要求也同样被接受了。

那时，外国监房只关了几个外国人，被我们赶到"十字监"的五楼去了。我们则堂而皇之地住进了二、三楼，而且享受了外国犯人的待遇，每天开条子叫狱卒出去买菜，买来后可在电炉上自己烧着吃。我看见有个美国人，天天炸小牛排，味道香郁。我想起淮海中路陕西南路附近的"菲亚卡"，那是间匈牙利人开的西餐馆，有几样挺有名气的菜，如白脱油烤鸡、匈牙利

"外国牢监"内部

腊鸡、炸小牛排、匈牙利素菜汤等。我就学着样子自己烹制，获得了大伙儿的一致好评。后来他们说我是"把菲亚卡搬进了提篮桥"。

这样的逍遥日子维持了一阵子，很快就回到了"正题"上来了，因为审讯和判决的法律程序慢慢开始了，等待着的毕竟是严酷的现实。最后，"楚园客"有的判10年、15年、无期徒刑、"斩立决"，我判的是最轻的2年半徒刑。这个2年半很有名堂。判2年财产就可以保全，而判2年半就要抄没财产了。所以最轻的也就判2年半，除非那几个书生原本就没有财产，人家也没有什么罪过，当然就释放了。

爱神花园

臧建民

巨鹿路675号,在上海已经成为一个响亮的门牌号。在上海解放之后的数十年间,这里一直是上海作家协会所在地,而在半个多世纪前,这里曾被叫作刘家花园。

爱神花园内的刘吉生住宅

在70多年风雨的吹打下,刘家花园建筑的外墙上,虽说砖面和水刷石面已经略显陈旧,但它并不老迈,依然身姿健美,容貌秀丽,魅力四射。历史的风风雨雨,夹杂着花园里的内幕秘闻,点点滴滴流洒至今,它的故事总是那样动听。

甬人善贾:刘氏兄弟沪上发迹

刘家花园是由一个叫刘吉生的大企业家投资建造的。他的哥哥刘鸿生,更是名震海内的大企业家,人称"煤炭大王""火柴大王"和"水泥大王"。

刘家原籍浙江定海。晚清时,刘家第一代移民刘维忠在上海租界经营娱乐业,为刘家的发展打下了基础。第二代的刘贤喜出任招商局的轮船买办,家境仍属小康。以刘鸿生和刘吉生为代表的第三代,在刘家创业史上写下了最辉煌的一笔,使刘家成了上海屈指可数的豪门望族。

"甬人善贾",刘氏兄弟尤为突出。刘鸿生和刘吉生均就读于圣约翰大学,且成绩优秀,属新式知识分子。尤其是刘鸿生,他在投资项目的选择、企业管理方面的才干都非常出色,在他的身上"集中体现了近代上海企业家的眼光和方式,实力和梦想"。刘吉生出生于1889年11月19日,20岁就跟随刘鸿生进入商界发展。刘家是从煤炭业起家的,他们与人合伙开煤号,在长江下游商埠广设销煤点,生意红火,财富剧增。用刘鸿生的话说:"短短几年的推销煤炭工作,使我突

刘吉生

刘吉生的夫人刘陈定贞

然从一个贫寒的大学生成了百万富翁。"紧接着，刘家又经营水泥业、纺织业、搪瓷业、码头、银行和保险业等，也取得了成功。至抗战时期，仅刘鸿生个人投资的工厂就有18家，资产近千万元。1948年，国民党强制推行所谓"金圆券改革"，以挽救其反动统治。在蒋经国的软硬兼施下，刘鸿生被迫交出金条800根，美金230万元，还有数千银圆，换回一堆不值钱的金圆券，可见其财力之雄厚。

刘吉生是刘家企业集团里地位和作用仅次于刘鸿生的重要成员，担任开滦售品处经理、中国企业银行常务董事兼总经理、香港火柴厂董事长、培成女学校董等职务，又是大中华火柴公司、上海水泥公司等十几家企业的董事，占有很大的股份。

20世纪20年代，上海地价飙起。1921年，刘吉生购进了法租界巨籁达路上的一块地皮（今巨鹿路681号），兴建了一幢500多平方米的二层楼小洋房。到了1924年，刘吉生有了足够财力，又购进了住宅东边的一块地皮（今巨鹿路675号）。这两块地皮面积共4 000多平方米。于是，他决定在这块风水宝地上修建豪宅，而且一定要与刘家的财富与身份般配。

1926年，刘吉生请著名的匈牙利建筑师邬达克来设计自己的住宅。邬达克在上海近30年，前后设计了宏恩医院、国际饭店、沐恩堂、大光明大戏院、美国总会、达华公寓等数十件作品。当时，邬达克刚离开克利洋行独自创办邬达克洋行不久，且刚刚完成宏恩医院（今华东医院）的设计。经邬达克精心设计后，刘吉生请了当年上海著名的馥记营造厂建造。

1931年，刘家花园落成。这座设计和施工都堪称一流的精美建筑，花去了刘吉生20万银元，可称为上海最美丽的住宅之一，令无数见到它的人都称羡不已。

匈牙利著名建筑师邬达克

刘家花园：万国建筑中的珍品

刘家花园属意大利文艺复兴时代的建筑风格，具有宫殿的气派，形制和柱式都称得上典范。主楼的建筑面积约1 700平方米，假四层建筑。它是按照希腊神话中的爱神丘比特和普绪赫的故事设计的。

刘吉生的妻子刘陈定贞漂亮、聪明、能干，他俩青梅竹马，一生恩爱。为此，刘吉生决定在妻子40岁生日时送她一份礼物——爱神花园。由于刘吉生生意繁忙，工程上的事则由刘太负责，包括与设计师商议设计主题、建筑样式和规划布局等；施工期间刘太亲自督工，还让二女儿协助料理。在刘太眼里，夫妻恩爱，事业成功，儿女成群，这是一个令人自豪的家庭。她要设计师把所有这些都体现在爱神花园之中。

邬达克在庄重的建筑中注入了优雅妩媚，特别是正立面南门廊的四根希腊风格的爱奥尼柱子，格外醒目华丽，表现了轻盈、雅致的女性美。柱头卷涡宽琉雄健，犹如少女颈部精美的卷发。挺劲的柱身槽线如长裙的百褶，使人联想到少女的健美体态。

南门廊尽头，是建筑的主入口，系三联式拱门。入内，便是高敞的主厅，是刘家经常举行大型宴会或舞会的场所。主厅的天花异常好看，不知有多少外国人，仰首望去时满脸惊讶，连呼从来没有见过如此美丽的天花。东厅是客厅，精致的柚木拼花地板，高高的墙壁上是考究的全柚木装饰，室内陈设高雅大方，给人殷实安逸的感觉。西厅为餐厅，装饰最为华丽，拱形的顶棚上布满了镏金的天花雕饰，窗户镶嵌葡萄图案的彩绘玻璃，室内北侧靠墙放着做工考究的柚木大酒橱，中间置一大餐台，西侧设乐台，为用餐者演奏。北厅是客人等候或休息的地方，它的西侧配有厨房，东侧设有洗手间，出入方便。整个底层功能齐备，布局合理，环境优美，使用方便。刘吉生社交和生意上的迎来送往都在底层。刘吉生社交活动频繁，为人又好客，况且刘鸿生也常在这里宴请宾客，故聘用了4个中餐厨师和2个西餐厨师专事烹饪,在刘家花园的西厅里,小宴几乎天天有,盛大的宴会每周总要举行一次。

刘家人日常生活作息都在楼上。二层有卧房、起居室和书房,三层都是卧房,假四层是储藏类用房。

主卧房在二层的东南部位。卧房顶棚,里外3圈有漂亮的天花雕饰。外圈刻着20个飞翔的小天使,每边5个,手上各自提着玫瑰花带,花带连成了一个大花环。从图案上看,这群小天使是"德的天使"。这一圈的背景也极有意思,铺天的情网,含义非常丰富。中圈近角处,分别刻着4组人物,每组3人,稍大一些的为金童玉女形象,线条层次清楚,人物清晰可辨,旁边隐隐现出一个婴儿,体形也要小得多。这4组人物最有具象意义,分别为普绪赫、丘比特及女儿欢乐,每组人物之间,还刻有1对翅膀。里圈刻有玫瑰和葡萄图案,与花园呼应,象征爱情和纯洁受胎。壁橱、壁炉等重要部位的装饰性图案,大多是盛

鎏金柱头与大理石门柱

造型优雅的楼梯

刘吉生名字的英文字母被嵌入楼梯扶栏的圆框内

开或含苞的玫瑰花。次卧房在二层的西南部位,屋内壁橱和壁炉的木雕饰也极为精致。

  刘吉生住宅配套设施完备,居住环境极为舒适安全。住宅配置锅炉房,中央供热系统供应暖气和热水。每层楼面设有两个卫生间,卫生洁具一应俱全。刘家的佣人都住北面临街的辅楼,辅楼上下两层,面积340平方米,底层设有汽车库。整个庭园沿街分两个大门出入,设门房间和狼狗棚护卫。大花园里,有花坛、树坛和草坪,石笋、太湖石等观赏石错落其间,与植物融为一体,景色别致。另外花园里还有网球场、温室等设施,喷泉、葡萄架、石椅等园林小品也大大提升了庭园的规格。

  邬达克或许认为,刘吉生这位大业主慧眼独具,实在了不起,否则,这件万国建筑中的珍品不会成为现实。因此,在刘太的提议下,刘吉生的名字也被永久性地设计铸造在建筑里了。从东门廊走进去,有一个漂亮的螺旋形楼梯,楼梯外侧墙上的门窗,镶嵌着非常精美的彩色玻璃,楼梯内侧,顺着扶手栏杆往上走,仔细寻觅,南北面栏杆的铁艺图案中能找到"K.S.L"这三个大写的英文字母,那是"刘吉生"的英文缩写。

普绪赫喷泉：爱神花园里不朽的灵魂

在关于刘家花园的故事中，有一件事很有意思，也让不少人感到纳闷：邬达克为何不惜重金，不远万里，特地在意大利制作雕像，并将如此贵重的雕像赠送给刘家？今天可以听到各种各样的传闻。但有一个前提是存在的，即邬达克为刘吉生夫妇的爱情故事所感动，决定自己出资赠送给业主。在邬达克的心目中，一个中国式的爱情故事与希腊神话中的最美妙动听的普绪赫故事一样迷人，另外，他也要感谢刘家给了他一次良机。要知道，他太想用普绪赫的故事来创造一个庭园建筑样式的范本，这是他多年的梦想和追求，也是他建筑设计生涯中注定要完成的使命。

爱神普绪赫喷水池雕像

普绪赫是神话中的希腊公主，因为比维纳斯美丽而引起后者的嫉妒。爱神丘比特奉母之命欲加害于普绪赫，结果反而陷入情网，让西风之神将她携到自己的宫中，每天夜里与她幽会。维纳斯一心要拆散他们，不断陷害普绪赫。在历经重重磨难后，普绪赫与丘比特终于结为恩爱夫妻，过着幸福欢乐的生活。他们生了一个女儿，名叫欢乐。

"普绪赫"在希腊文里的意思是蝴蝶和灵魂。蝴蝶在痛苦、长久地净化后拥有的美丽和动人，是人的灵魂的形象写照。在基督教的艺术中,蝴蝶经常是人的灵魂复活的象征。普绪赫是人类灵魂的化身,与神灵一样,人的灵魂也应该是不朽的。普绪赫形象出现后,她的身上常常带着蝴蝶的翅膀。

爱神花园的构思,与英国著名学院派画家莱顿的名画《普绪赫洗浴》有关。在这幅画中,莱顿展示的是普绪赫正在脱下薄纱长裙准备入浴的那一刻,举臂回眸,亭亭玉立,人物造型充分显示了艺术家独特的想象力。刘家花园一些重要的细部特征,在莱顿那幅画里都能轻易寻到,如希腊风格的爱奥尼柱子、台阶、水池、金色的柱头,甚至差不多宽窄的石径。莱顿画中完美的普绪赫形象,正是邬达克所追求的那种理想美。

普绪赫喷泉位于庭园的中轴线上,是整个庭园的灵魂。喷泉中央的柱子支撑着一个水盘,水盘上置放着普绪赫雕像,水喷射在雕像上,落入水盘,随后流进水池。雕像仿真人大小,从足底至头顶有155厘米高,无论依照20世纪20年代女性人体审美观点,还是普绪赫形象的特殊要求以及与建筑、空间环境的比例、尺度关系,这样的身高是再恰当不过了。普绪赫的脚下,

20世纪90年代初,上海作协主席团成员在作协大楼前合影。前排右起:哈华、师陀、赵家璧、徐开垒、王辛笛、王西彦、杜宣、柯灵、于伶、吴强、王元化、萧岱、包文棣

有4个小天使和4条鱼，小天使有骑抱着鱼的，也有搂抱着鱼的，鱼嘴里喷射出的水落入水盘。邬达克设计的普绪赫，是表现正在脱衣准备入浴这一瞬间。普绪赫上半身裸露，刚脱下的纱袍还举在手上，下半身正面裸腿，后面被长裙所遮，增添了含蓄的美感。半裸的人体造型，比较符合那个时代东方人的审美习惯。

这尊圆雕本身就是一件艺术佳作，见过的人都会发出惊叹声。整个雕像用白色大理石制成。普绪赫的脸型秀美，看上去像现代意大利女子，弯眉大眼、细挺鼻子、线条俏丽的嘴唇，已看不出古代希腊女性的典型特征，但典雅的气质依旧明显。她的发型舒卷，多少带有20世纪的摩登，为现代人所接受。匀称的躯体上，各个部位都很完美。雕像两脚一前一后，左脚跟抬起，重心落在右脚上；两臂举过头顶，左臂稍直，右臂弯曲；身躯朝向正前方，头抬向右侧上方。这些身体部位的紧松、轻重、正反等方面的对应和变化，颇具韵律和动感，使人体曲线更加优美。普绪赫的动作舒展轻缓，全身散逸着青春少女的气息，表现出一种醉人的美丽。

肃奸"劫收"：戴笠坐镇刘家花园指挥

上海解放后，刘吉生没有像刘鸿生那样，从海外回到上海居住。这可能与他复杂的社会关系有关。

当年，戴笠把刘吉生视为可以信赖的朋友，且常常到刘家花园做客。1945年9月9日，戴笠从重庆乘飞机抵达上海机场，下机后由到机场迎接的刘吉生陪同，乘上原法租界捕房探长贾德田的车就直奔刘家花园。戴笠向来行踪难测，这次他的上海之行照例鲜有人知。刘吉生将戴笠接到家中，安排他在次卧房休息。这间卧房，远离主楼梯，居住安静，又连接一个小楼梯，直达主楼的第三个门。那是一个很小的门，极为隐蔽，设在主楼与辅楼之间逼仄的夹弄里，对门就是辅楼的汽车库，车库大门直冲马路，万一遇上紧急情况，出入极为方便。当天晚上，刘家摆下盛宴为戴笠接风，宾客当中还有美国特工头目梅乐斯。戴笠在上海的首要任务是肃奸，于是上海滩上有汉奸行径的人无不心惊肉跳，许多人纷纷上门求刘吉生在戴笠跟前帮忙说情。为了戴笠的安全，刘吉生又将戴笠介绍给刘鸿生的二儿子刘念义。刘念义也有一栋花园洋房，环境不错，又很僻静，戴笠十分满意，一段时间内，戴笠就轮流住在刘家叔侄的住宅里处理肃奸和"劫收"要务。1947年，刘吉生受同班同学宋子良的委任当了西南运输公司的总经理，这是一家有着军保密局背景的公司。不久，刘吉生全家迁往香港定居，只留下二女儿刘莲芝看家。1952年，刘吉生的这幢住宅被市房地产部门接收。

近年来，刘吉生的子女孙辈们常有归国观光旅游的，他们也经常到这幢老宅来参观，见到花园、洋房和雕塑保存得如此完好，都很兴奋和意外。他们逐一细览精致的庭园、漂亮的雕像和美轮美奂的建筑，触景生情，禁不住向我们连连述说那些陈年的老话。

一桩奇闻："十年浩劫"爱神雕像竟安然无恙

在上海作家协会用作办公的几十年里，很多人在这幢建筑的保护方面做了大量工作，其中"文革"期间保护普绪赫雕像一事尤为传奇而动人。现摘录作协的郑成义先生的一段回忆文字：

"1966年5月我调来普绪赫喷泉畔工作不久，就遭遇一批又一批的人冲进作协来揪人、烧书、'砸四旧'。作家协会立时被诬为'庙小妖风大，池浅王八多'的黑窝，大门敞开着，车来人往，乌烟瘴气。令人担忧的是庭院中矗立在水盘上的那比维纳斯更美的女神雕像，在众目睽睽之下，依然仰天展示着那半裸的人体，分明还在引火烧身哩！如果被砸碎了，该留下多么沉痛的伤啊！所幸的是院内有人及时伸出救助的手，将毫无自卫能力的公主从水盘上抢下来，代为穿衣戴帽，伪装包扎，偷偷深藏在花房的暗角。一藏十年，这派那派，上上下下时竟没有一个人告密出卖，直到女神重见天日。"

1995年，王元化（右二）与徐俊西（右一）、柯灵（右三）、黄佐临（右四）、秦瘦鸥（左二）、王辛迪（左一）等在洋楼门廊前交谈

如今，在这幢洋楼里又建立起了文学会馆，成为上海的一个标志性文化设施和文学活动中心。作为作家之家和大都市的文学客厅，作协的各种组织将常年在此举办文学论坛、作品推介、学术研讨、文化交流、艺术表演、培训讲座等活动。会馆竭力为所有会员作家提供良好服务，同时也为广大文学爱好者提供优质的文化产品和文化服务，大量的文学信息也由此产生和传播。可以相信，作协着力开展的文学事业以及文学会馆对城市文化建设所作的贡献，将会使这里成为上海的文化名片，成为大都市的文化景观。

今天，到过爱神花园并听过那段爱情故事的人，一定不会忘记刘吉生和刘陈定贞。刘吉生1962年10月8日逝世于香港，享年73岁；两年后，刘陈定贞也逝世于香港。这对恩爱夫妻现合葬于加拿大蒙特利尔，永远厮守在一起。

1999年，经上海市政府批准，巨鹿路675号的大门挂上了市级建筑保护单位的标牌。如今，我们完全可以告慰邬达克的在天之灵了：他精心设计的爱神花园将永远放射出迷人的光芒。

绿树环抱"兄弟楼"

薛理勇　吴健熙

位于南京西路1400号的上海市人民政府对外事务办公室（简称"外办"）的办公楼，与著名的波特曼大酒店相邻。那是两幢风格相近的三层法式建筑。凡是路过那里的人难免会驻足多看上几眼，并产生好奇：这两幢楼曾是哪位富翁的豪宅呢？

我们在作了一些调查采访后，终于搞清了这两幢洋楼分别是原上海永安公司老板郭乐和他的小弟郭顺的住宅，人们习惯上把这两幢楼称作"兄弟楼"。这大概也是上海滩上唯一可冠以"兄弟"称呼的豪宅吧。

"兄弟楼"全景

从"永安果栏"走上致富之路

郭乐

郭乐,字鸾辉,生于1874年,兄弟辈中排行老二,原籍广东香山(今中山市),是孙中山先生的同乡。广东地少人多,农民生活十分艰苦,一些青年后生被迫远涉重洋到异国他乡谋生创业。早在1882年,郭乐的长兄郭炳辉即去澳大利亚谋生,10年后病故他乡。1890年,年仅16岁的郭乐循其兄足迹,亦踏上了一艘开往澳洲的货船,去这块被时人称作"新金山"的地方"淘金"。

抵澳后,他在悉尼当了两年菜园工人,后经堂兄郭标介绍,进了由郭标和马应彪合开的永生果栏任职。所谓果栏,就是水果批发行,而这个马应彪就是日后开在上海永安公司对面的先施公司的老板。7年后,郭乐有了点积蓄,就离开永生果栏,与人合开了家永安果栏,自任司理(即经理)。随着业务不断发展,他先后将三弟郭泉、四弟郭葵、五弟郭浩、六弟郭顺从家乡接来澳洲分掌店务。

初时永安果栏的主要业务是在当地批发销售斐济岛产的香蕉,同时兼营从中国进口的土特产。郭乐为人忠厚,据说有一次银行多付给他500澳镑,他发觉后立即如数退还,在当地中西人士中赢得了声誉。于是生意越做越大,果栏从一家发展到四家,还兼营当地华侨的存款和汇兑业务,并在斐济岛拥有香蕉园。

在永安果栏的批发业务扩展到一定程度后,郭氏兄弟又将眼光瞄准了现代化大型百货公司。1907年8月28日,永安公司在香港皇后大道开张,郭泉任司理。两年后,郭乐将澳洲果栏交郭葵、郭顺负责,自己抵港擘划,营业大有进展,后出任总监督(相当于董事长)。

香港永安公司很早就在上海设立办庄（即办事处），对当地的市场行情了如指掌。郭乐自谓："以上海位居世界四大都会之一，为我国对外贸易之总枢，在中西商贾竞争驰骋之所，余自不肯错过。"早在1913年，他就与郭泉、郭葵等人开始招股筹组上海永安公司，并按香港公司惯例，向港英当局注册，以"英商"名义获得"保护"。

两年后，郭泉、郭葵来上海选择店址，当时已有香港的先施公司择址南京路浙江路口，破土兴建大型环球百货公司大楼（即今时装公司所在地）。郭氏兄弟意识到，只有在这"远东第一街"形成商业规模效应，才能获取最大利益，于是决定就在先施公司对面建造永安公司。

租借哈同地产办起永安公司

当时，上海南京路两侧的不少地产已被犹太富商哈同占有。1908年，沪上出现的第一条电车线路沿南京路行驶，而哈同又出资用硬木铺设南京路，使该路地价飙升了不知多少倍。郭氏兄弟选中的恰好是哈同地产，于是由郭泉代表永安公司与哈同的律师科士打签订了"租地造房"合同，规定自1916年4月起，哈同让出南京路的9亩土地租予永安公司使用，租期30年；永安公司在此建造6层商业大楼，并自合同生效日起，每年向哈同交付租金白银5万两；30年合同期满，大楼及其所有设施归哈同所有，如哈同愿意将大楼继续出租，永安公司有优先租赁权等。换言之，即到1946年这幢大楼的产权将归哈同所有。

永安公司大楼于1916年破土兴建，1918年9月正式开张营业。原定由郭葵出任司理，不料他因操劳过度，英年早逝，不得不改由

郭顺

兄弟楼西楼侧影

香港公司的副司理杨辉庭担任，郭标任监督（即常务董事），而郭乐以总监督身份常驻上海。

随着新落成的上海永安公司营业额蒸蒸日上，郭氏家族不得不考虑善后问题了。他们暗中与相邻的新新舞台及"楼外楼"游乐场老板商议买下这块2.5亩地产。1937年建成一幢高19层的永安新厦，并在第四层楼凌空架起两座封闭式天桥，与永安公司相连，7楼设有七重天酒楼。这也是上海最早以天桥连接两幢大楼的建筑。顾客在永安公司购物后，可通过天桥进入永安新厦娱乐或用餐；同样，在永安新厦娱乐用餐者也可以通过天桥到百货商场购物，很是便捷。

这样，一旦"租地造房"合同期满，若哈同所提续租条件苛刻时，永安公司就可在新厦内继续营业；若续租顺利，郭氏便将新厦的经营重点放在旅馆、餐饮和娱乐业上。迨至1946年12月租约期满，哈同已去世多年，该地产由其养子乔治·哈同继承，拟出售产权。于是又由郭泉出面，以112.5万美金买下了这块地产。据说在签字仪式上，郭泉长子、时任上海永安公司总经理的郭琳爽在向乔治·哈同祝酒时说道："我们永安跟哈同家族宾主30年，到今天算是功德圆满啦，干杯！"

陶桂记与"兄弟楼"有缘

想当初郭氏兄弟到上海创业时，曾栖身于四川路三和里内的一座老式石库门房屋，这里既是香港永安公司的驻沪办事处，又是他们的住家，比较简陋。直到1920年新开张的上海永安公司颇有起色后，郭氏才购进了位于法租界居尔典路（今湖南路）的一块十几亩的土地，兴建了一幢洋房。旅沪的郭氏家族全居于此，虽然家族和睦，但毕竟有诸多不便，于是决定另行择地建房分居。这样，郭氏兄弟又找到地产大王哈同商议购地事宜。

早在1910年，哈同已在静安寺路（今南京西路）、长浜路（今延安中路）之间近300亩的土地上建造了沪上著名的私人花园——爱俪园，当时还留有一块位于静安寺路北、哈同路（今铜仁路）东、时称"夏家宅"的8亩多土地，由于被静安寺路分割而未划入哈同花园。也许因为哈同希望与郭乐保持长期的合作伙伴关系，所以谈判比较顺利，没有几个回合，哈同就将这块地卖给了郭乐。郭乐、郭顺兄弟就在这块土地上兴建了自己的住宅。

说到建造这座"兄弟楼"，就不能不提到郭顺。郭顺，字和辉，小郭乐10岁，1901年抵澳洲时年仅17岁。初在磨厘聘记商行帮工，3年后回悉尼帮理永安果栏业务。1909年郭乐去香港后，继任永安果栏（后改组为悉尼永安公司）总经理。1917年与当地华侨合办中澳轮船公司，其间当选为悉尼中华旅澳商会会长。但好景不长，在太古、怡和等英商轮船公司的竞争下，3年后中澳轮船公司破产。

花坛中的喷水柱

1920年，郭顺应浙江省政府之邀，代表旅澳华侨回国筹办三门湾自治农垦事业，而兄长郭乐、郭泉正在上海筹办纺织厂。郭顺遂于次年出任上海永安纺织公司经理。郭顺是位交游广、会办事的大能人，纺织公司开办仅10年，就在杨树浦兰路（今兰州路）、吴淞及麦根路（今淮安路）上先后开设了永安第一、二、三厂。1923年，坐落在兰路上的一厂首先开工，厂房由陶桂记营造厂承建。

陶桂记老板本名陶桂松，早年在1916年的永安公司建筑工地上，他只是一个瓦筒小包。但他早出晚归，对工程认真负责，颇受承建商魏青记营造厂老板魏清涛青睐，就将一些工程有意发包给他。没想到这位出身贫寒、从川沙乡下到上海瓦筒厂做木模的小工，竟于1920年开出了一爿陶桂记营造厂；更没想到，3年后因承建的兰路厂房质量上乘，郭乐、郭顺兄弟竟将自己的"兄弟楼"亦交给他建造。

陶老板接下工程后，尽心尽力于住宅建设。尽管计划造价达30万元之巨，但陶桂松在这项工程中还是大大超支，两年后，他贴了老本才大功告成。陶老板就此与郭氏兄弟结下了深厚友谊。接着陶桂记承建了永安第二、三厂的厂房，由此积累了雄厚资金，在当时沪上建筑业中崭露头角。1934年，永安新厦招标，陶桂记又承包了大楼全部地面工程。

"哥东弟西"的花园洋房

公和洋行（Palmer & Turner）1891年前创办于香港，20世纪初进入上海。1916年前，他们设计、监造的外滩4号联合大楼和汉口路193号工部局大楼，留下了极佳的口碑。永安公司即由该行设计。郭乐与公和洋行的威尔逊关系密切，于是"兄弟楼"也委托威尔逊设计。

根据业主要求，威尔逊设计的"兄弟楼"外貌颇具法国文艺复兴时代的建筑风格。据一位上海建筑史专家介绍，这两幢花园洋房呈东、西向分布，当时上海造房有"哥东弟西"之俗，"故东侧的一幢由兄郭乐所住，西侧的一幢由弟郭顺所居"。

这两幢建筑虽属西洋式，但因业主、营造商是中国人，故多少还带有中国传统的三间二厢平面。屋高三层，屋面坡度较陡，壁炉烟囱凸出屋面。正中有弧形门廊和有顶阳台外凸于东西两侧，二、三层楼对称设置外挑阳台。顶部的女儿墙做成古典的宝瓶透空栏杆，与正中的圆弧形门廊和阳台浑然一体，凸显讲究立面平衡对称的法国式住宅风格。立面上线脚复杂，装饰细致，空间处理活泼而富于变化。底层用塔式干柱式，二层设爱奥尼克柱式，三层置科林斯柱式，平顶的石膏花饰精致，在花纹中心配上配线装置吊灯，后来的豪华住宅较流行这种平顶样式。

因陶桂记当初建造此宅时，外墙汰石子，内部装修用高级柚木，尽显豪华气派。底层的门厅及大小客厅全用柚木作护墙板和嵌花地板，室内门框也采用出檐和立柱做装饰，有很强的立体效果。天花板上饰有彩绘浮雕，每间房间的浮雕图案各不相同，而大量使用水果、花草经重组后的图案，表明主人并没有忘记当年以永安果栏起家时的艰辛。主楼梯设在底层北面中央，楼

东楼一侧

梯宽阔并带有转角平台，扶手及护栏花纹精致，同样不失为室内装饰的重要构件。二、三层楼原是主人的卧室、起居室和卫生间等用房，房内皆设壁炉，且色彩、造型各异。

最值得一提的是主楼南面的大花园，占地达1701平方米，树木葱郁，花草遍植，且地形起伏，曲径通幽，筑有小洞、小径、小桥、假山、亭台等。另有一古典雅致的塔状喷水池掩映于绿树丛中，池用大理石砌筑，中塑希腊神像，别具一格。说它是绿树环抱中的"兄弟楼"，想必并不为过吧。它已被列为上海市近现代优秀保护建筑。

由于业务关系，郭乐频繁往来于沪港两地，断断续续在此住了10年左右，而郭顺在此居住有20年左右。抗战爆发后，日本占领当局曾强迫郭乐与其合作，郭乐不从，不久逃到香港。1939年，他作为中国代表之一，携工艺品出席在美国旧金山举办的金门博览会，后在旧金山及纽约两地主持开办永安公司。不久太平洋战争爆发，遂滞留北美。抗战胜利后，本该重返故里，唯以"国事日非，沪永安公司暨永安纱厂均蒙受莫大打击，商业凋零，目睹如斯，不觉忧患过度，至血管爆裂，两次成半身不遂之症，作长期休养"。1956年10月，郭乐在美国病逝。

至于郭顺，1935年因事业有成且热心公益，被选为公共租界工部局董事。太平洋战争爆发后，还与人合办永业地产公司，自任董事长，炒作地皮，成为有实力的华商房地产企业。抗战胜利后，他将永安纺织公司业务交其侄即郭葵的儿子郭棣活负责，自己赴美发展。晚年他寓居香港，但热心家乡中山市建设，被称颂一时。

"玻璃洋房"郭公馆

吴健熙

在静谧的华山路上，在豪华的丁香花园和汇益花园之间，坐落着一幢用玻璃砖贴面的洋楼。那就是近代巨商郭氏家族第二代传人、曾任永安纺织公司总经理的郭棣活的豪宅。"玻璃洋房"的门牌号是华山路893号，今为上海市级优秀近代建筑保护单位。

留学美国　改造永安旧企业

郭棣活，又名敬棠，英文名戴维·郭（David Kwok），1904年生于澳大利亚悉尼市。祖籍广东省香山县（今中山市），永安集团创始人之一郭葵之

郭棣活公馆

子。1916年，郭葵在上海创办永安百货公司时，因劳累过度，英年早逝。郭棣活时年12岁，随母亲回到香港，两年后，赴广州岭南大学附中就读。

郭棣活

1922年，永安纱厂在上海开业。创办人是郭棣活的二伯父郭乐与六叔郭顺，他们聘请曾留学英美、专攻纺织的广东台山人骆乾伯为总工程师。纱厂创办初期，郭氏兄弟因不懂纺织技术，厂里的生产技术管理便不得不仰仗骆乾伯。而这位骆总工程师脾气很大，经常与总经理郭顺闹别扭。郭顺只得忍气吞声，奈何不得，转而动起了在郭氏子孙中培养技术人才的念头，便动员侄子郭棣活赴美专攻纺织工程学。

1923年，郭棣活读完岭南大学一年级后，入美国麻省牛必佛纺织学院留学，成为郭氏家族第一个出洋留学者。留美期间，郭棣活抱着为中国人争气的信念，发奋学习，第一学年就获得了全年级学业成绩最优者金质奖章。追至1926年毕业时，又获全美棉纺织同业公会颁发的纺织学院最佳毕业生奖牌。接着，他又在美国实习一年，学习当地纺织企业的先进技术，还到美国农村考察棉花种植情况。他晚年回忆时曾说："这段实习和考察生活，使我受益匪浅。"

1927年，郭棣活回到上海，初任永安二厂参事。次年赴香港与先施公司创始人马应彪之女马锦超结婚，育有两子志威、志新，三女子思、子超、子珍。这时，郭棣活改任永安三厂总工程师，负责整顿、改造这家新盘进的原鸿裕纱厂。他大量引进毕业于各类纺织学院的技术人才，运用西方先进技术更新设备，吐故纳新，使得产品质量稳步提高，畅销国内，并远销东南亚。1929年，郭棣活升任公司副经理，与骆乾伯共负管理下属5家纺织厂、1家印染厂之责，竟与"骆总"合作愉快。抗战前夕，永安纺织公司已位居中国第二大纺织企业。

留守上海　出任广东副省长

抗战期间，永安纺织公司下属6家工厂全被日军占据，损失惨重。好不容易挨到胜利，谁知不久内战又爆发。国民党为打内战横征暴敛，搜括军费，"永纱"是大户，自然损失巨大，元气大伤。正感彷徨无计时，解放大军的炮声已迫近上海，亲属们都劝已升任总经理的郭棣活及早离开，郭乐还包了专机接他赴港。此时郭棣活对共产党并不了解，但觉得纺织工业关系国计民生，不忍就此丢弃。于是，与时任永安百货公司总经理的堂兄郭琳爽商量后，他俩决定同留上海，等待解放。

上海解放后，郭棣活应邀出席陈毅市长招待上海工商业者的酒会。席间，陈毅对他说："共产党是了解你的。解放前夕，许多人劝你离开上海，你却决定留下，你做得很对！"陈毅市长还帮他解决永安纱厂经营上遇到的困难。原来，郭棣活曾向美国、印度、巴西等国的棉花厂定购了6 000多包棉花。刚解放时，沿海港口被国民党军封锁，300多万斤棉花有的半路搁在日本、香港，有的还在产地待运。向瑞士定购的大功率汽轮发电机、1万锭全套纺纱设备也滞留香港。陈毅知道后，专门关照银行、铁路、海关各部门协调解决，专调车皮去香港拉货。几经周折，终于将滞留物资全部运到上海。30多年后，郭棣活仍感慨地说："我就是通过与陈毅的接触，才进一步了解共产党的。"1950年6月，他当选为第一届全国政协委员。

1955年永安纺织公司公私合营后，郭棣活仍任总经理，并兼任上海市人民政府委员、工商业联合会副主任等职。1958年，在广东省领导陶铸和陈郁同志推荐下，他被调任广东省副省长，分管纺织和轻化工业。1979年，郭棣活得了运动神经炎，下肢肌肉萎缩，行动不便。但他仍坐着轮椅，多次赴美动员郭氏家族捐巨款，资助内地兴办教育福利事业。1986年4月9日，郭棣活在广州病逝，终年82岁。

抗战胜利　兴建玻璃大洋房

据1936年出版的英文《上海扶轮社会员录》记载，戴维·郭住在愚园路419弄12号（今址待考）。又据1944年出版的《上海行名录》记载，郭棣活寓居静安寺路（今南京西路）1081弄100号，与其兄弟郭棣超（住107号）为邻。至于华山路上的玻璃洋房，则建于1948年，设计及营造商不详。

这是幢颇具现代派建筑风格的花园住宅。楼高2层，钢筋混凝土结构，建筑面积800平方米。在建筑形体处理上刻意追求现代建筑的几何造型，平面为不对称布局。根据功能要求，安排各种大小不等的房间。平屋顶、白粉墙、玻璃砖、转角窗、圆柱体楼梯间、弧线形阳台和薄薄的横线条雨棚，无不显示着现代式建筑特征。

进门是宽大的走廊，用玻璃砖砌成的圆弧形法式大楼梯与同为玻璃制成的屏风相隔，使各部位空间融合、流畅。当时流行的S形铜铸楼梯扶手，呈几何形状，铸花细腻，与螺旋形楼梯一起盘旋而上。这种设计颇受西方现代建筑"流动空间"原理的影响，强调平面的自由及空间的灵活。

20世纪50年代，郭棣活、马锦超夫妇在上海寓所

20世纪50年代，郭棣活在上海寓所接待希腊文化代表团

洋楼北立面是一个弧形与长方形的组合体，造型简洁，线条流畅，突出现代建筑风格，追求外形立体效果的特色。从北门入口经过道步入室内，底层朝南有4间房，面向南面花园的立面全部开窗，站在低矮的窗台前，宛如站在一座观景台上，满园翠绿尽收眼底。

洋楼底层左侧是设计别致的舞厅，柳安木企口地板、柚木护墙板、双层玻璃门窗、青铜夹花岗石的壁炉，天花板上镶着音响培司圈，中悬大吊灯。入东侧门，有两间布置典雅的小室，分别是书房和会客室。北间是衣帽间，东西有100多平方米的餐厅，旁列配菜间和厨房。二楼东侧曾是两公子的卧室，西侧是女公子们的闺房，中间正南的大房间是郭棣活夫妇的卧房。西侧厢房是女佣的起居室、盥洗室和小厨房。室内装饰典雅，陈设华贵。据时任郭家园艺师的张顺发介绍，室内、过道、庭前铺设的地毯都是从美国进口的。

据说1948年夏郭公馆落成时，举行了盛大的竣工迎宾仪式。宋子文及

长廊

陈立夫、陈果夫昆仲等各界来宾纷纷前来志贺,盛赞洋楼气派豪华。解放后,郭棣活赴粤履新后,曾将这幢玻璃洋房让与上海市工商联办公,今已成为某实业集团的办公楼了。

寻梦嵩山弄

郑 洁

这是一条小得不能再小的小弄,仅有四幢楼房,然而,从20世纪20年代起,这里成了上海的艺术沙龙,人文荟萃,名家云集⋯⋯

龚氏造屋邀雅客

这条位于嵩山路上的弄堂始建于1913年,它的主人龚子渔先生任汇丰银行买办时,挣下万贯家产,于是辟弄构房,营建居所。当时嵩山路一带

嵩山路小弄入口处

虽处法租界，却因距外国坟山（今淮海公园）仅一箭之隔，民间多有鬼异之传而鲜有闻达之士问津。龚氏在此建弄安家，是因为此地乃其发家之地（旧称血地），时人有发达之后不可背弃血地之说。龚氏热衷于房地产投资，除了这条弄堂，还在周围购得大量房产。

龚子渔营建的这条弄堂由两侧共四幢联体建筑构成。右侧由外而内是86、88号洋楼，左侧由内而外为90、92号石库门。一边是镶嵌着法式建筑元素的折中式洋

冯超然

房，另一边又是最具上海地方特色的石库门楼房，这种奇特的构制，其本身就是海派文化的体现。当年弄中有两树黄杨，郁郁葱葱，数枝石笋，隽秀挺拔，并有棕榈一棵，高二层许，人称"朝天一枝香"。今仅存棕榈，高已过三层楼。

龚氏自己居用86号洋房，其装饰之别致又胜于其他，尤其入口处的一对罗马石柱，傲立百年，饱经风雨，仍隐隐透出一种昔日贵族的气息。此宅室内装饰之豪华讲究自不必言，底楼还设有私人舞厅和弹子房，作为娱乐交际场所。今"梦莲咖啡馆"就是当年龚家舞厅。与86号对门的92号内开设了两家龚氏私人电台，一名"福星"，一名"华光"，沪上知名演员均曾来此演播节目。当年徐家汇曾有一座电台发射塔，将节目向全市广播，故两家电台在沪上曾经颇有影响。龚家建此电台，就是为龚子渔闲来得以观看艺人演出，以此解闷取乐。

这样一位巨商富贾居住于此，保安问题自然是重中之重。龚氏专门在弄口装上了两道铁门，还特聘嵩山分局编制的两名警察，腰佩手枪，在门外日夜护卫，故而过路人未免有禁卫森严之感。

虽然家居安全无须劳神，消闲解闷也可足不出户，龚老太爷仍感到有所

缺憾，那便是商人之奢华有余而文士之雅意不足。为补此憾，龚氏决定邀请文人墨客共享此弄。此时，著名画家冯超然尚无中意居所，于是受龚之邀，冯超然便于1919年入住90号。五年以后，苏州战乱，吴湖帆离乡避祸，初来上海，也觉此弄既安全且清静，便住进了88号洋楼。冯、吴二人对户而居，从此为龚氏房产带来了无限风雅之气。

笔者虽居毗邻，然年方弱冠，未能躬逢其盛，今幸识许兰台先生，始知当年之事。许先生是吴湖帆义子，居于吴宅50余年，其间出入左右，受吴亲炙，故能知此弄来历。

嵩山草堂超然风

冯超然名迥，号涤轲、慎得，江苏常州人，人物、花鸟、山水皆擅，以全能之称饮誉画坛。搬入90号之后，他以隐士自居，终日闭门不出，靠卖画为生，同时设帐授徒。他将画室命名为"嵩山草堂"，故画坛有"嵩隐冯超然"之称。

冯超然故居是一栋典型的二层石库门建筑，正厢房的结构和小庭院的布置凸显了江南民居的特色，尤以朱漆雕花长窗最有韵味。今天因住户颇多，已成颓势，但其构架及部分细节仍隐约可见当年遗迹。笔者曾有一个小学同学，为冯氏曾外孙女，居于楼上正厢房内。笔者儿时曾受邀前去玩耍，今隐隐记得其室内有兰蕙之气缥缥缈缈，红木雕花家具端庄雅致，一道古朴的屏风将房间一隔为二，后室壁上高悬龙泉一柄，凛凛然威风四面。如今，冯氏子孙或远涉重洋，或迁居别地，此宅已空锁多年。

超然之风受到了不少画界人士的钦慕，史载："每逢春秋佳日，宾至如归，谈艺论道，竟无虚日。"大画家吴昌硕就是冯超然的一位挚友。吴长冯38岁，两人结为忘年之交。吴昌硕曾多次来到这条弄堂，步入超然画室内。在草堂上两人谈古今雅事，评金石字画，说到高兴处，吴昌硕便提笔蘸墨，一抒胸臆。嵩山草堂当时高悬的两幅屏条"园天出水""方舟艺华"即出自吴昌硕亲笔。辛亥革命中光复上海的功臣李平书,既为政界人物又是位大收藏家,与冯交情甚深。冯超然23岁游历北京,以诗书画广交朋友,30岁那年就是跟随李平书来到沪上的。此后又在李平书的"平泉书屋"内,为李鉴赏古迹、品题书画。冯超然定居嵩山草堂之后,李平书便来此雅会冯氏,必尽兴而返。

此外,王同愈、王一亭、张叔通、陆廉夫、费龙丁等也都曾在这古朴的门槛上、天井的青石边留下过足迹。一代昆曲大师俞振飞当年是冯超然的学生,隔日便要来此踵门求教。俞振飞虽非以画为生,但于此道颇具宿慧,深得冯超然的喜爱,于是先生做媒,为他定了一门亲事。后来俞振飞忙于事业,不及照顾夫人之时,其妻还常来借寓冯府,可见其师生情谊之深。

吴湖帆肖像

梅景书屋汇名流

较之冯超然,住在88号的吴湖帆,其画名更为世人所熟知。今天,这幢洋楼外观的保存胜于冯宅,三层楼折中风格清晰可见,但同样因为居民众多,有不少外部搭建,当年风采已经杳然。此宅分为南北两部分,中间是一个露天小天井。许兰台先生即住在南部一楼原吴宅客厅。此厅名为"四欧堂",得名于四本宋拓欧碑拓片。一本是吴大澂留下的宋拓欧阳询《虞恭公碑》,夫人潘静淑过门时又带来祖上所传宋拓欧阳询《化度寺塔铭》《九成宫醴泉碑》《黄甫诞铭》三帖,吴湖帆夫妇将其合为四,故名"四欧堂"。此后,吴湖帆又将"欧"字延用到四个子女的名字中,分别取名"孟欧""述欧""思欧""惠欧",可见其于四帖钟爱之深。登梯而上,木梯扶手早已黯然无光,但雕花之精致,使人犹能想见此宅盛年之景象。二楼朝南正室便是闻名遐迩的梅景书屋了。此宅得名也有来历。1921年夫人潘静淑三十华诞之际,恰岁逢辛酉,与宋景定刻《梅花喜神谱》干支相合,岳父潘仲午即以所藏《梅花喜神谱》相赠。吴湖帆由是将书斋定名为"梅景书屋"。日后艺人相聚、门生研习丹青便在此室。吴氏出过两本画册,书名用的亦是"梅景"二字。

书斋前部是主人画室,宽4米、长2米,虽是斗室,却是大家手笔诞生之地。此室名为"迢迢阁"。当时有朋友认为"迢迢"二字有不祥之意,建议吴更改之,画家最终未采纳。在书斋外侧有一间仅五六平方米的小室,放置了三家煤气灶。许先生告诉笔者,此室当年有特殊用途。因此宅没有卫生设备,只能使用马桶,而每日门庭若市,来客甚觉不便,有人甚至建议吴湖帆乔迁新居,更新设备,吴湖帆却以"马桶用惯,难合新潮"为由婉拒。但宾客之需又不可忽略,于是专辟此室,装有一只高级小便池,是为"私家公厕"。梅景书屋后面是湖帆夫妇的卧室,据说室内曾挂有两幅湖帆夫妇肖像油画,"文革"中两画不翼而飞。

冯超然与吴湖帆皆是海上知名画家,毗邻而居且都足不出户。冯超然淡泊洒脱,颇有遁世之意,而吴湖帆则好交朋友,略有侠气,性幽默而喜滑稽。可能因为同是画人,志趣相投,也可能因为性格互补,更易相处,两人情谊深厚。当时画坛将冯、吴二人与另两位常来此相聚论艺的画家吴子浮、吴待秋并称为"三吴一冯"。

冯、吴之交最为后人引为美谈的可能就是两人共同培养出一代山水画大师陆俨少。陆俨少是冯超然的入室弟子。冯超然观其聪颖出众,悟性不凡,料其日后必成大器,故着意栽培。一日冯超然对陆俨少说:"对面88号吴老师,家藏书画之丰远胜于我。汝若拜其为师,可博览天下佳作,如此方能有所长进。"于是冯便将陆引见于吴。吴亦深爱其才,却不愿夺人之美,从此陆俨少成了吴湖帆的"编外学生":未行拜师之礼,却与吴门弟子共同从师习画。梅景书屋所有活动，如欢迎大弟子徐邦达返沪的欢庆会、吴湖帆五十寿辰宴会等，陆皆在弟子之列。陆俨少从吴习画的两三年里，每日下午必来此弄，登梅景书屋，求教于吴，吴湖帆亦尽示所藏，尽心教之。陆俨少成名后，仍始终自称乃冯超然门下，但对吴湖帆也敬重万分。每年秋熟之期，陆俨少必从老家嘉定自家果园中，亲手摘果数只，择其硕者献于湖帆。

除邻居冯超然外，吴府座上另有不少鸿儒名士，大画家张大千就曾多次做客吴府。张大千一度常往返于苏沪之间，在上海就住在西门路马当路口，距嵩山路不远，因而过从甚密。大千行事一如其画风，纵横劲健，极有气派。一次在梅景书屋里，大千对湖帆说："吴兄，我明天让人给你从重庆送鱼翅来品尝一番，如何？"湖帆惊问："重庆距沪千里，如何送得？"大千笑道："用飞机送来不就成了？"

刘海粟在上海的寓所位于复兴路巴黎新村附近，距离吴宅也不过一刻钟的路程，因而海粟亦是此弄常客。刘海粟身材魁梧，戴一顶法式小辫帽，总是风度翩翩。刘、吴二人解放后都是文代会的代表，两人相聚梅景书屋时便多了一个话题：关于会上发言。刘海粟常向吴湖帆建议共同拟稿，向政府提出合理建议，但吴湖帆处事谨慎，对政治又无多少兴趣，因此很少应允。

画家唐云也是梅景书屋座上之宾。唐云体态肥硕，性嗜酒，有豪迈之气。唐云曾向吴索求《梅花喜神谱》一书，湖帆慨然应之，将镇斋之宝《梅花喜神谱》复制数册，赠唐一册。吴湖帆很少向人索要字画，但深敬唐云之才，曾邀其为居室书写对联，并挂于壁上，可惜今不知留存何处。

亦曲亦画倍绚烂

与吴湖帆往来过从的朋友，不止画人，梅景书屋以其宽宏之襟抱广纳各方人。一代京剧大师梅兰芳就常做客于梅景书屋。吴、梅二人同庚，互为倾慕。梅兰芳蓄须明志之时，寓居思南路周公馆附近，故能三天五日来此访友。

说起梅兰芳来访情景,许兰台先生滔滔不绝,宛如昨日之事:梅兰芳每次来此皆坐一辆黑色私人轿车,到达后便停车于弄口。当时路上轿车不多,梅车一驻,显得极为威风。梅兰芳每次来访,必由郭效青陪同。郭乃杜月笙门下,生得体壮肩阔,日常任梅剧团总务秘书之职,颇有保镖之风,与吴私交亦厚。许先生说梅之待人和蔼而亲切。一次当他缓步至88号门口,吴府家人立即高声禀报"梅老爷来了",梅兰芳向那人摇摇手,低声软语且略带京腔地说道:"不要叫,不要叫,现在没有什么老爷了。"然后扶着光可鉴人的雕花栏杆,轻轻上楼。

世人多知梅喜丹青,实则吴亦喜戏文,二人曾经就在这梅景书屋中结伴引吭。梅兰芳京腔京韵,如间关莺语,吴湖帆则一口吴侬软语,却有铁骑突阵之势,两人合作别有情趣。据说当年这种南腔北调从二楼书斋窗棂之中悠悠飘出,扬过嵩山草堂,回荡在龚宅大门内外,曾引得弄内之人驻足聆听。

梅景书屋宾客之中,面目最慈祥和蔼的是苏州美专校长颜文梁,他是苏州人,被吴府家人称为"老好人",其时住于淮海路华亭路中南新村;最有轩昂气质的是北方画家溥心畬,此人乃清皇室后裔,虽衣着平常,且时有破痕,但英姿勃勃,一身皇室气派;最为朴素平实的是"补白大王"郑逸梅,身材瘦小,不吸烟,不喝酒,他与吴相交多年,从未开口索要过书画,郑所藏吴作皆是吴主动赠之;最有"醉金刚"之风的是江寒汀,禀性率直,不拘小节,常喝得半醉,带着五分酒气、五分醉意,深夜来访,在梅景书屋中将新作展与吴看。其他如谢稚柳、程

吴湖帆故居的木质楼梯雕饰

十发、林风眠等也多次来此雅集。

除了朋友，吴门弟子也在此相聚习画。吴湖帆当年在画室"迢迢阁"墙上挂有历代名画一至二幅，数天一换，学生来了便常就壁上名画进行探讨。吴湖帆因材施教，不拘一格。据许先生回忆，他要吴少蕴、朱梅村多画仕女，要颜梅华多画古装及戏曲人物，让陆一飞将木刻渗入国画，又指点张守成多画工笔花鸟。陆俨少有一次带了自己的新作"唐人诗意集册"数十幅请吴指教，吴展观多时连连点头，并建议其画满百幅。

现故宫博物馆鉴定大家徐邦达与今海外书画鉴定权威王季迁，在求学时还有过一段趣事。徐、王二人一次论古画，各执己见，争论不下，于是带上此画，叫来黄包车，直奔嵩山路，让先生定夺。路上两人仍沉浸于画中，愈争愈烈，以致一到弄口，顾不上付车费，便从车上跳下，冲进88号，直上二楼。车夫岂肯甘休，于是扯开嗓子，在弄外大嚷，最后还亏师母顾抱真听到，下楼为之付了车费。

风雨小弄写春秋

吴湖帆1924年搬来88号之后，画坛之上声名日隆，以致其画润格达寸金一尺。湖帆所重者书画之装裱，为此可不惜重金，而梅景书屋中的家具却极为破旧。弟子们不堪忍受，终于有一次，共同向老师建议："椅子上的钉子都翘起来了，先生能否更换家具？"湖帆哈哈一笑，言道："椅上有钉，尚座无虚席，如若无钉，岂非要连门槛都被踏破了吗？"

然而，这种海上艺术家的聚会虽称盛一时，但毕竟那是在一个动荡的年代，弄堂口的两道铁门到底挡不住恶雨侵袭。龚家的两家电台，一家迫于形势，先已关闭，另一家在敌伪时期，因为偶然播放了《义勇军进行曲》而为当局取缔。闲置的92号于是改做私人诊所，由龚子渔留德并取得医学博士学位的儿子龚元柄坐堂，专为龚氏家人及其亲友看病，不取分文。敌伪时期，当局知道龚子渔富可敌邑，便想抓他把柄，敲诈勒索。因龚子渔具有相

《岁寒清侣》（冯超然绘松、吴待秋绘梅石、吴湖帆绘竹）

当社会地位，他们尚不敢随意抓人，便借机将龚家的汽车司机阿金逮捕，狱中严刑逼供，要其说出"龚子渔将金砖运往何处"。阿金受尽酷刑，但始终一口咬定："绝无此事。"阿金获释后，"义仆"的美名在弄中传开。龚氏感其德，为他安排住房，培养其子女读大学，并赠予卡车一辆，让他自主经营。后来阿金患食道癌，所有医药费亦是龚家支付的。今天其子女仍住在嵩山路的旧宅中。龚子渔在1949年率全家移居香港，后又去了美国。86号龚氏居所解放后成了上海总工会嵩山区办事处，后又改为邑庙区委家属宿舍楼。医师龚元柄亦随父离沪，92号私人诊所至此也就关闭了。

吴湖帆在解放前夕，对是去是留也曾犹豫过。当时张大千竭力劝说吴湖帆与其一同赴港，但吴湖帆毕竟在此住了25年，难舍旧宅，况且还有一屋古玩珍藏，或是祖父所遗，或是自己倾毕生心血收集而来，怎忍相弃？就在这时，小弄迎来了一位关键人物——黄炎培，他向吴湖帆宣传了中共的政策，终于使吴留了下来。

冯超然此时仍过着他的隐居生活，因为家中负担较重，仅赖卖画所得略显拮据，他受到了新政府的格外关照，成为上海画家中第一个拿到政府每月补贴的人。吴湖帆也很受尊敬，梅景书屋之中仍旧是文史燕闲，来客不绝。曾有一次，袁希洛（北洋政府司法总长袁希濂之弟）受毛泽东之邀去北京观礼，临行前特请吴湖帆绘《雪山图》扇子一把，背面题词一首《和毛主席〈沁园春·雪〉》，作为赠毛主席之礼。毛主席观后大加赞赏，他久闻吴之画名，以为乃八九十岁之老翁，得知吴湖帆时年未满六十，更加称奇，当即汇来润格500元，作为酬谢。

1954年，冯超然去世。1957年，上海中国画院开始筹建，画院上下正打算推吴湖帆为院长。然而不久，一次次政治风波侵袭画院，这位"敏于画而讷于事"的大画家受到了不公正的待遇。在那个人人自危的年代，这条弄堂渐渐地门庭冷落了。"文革"开始后，红卫兵冲进此宅，吴湖帆毕生所藏整整37箱古玩字画被抄一空。几天后他拔掉氧气管，自杀于家中卧室。这年是1968年。次年，续弦顾抱真也随夫西去了。

霏霏细雨中，笔者结束了这次采访。与许先生挥手言别之后，心中顿起苍凉之感，我可以想象脚下的每一寸土地都曾留下过艺术大师们的足迹。风入藤叶，天籁自鸣，我仿佛超越了时空，感受到当年大师们的气息。

这条早已为世人淡忘的小弄堂在新的一年里就要消失了，故而赶在拆迁之前，我将小弄故事成之以文，作为永恒的纪念。

楼红园绿的文艺医院

吴健熙

上海文艺医院坐落于天平路40号。那是幢西班牙建筑风格的三层花园洋房，花园占地面积约3 013平方米，洋房建筑面积871平方米。据20世纪30年代出版的《字林西报行名录》记载，1934年的姚主教路（今天平路）40号，住着一对名叫豪肯道夫（A. T. Heuckendorff）的西侨夫妇，1936年改由一位考恩夫人（Mrs. L. Cohen）居住。另据宋路霞先生撰文介绍，国民党元老张静江的后人、著名钱币收藏家张叔驯亦曾寓居于此，并于抗战时携其所有藏品赴美，但确切年代有待考查。解放后，上海市文物保管委员会曾租用此宅作为办公场所。1961年才改作今用，专为文艺工作者提供特色医疗服务。

潘达于捐献两尊古鼎

1951年10月9日，天平路40号市文管会小院内异常热闹。潘达于女士，这位清末著名大收藏家潘祖荫的后代，在此向国家捐献了两件西周时期的国之重器——大克鼎和大盂鼎。

据宋路霞《百年收藏》一书记载："捐献仪式由华东军政委员会文化部文物处副处长唐弢主持，上海市文管会副主任、文物界一代宗师徐森玉先生报告了潘氏捐献经过。接着由华东军政委员会文化部部长陈望道致表扬词，并颁发了由文化部长沈雁冰签署的褒奖状：'达于先生家藏周代盂鼎、克鼎，为祖国历史名器，六十年来迭经兵火，保存无恙，今举以捐献政府，公诸人民，其爱护民族文化遗产及发扬新爱国主义之精神，至堪嘉尚，特予

文艺医院全景

褒扬。'"

潘达于，原姓丁，这两尊古鼎都是潘家祖传宝物。她在捐献仪式上激动地说："我是代表潘家捐献的，所以改姓了潘。"从此，潘达于的名字就与大克鼎、大盂鼎联系在了一起，人们只要一提起这两尊古鼎，就会想起她的名字。

周恩来嘱咐建立文艺医院

20世纪60年代初，周恩来总理来上海视察文艺工作。在座谈会上，有一些演员反映，他们患了某些职业病后就医难、确诊难。周总理听了非常重视，立即指示上海市委认真研究这一问题，建议成立一所专为广大文艺工作者提供特殊医疗服务的医院。1960年1月10日，由中共上海市委宣传部牵头，文化局、财政局、卫生局共同创办的文艺医院就在文管会旧址上成立了。

据知情者回忆，成立之初，"医院里的工作人员不超过10位。大门口一个挂号间兼传达室，管挂号的兼警卫。内科医生两位，五官科医生、理疗科医生、配药小姐各一位。好像还有一个管行政的。文艺医院里有个小花园，想来还有一个园丁"。病人随到随看，不用排队等候。看病前后，这些影剧圈内人士多半会坐在花园里聊天，"从最近要排练什么戏，到某人正在写什么剧本；从某人正在练什么绝活，到某人在收集什么素材。从文化局到电影局，再到音乐学院的各种消息，应有尽有"。

以治"倒嗓"见长的特色医院

据现任院长王祖信医生介绍，针对演员的职业病特征，该院初创时将医疗重点放在喉科、皮肤科及跌伤推拿科上，其中尤以治"倒嗓"见长。1990年，著名话剧演员英若诚来沪演出，因连日劳累，嗓音突然变哑。眼看无法登台，便由人陪同来该院治疗。喉科医生只几个来回，就让他恢复了圆润的嗓音。英若诚能按时演出了，他不禁感慨地说："你们医院小，名气大。"

据说著名歌唱家胡松华、李谷一、朱逢博，沪剧演员丁是娥、马莉莉，京剧演员童祥苓等都来治过"倒嗓"。在医院里你经常可以看到这样的场景，当向某熟人打招呼时，对方常会指指自己的下巴，示意他正在遵医嘱"禁声"，于是双方互相改用手语致意。有趣的是，有时两个嗓子没病的演员相遇，也会条件反射似的互相打起手语来。

演员登台亮相离不开油彩，因此他们就很容易患上化妆性皮炎或面部色素沉淀等皮肤病。早在建院之初，皮肤科医生就专门配制了防护膏，以预防化妆性皮炎发生。1979年包括该院在内的上海医学科技力量研制成功了"773戏剧油彩"，据说该油彩对皮肤刺激较微，有效地防止了演员脸部色素沉淀。

跌伤推拿治疗也是该院特色之一。当年日本松山芭蕾舞团来沪演出，身为主要演员兼团长的清水正夫感到肌肉酸痛僵硬，为了不耽误演出，医院派了两名女推拿医生出诊。清水一上台，她们就分立后台两侧，无论演员从哪个方向下台，都会有医生立刻为他按摩。演出结束后，又随至清水下榻的宾馆作进一步治疗。这位日本友人十分感动，向医院写来了感谢信。

在上海众多的特色医院中，这是一所与文艺有不解之缘的医院。

后记

去年，我在编辑《文化名人笔下的上海风情》(《上海滩》丛书之一）时曾在"后记"中写道："《上海滩》杂志自1987年1月创办以来，得到了上海乃至全国众多文化名人的大力支持。他们在给我们出主意、提建议的同时，还不吝赐稿。"其实，他们还经常建议我们将《上海滩》三十余年来发表的近3 000万字珍贵史料、1万多幅稀有图片，分门别类，编成一整套《上海滩》丛书，陆续出版，既可以方便不同兴趣的读者阅读和收藏，更能为上海史研究工作提供比较系统和完整的史料。其中，邓伟志先生最为热心。邓先生是著名社会学家、上海大学社会学系教授，还是《上海滩》杂志的老作者、老朋友。他不仅提建议，而且还以实际行动来推动这项工作。

记得那是在2017年金秋时节，一天上午，邓先生给我打来电话，高兴地告诉我，上海大学出版社愿意和《上海滩》编辑部合作出版《上海滩》丛书。我一听，觉得这是件大好事，便立即向上海通志馆吴一峻副馆长做了汇报。吴副馆长在征得上级领导同意后，立即要我与邓先生敲定此事。

不久，上海大学出版社就派了责任编辑陈强先生来联系，经过多次商谈，确定了2018年先推出《上海滩》丛书中这一套四本，分别为：《申江赤魂——中国共产党诞生地纪事》《海上潮涌——纪念上海改革开放40周年》《楼藏风云——上海老洋房往事》《年味乡愁——上海滩民俗记趣》，每本图书文字均在20万字左右，四本书共计80余万字，四本书共收数百幅珍贵历史图片。

为了顺利完成这套丛书的出版工作，《上海滩》编辑部的同仁都积极行动起来，有的为取书名而献智出力，有的为搜集、复印文章而大量查阅《上海滩》合订本，有的为确保丛书质量而提供所收文章的电子版，省去了大量的打印和校对时间，配合出版社完成了《上海滩》丛书出版的各项准备工作。因此，《上海滩》丛书的顺利问世，是《上海滩》杂志全体同仁共同努力的结果。

在此，我们还要感谢上海大学出版社的领导，正是他们的合作出版计划和大力推动才有了这套《上海滩》丛书的出版；期间，责任编辑陈强先生的辛勤劳动和一丝不苟的工作态度，给我们留下了深刻的印象。

当然，我们最想感谢的还是热情的牵线人邓伟志先生。

葛昆元　《上海滩》杂志原执行副主编